工业互联网系列丛书

从零开始掌握工业互联网
（实操篇）

金 键 揭 海 郑艳华 李 藻 黎 芳
冯锦澎 梁 乒 高 琦 李琦琦 ◎编著

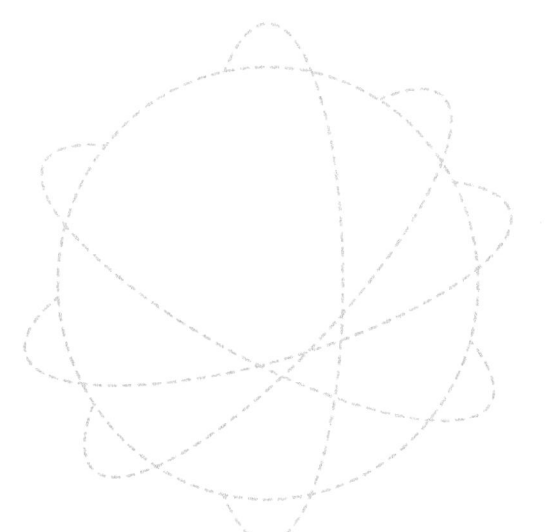

Master the Industrial Internet from Scratch
（Practical Perspectives）

人民邮电出版社
北京

图书在版编目（CIP）数据

从零开始掌握工业互联网．实操篇 / 金键等编著
． -- 北京：人民邮电出版社，2021.12（2022.7重印）
（"智能+学院"工业互联网系列丛书）
ISBN 978-7-115-57285-1

Ⅰ．①从… Ⅱ．①金… Ⅲ．①互联网络－应用－工业发展－研究 Ⅳ．①F403-39

中国版本图书馆CIP数据核字(2021)第177328号

内 容 提 要

本书是一本工业互联网技能实操训练书，介绍了工业互联网在企业运作中各主要环节的应用，结合具体实操项目，由点到面，阐述平台各模块的内在联系，帮助企业快速部署和使用工业互联网，实现转型或升级发展。本书不仅适合工业互联网、物联网工程等相关专业的学生作为教材选用，也适合从事工业互联网相关工作的工程技术人员、政府及企事业管理人员、研究应用人员阅读。

- ◆ 编　　著　金　键　揭　海　郑艳华　李　藻　黎　芳
  冯锦澎　梁　乒　高　琦　李琦琦
  责任编辑　李　强
  责任印制　陈　犇
- ◆ 人民邮电出版社出版发行　北京市丰台区成寿寺路 11 号
  邮编 100164　电子邮件 315@ptpress.com.cn
  网址 https://www.ptpress.com.cn
  北京天宇星印刷厂印刷
- ◆ 开本：720×960　1/16
  印张：21.5　　　　　　　　　　　　　2021 年 12 月第 1 版
  字数：337 千字　　　　　　　　　2022 年 7 月北京第 3 次印刷

定价：79.00 元

读者服务热线：(010)81055493　印装质量热线：(010)81055316
反盗版热线：(010)81055315
广告经营许可证：京东市监广登字 20170147 号

编委会名单

主 任：

孙延明　广州大学党委常委、副校长

金　键　中国信息通信研究院工业互联网与物联网研究所所长

副主任：

王满四　广州大学创新创业学院院长

曾衍瀚　广州大学电子与通信工程学院副院长

罗　松　中国信息通信研究院工业互联网与物联网研究所副所长

刘　阳　中国信息通信研究院工业互联网与物联网研究所副总工程师

高　琦　中国信息通信研究院工业互联网与物联网研究所副总工程师

委 员：

张延平　广州大学科研处副处长、教授

宋丹霞　广州大学管理学院副教授

顾钊铨　广州大学网络空间先进技术研究院副院长、教授

曹　忠　广州大学电子与通信工程学院系主任、讲师

李　丹　广州大学网络空间先进技术研究院博士后

仇　晶　广州大学网络空间先进技术研究院教授

刘东坡　中国信息通信研究院工业互联网和物联网研究所

李琦琦　中国信息通信研究院工业互联网与物联网研究所

孙先堂　中国信息通信研究院工业互联网与物联网研究所

马　超	中国信息通信研究院工业互联网与物联网研究所
池　程	中国信息通信研究院工业互联网与物联网研究所
刘　巍	中国信息通信研究院工业互联网与物联网研究所
艾　鹏	中国信息通信研究院工业互联网与物联网研究所
王宇鹏	中国信息通信研究院工业互联网与物联网研究所
龚文婧	中国信息通信研究院工业互联网与物联网研究所
揭　海	广州大学电子与通信工程学院系副主任、讲师
郑艳华	广州大学物理与材料科学学院讲师
李　藻	中科院广州电子技术有限公司高级工程师
黎　芳	广州大学电子与通信工程学院工程师
冯锦澎	广州大学电子与通信工程学院实验师
梁　乒	中科院广州电子技术有限公司高级工程师、项目经理

序 一

工业互联网连续 3 年被写入我国的政府工作报告中,是第四次工业革命的重要基石和关键支撑,也是我国新基建的重要内容,国家对于工业互联网建设的推动和支持力度在不断加大。然而,当前工业互联网行业人才短板问题突出,亟须培养大量既懂信息技术,又懂运营技术的专业人才。

在广州市工业与信息化局的组织协调下,广州大学孙延明教授团队与阿里巴巴、树根互联、航天云科技和机智云等公司联合编写的"智能+学院"工业互联网系列丛书——《从零开始掌握工业互联网(理论篇/产业篇/实操篇)》系列教材,其内容针对一线技术工人、工程师和管理人员的需要,可谓面向社会培养工业互联网产业与应用人才的"及时雨"。

该系列教材紧扣工业互联网建设对人才的要求,结合人才评价和认证标准,从对工业互联网思维的解读入手,并从产品、业态、商业模式、组织和运营 5 个维度阐释了工业互联网带来的产业变革和企业变革,还分析了工业互联网发展背景下的新职业挑战、新职业特征、新职业需求、新职业路径及新的职业伦理道德。根据工业互联网技术体系架构白皮书的定义,该系列教材从架构、网络、平台、安全和标准 5 个方面层层推进,为读者展现了技术体系、网络互联和标识解析体系、国内外主流工业互联网平台的架构与技术、面临的安全问题和防护措施,以及工业互联网标准的现状等工业互联网理论和技术的全景图。按照对应的知识点,依托主流工业互联网平台,结合具体的实操平台场景应用案例,针对信息物理系统、边缘计算、工业大数据、工业机理模型、数字孪生、工业 App 等专业领域的基本机理和操作方法,该系列教材还包含了技能实操训练教材。

该系列教材从不同的岗位视角出发,兼顾理论、技术、应用、管理各方面的知识需求，在处理工业与信息技术、经济与管理学科等不同话语体系，以及知识的难度和深度等方面精心设计，以案例展示为主，有较强的可读性和培训的实操性，适合工业领域的工程技术人员、政府及企事业管理人员阅读，IT界的从业人员也可从中了解垂直行业数字化转型的要求，同时还可供工业互联网相关专业以及经济与管理专业的师生参考。工业互联网覆盖的行业广，涉及的技术领域宽，编写面向一线工作岗位的培训教材难度大。该系列教材勇于探索，希望其出版能鼓励更多的有志之士、企业管理人员及一线技术人员投身到工业互联网技术研究和应用的创新实践中来，推动企业向数字化、网络化和智能化方向发展。

中国工程院院士

2020年7月

序 二

早在 2011 年 7 月，美国以通用电气（GE）公司为代表的企业就将工业互联网作为制造业升级的核心，提出了工业互联网的概念；而工业互联网的核心技术——CPS（信息物理系统）更是早在 2006 年就由美国国家科学基金会（NSF）给出了明确的定义，并被持续纳入该基金会的资助范围。德国在 2013 年正式提出"工业 4.0"战略，旨在通过政府直接干预等手段确保掌握新技术，提升制造业的智能化水平，建立具有适应性、资源效率及基因工程学的智慧工厂。

由此可见，工业互联网成为现代工业的一种标志，是信息化与工业化融合的一种结果，是从以消费互联网为主的网络世界逐步过渡到万物互联的工业互联网时代的时代标签。显然，工业互联网时代的来临给人类社会带来了众多挑战，工业互联网专业人才培养的社会供给能力不足、针对性不强与产业快速发展的不协调、不匹配就是其中一个突出的瓶颈问题。

广州大学孙延明教授组织来自电子与通信、计算机与网络、工商管理及产业经济的不同学科的老师，与阿里巴巴、树根互联等公司展开紧密合作，在广州市工业与信息化局的组织协调下编写了"智能⁺学院"工业互联网系列丛书——《从零开始掌握工业互联网（理论篇/产业篇/实操篇）》系列教材。本系列教材在教材定位、组织形式、教材内容等方面与通常的教学书籍有着显著的不同，分别从管理、基础理论和实操训练 3 个不同的视角，针对不同岗位人员的需要，兼顾理论、技术、应用、管理各方面的知识和能力需要，按照不同层次的人才需求，将工业与信息技术、经济与管理学科等不同话语体系相融合，构造了较为全面、跨层次和跨学科领域的工业互联网知识体系，具有鲜明的特色。其中"理论篇"从工业互联网思维下的管理变革入手，对全新的产品、业态、商业模式、组织方式、运营方法以及职业挑战、职业特征、职业需求、职业路径和职业伦理道德等进行了全面的分析。"理论篇"和"实操篇"参照《工业互联网白皮书》的结构，直接针对工业和信息化部最新颁布的《工业互联网人才培养白皮书（2020）》的岗位需求，以业界流行的工业互联网平台为实训基础，突出了行业的特点和直接需求，与认证相结合，实用性和针对性强。

本系列教材适用范围广泛，不仅适合工业领域的工程技术人员、政府及企事业单位的管理人员阅读，也可作为工业互联网相关专业及经济与管理专业师生的参考教材。希望本系列教材能为我国工业互联网人才培养和产业发展做出贡献。

中国工程院院士

方滨兴

2020 年 7 月

前 言

工业互联网指的是物联网技术在工业领域的应用，通过人、机、物的全面互联，从而推动形成全新的生产制造和服务体系。这里有两层含义：一是企业工业产品的物联网化，通过物联网的大数据平台，进行端到端的数据采集，推动企业产品向服务化、平台化转型；二是企业核心业务流程（研、产、供、销）物联化，比如通过数据开发定制工业 App，以实现企业内部的业务转型，甚至对行业或外部企业进行数字化赋能[1]。

业界普遍认为，5G 商用推动互联网发展进入下半场，即消费互联网深化和工业互联网起步时期。日前，在中国信息通信研究院、央视网、工业互联网产业联盟共同推出的"《经济战疫·云起》——推动工业互联网加快发展"特别节目中，中国工程院院士邬贺铨指出，消费互联网与工业互联网是互联网发展的前后两个阶段，工业互联网的进展良好，但在短期内实现爆发式发展并不容易。工业互联网直接关系到生产效率的提升，是值得长期投资和关注的领域[2]。

埃森哲过去的一项研究发现，73% 的受访企业尚未制定出有关工业互联网的切实行动计划，只有 7% 的受访者表示其所在企业已制定全面战略，并配以相应的投资。

要破解工业互联网"推广难"，企业除了要尽早完成顶层规划，将工业互联网技术与企业业务紧密结合以外，还急切需要拥有多种技能的综合型人才团队，如掌握物联网技术的人才、人工智能和大数据分析的人才、工业应用开发运维的人才等。

工业互联网行业人才缺乏已成为制约其发展的重要因素。为配合我国工业互联网创新发展战略，尽早、尽快、更好地构建粤港澳大湾区工业互联网产业人才培训体系，本书参考了工业和信息化部于 2020 年 6 月 15 日发布的《工业互联网产业人才岗位能力要求》。这份标准由工业和信息化部人才交流中心牵头，联合中国信息通信研究院、航天云网科技发展有限责任公司等 15 家工业互联网领域权威机构共同起草，是国内工业互联网领域首份聚焦岗位能力要求的人才标准，具有明显的引领作用。该标准中关于工业互联网各方向主要岗位及职责详见表 0-1。

表0-1 工业互联网各方向主要岗位及职责[3]

序号	方向	岗位名称	岗位职责
01	网络	工业互联网网络架构工程师	负责工业企业内外网、5G 专网、工业数据互通解决方案的设计与规划
02	网络	工业互联网网络开发工程师	负责工业企业内外网、5G 专网、工业数据互通系统的设计与开发
03	网络	工业互联网网络集成工程师	负责工业企业内外网、5G 专网、工业数据互通系统的集成与实施
04	网络	工业互联网网络运维工程师	负责工业企业内外网、5G 专网、工业数据互通系统的集成、运行与维护
05	标识	工业互联网标识解析架构设计工程师	负责对标识解析应用系统、节点及应用场景进行架构设计
06	标识	工业互联网标识解析研发工程师	负责对标识解析应用系统进行设计研发
07	标识	工业互联网标识解析产品设计工程师	负责对标识解析应用服务产品进行设计
08	标识	工业互联网标识解析运维工程师	负责对标识解析系统进行部署和运维
09	标识	工业互联网标识解析系统集成工程师	负责对标识解析应用服务进行系统集成
10	平台	工业互联网平台架构工程师	负责工业互联网平台建设方案的制订与架构设计
11	平台	工业互联网平台开发工程师	负责工业互联网平台系统的建设与研发
12	平台	工业互联网平台测试工程师	负责工业互联网平台系统的功能、性能及接口测试
13	平台	工业互联网平台运维工程师	负责工业互联网平台系统的运维部署、管理及优化
14	平台	工业 App 开发工程师	负责工业 App 的功能设计、开发、测试、部署与运维
15	平台	工业 App 产品化工程师	负责工业 App 的市场调研、需求挖掘、开发指导、成本估算及产品推广等

续表

序号	方向	岗位名称	岗位职责
16	工业大数据	工业大数据架构师	负责工业大数据的架构、技术路线、规范标准设计，以及对核心数据的规划与建设
17		工业大数据工程师	负责工业大数据采集、脱敏、分级分类、存储和可视化处理
18		工业大数据应用研发工程师	负责分析、处理、服务相关大数据应用研发
19		数据库开发工程师	负责数据库集群开发、大数据算力优化
20		工业大数据管理师	负责工业大数据预处理、脱敏标注、存储管理、分级治理等管理
21		工业大数据分析师	负责工业大数据的统计分析、深度挖掘与业务预测
22		工业大数据建模工程师	负责算法模型、机理模型研究与设计，以及大数据解决方案的制订与设计
23		工业大数据测试工程师	负责工业大数据测试方案的制订与实施
24	安全	工业互联网安全架构工程师	负责制订工业互联网安全架构的顶层规划与设计，制订工业互联网安全管理组织架构和安全管理体系架构设计
25		工业互联网安全开发工程师	负责工业互联网安全检测、防护、审计、运维管理等工作，以及相关产品、工具、平台及业务系统安全的需求设计与安全功能开发
26		工业互联网安全实施工程师	负责制订工业互联网安全规划实施方案设计、计划制订和实施联调工作
27		工业互联网安全运维工程师	负责对工业互联网网络、设备和管理平台的日常运行状态的监控与管理，以及安全事件的分析诊断、应急处置、安全管理制度的日常执行
28		工业互联网安全评估工程师	负责工业互联网信息系统和产品安全风险评估，制订安全评估方案、工具、流程与评估方式，并根据评估结果提供相应的安全技术与管理措施建议
29	边缘	工业互联网边缘计算系统架构师	负责制订边缘计算系统的技术架构、技术路线、技术标准设计和核心代码开发，带领研发团队完成边缘计算系统建设
30		工业互联网边缘计算硬件工程师	负责边缘智能传感器、智能网关、智能控制器、智能服务器、边缘加速模块的硬件原理图、PCB图的设计
31		工业互联网嵌入式开发工程师	负责基于主流嵌入式硬件平台和操作系统的边缘计算产品应用软件设计与开发

续表

序号	方向	岗位名称	岗位职责
32	边缘	工业互联网边缘计算应用开发工程师	负责边缘计算设备中算法研究与实现，以及轻量化边缘智能应用软件的设计与开发
33		工业互联网边缘计算实施工程师	负责边缘计算产品的现场安装、调试与维护，以及相关培训与问题解答
34	应用	工业互联网行业应用架构工程师	负责面向行业应用实施的解决方案设计，包括顶层规划、场景设计、实施路径研究、软硬件选型部署等
35		工业互联网行业应用开发工程师	负责面向行业的新应用软件研发、成熟应用软件云化部署开发、系统集成、整体解决方案开发
36		工业互联网应用成熟度评估工程师	负责工业互联网应用水平、实施效果的评价与咨询
37		工业互联网解决方案规划工程师	负责面向企业战略、运营管理、业务流程以及生产布局等的优化解决方案的制订，指导企业进行智能化转型
38		工业互联网解决方案系统集成工程师	负责系统集成项目总体架构设计与集成方案编制，提供设备配置、系统测试、技术文档等技术支持
39		工业互联网解决方案系统运维工程师	负责智能化产品的安装配置、性能功能测试、软件升级及补丁安装、故障响应、技术交流与巡检等运维工作
40	运营	工业互联网运营管理师	负责工业互联网整体运营模式及方案策划，负责精细化运营管理工作
41		工业互联网运营工程师	负责工业互联网平台、社区、生态、产品、数据等内容的具体运营推广工作

我国工业互联网起步虽晚，但经过多年快速发展和技术积累，涌现出了阿里巴巴（工业互联网总部）、树根互联、航天云科技等具有代表性的公司。让各类企业人员，特别是一线技术工人和管理人员尽快了解掌握相关平台和技术，使其在企业运转各环节发挥重要作用，正是本书的主要目的。

本书是《"智能⁺学院"工业互联网系列丛书——从零开始掌握工业互联网（理论篇/产业篇/实操篇）》中的一本。本书编写组联合阿里巴巴、树根互联、航天云科技、机智云和盛原成等业界公司，分别从基础理论、产业和实操训练3个视角出发，兼顾理论、技术、应用、管理等各方面的知识，针对不同读者的需求、从不同视角构建了较为全面的、跨层次、跨学科的工业互联网知识体系，具有以下两点鲜明的特色。

- 紧扣工业互联网应用对人才的要求，结合人才评价和认证标准，以工业互联网思维为切入点，分别从产品、业态、商业模式、组织和运营5个维度阐释了工业互联网带来的产业变革与企业变革，分析了工业互联网发展背景下新职业的挑战、特征、需求和路径。

- 根据工业互联网技术体系架构白皮书的定义，从架构、网络、平台、安全和标准5个方面层层推进，为读者展现了技术体系、网络互联和标识解析体系、国内外主流工业互联网平台的架构与技术、面临的安全问题和防护措施，以及工业互联网标准的现状等工业互联网理论和技术的全景图。

笔者依托主流工业互联网平台，结合具体的实操平台场景应用案例，针对信息物理系统、边缘计算、工业大数据、工业机理模型、数字孪生、工业App等专业领域的工业机理和操作方法，编写了这本技能实操训练用书。

本书第1章主要介绍了国内工业互联网主流平台及其特点，使读者对工业互联网平台的架构和功能有初步了解。第2～4章从工业互联网的网络、平台和安全3个层面，介绍了工业互联网中重要的设备、部件、技术以及软件功能，剖析操作要点，并给出相应的实操案例，使用户可根据自身岗位的需求挑选其中部分模块进行实训。

在本书的编写过程中，参与企业提供了大量的资料和案例，给予了大力支持！课题组主要负责人——广州大学创新创业学院王满四院长，带领团队承担了繁重的组织协调及后勤保障工作。在此，向对本书编撰提供帮助的专家、学者、老师表示诚挚的谢意！

本书中介绍的工业互联网平台和技术资料均由相关企业提供并审核，相关知识产权和解释权均归各企业所有。

由于本书涉及学科领域较多，系统架构复杂，编者的水平和学识有限，书中难免存在不足之处，希望读者谅解并批评指正。

目 录

第1章 国内工业互联网主流平台及其特点 001

1.1 阿里云 002
1.1.1 注册 003
1.1.2 实名认证 003

1.2 树根互联平台 004
1.2.1 根云平台功能 004
1.2.2 根云平台特点 006

1.3 机智云平台 007
1.3.1 平台结构 008
1.3.2 产品服务 010

1.4 航天云网 INDICS 平台 010
1.4.1 平台介绍 010
1.4.2 平台架构 011

1.5 盛原成盛云平台 014
1.5.1 系统架构 014
1.5.2 系统整体性能 017

第2章 工业互联网网络 019

2.1 网络构建 020
2.1.1 工业以太网 EtherCAT 技术 020
2.1.2 EtherCAT 工业以太网控制网络实验 021

2.1.3	阿里云的设备管理	032
2.1.4	航天云网	040
2.1.5	根云：设备数据采集网络	043

2.2 边缘设备接入 ····· 056

2.2.1	阿里云	056
2.2.2	机智云	068
2.2.3	航天云网	082

2.3 阿里云标志解析 ····· 118

第3章 工业互联网平台 ····· 129

3.1 数据采集 ····· 130

3.1.1	阿里云	131
3.1.2	机智云	142
3.1.3	航天云网	149
3.1.4	盛原成	151

3.2 数据管理与分析 ····· 159

3.2.1	阿里云	159
3.2.2	根云物联网数据服务平台	177
3.2.3	航天云网	191
3.2.4	盛原成	194
3.2.5	机智云	199

3.3 工业App服务 ····· 211

3.3.1	手机阿里云App	211
3.3.2	机智云App服务	222
3.3.3	根云云视界	228
3.3.4	盛原成	237

第4章 平台应用案例 ····· 239

4.1 智能供应 ····· 242

- 4.1.1 配额管理 ································· 242
- 4.1.2 查看配额 ································· 243
- 4.1.3 申请提升配额 ······························· 244
- 4.1.4 查询配额申请列表 ···························· 248
- 4.2 智能生产 ····································· 252
  - 4.2.1 阿里云视觉生产 ··························· 252
  - 4.2.2 盛云宝在汽配行业的应用 ···················· 256
- 4.3 智能管理 ····································· 261
  - 4.3.1 树根互联的 iFSM 系统 ······················ 261
  - 4.3.2 盛云猫的 SLM 系统 ························ 276
  - 4.3.3 机智云智能设备管理平台（GDMS） ············ 301
- 4.4 智能运营 ····································· 311

主要参考文献 ·· 326

第 1 章

国内工业互联网主流平台及其特点

近年来，国内涌现了许多工业互联网平台，其中有如阿里云和航天云等实力雄厚、功能完备的大型平台，也有如树根互联、机智云和盛原成等功能灵活的平台。这些平台各具特色，各有所长，用户可先行了解各平台的优势特点，结合自身需求选用。

1.1 阿里云

阿里云为阿里巴巴集团旗下公司，是全球卓越的云计算技术和服务提供商。阿里云创立于2009年，在杭州、北京、美国硅谷等地设有研发中心和运营机构。它可以提供云服务器、云数据库、云安全、云企业应用等云计算服务，以及大数据、人工智能服务，精准定制基于场景的行业解决方案。

阿里云在全球各地部署高效节能的绿色数据中心，利用清洁计算为万物互联的新世界提供源源不断的能源动力，目前开服的区域包括欧洲、中东地区以及中国、新加坡、美国、澳大利亚、日本。

阿里云致力于以在线公共服务的方式，提供安全、可靠的计算和数据处理能力，让计算和人工智能成为普惠科技。阿里云服务于制造、金融、政务、交通、医疗、电信、能源等众多领域的领军企业，包括中国联通、12306、中石化、中石油、飞利浦、华大基因等大型企业客户，以及微博、知乎等明星互联网公司。在天猫双11全球狂欢节、12306春运购票等极富挑战的应用场景中，阿里云保持着良好的运行纪录[4]。

2014年，阿里云曾帮助用户抵御全球互联网史上最大的DDoS（Distributed Denial of Service，分布式拒绝服务）攻击，峰值流量达到453.8Gbit/s [5]。在Sort Benchmark 2016排序竞赛CloudSort项目中，阿里云以1.44$/TB的排序花费打破了AWS保持的4.51$/TB纪录[6]。在Sort Benchmark 2015排序竞赛中，阿里云利用自研的分布式计算平台ODPS，以377秒完成100TB数据排序，刷新了Apache Spark 1406秒的世界纪录[6]。

若要使用阿里云，须注册账号并进行实名认证。

1.1.1 注册

进入"阿里云官网",单击页面右上角的"立即注册"按钮,如图1-1所示。

图 1-1　阿里云注册界面

有两种注册方式:一种是支付宝快捷注册,另一种是账号密码注册。在支付宝快捷注册模式下,利用支付宝扫码就可以快捷注册;在账号密码注册模式下,需要按提示填写相关信息,完成注册。

1.1.2 实名认证

如果要购买阿里云产品、提现账号中的现金余额等,需要完成阿里云账号的实名认证。实名认证分为个人实名认证和单位实名认证。个人实名认证可以通过个人支付宝完成,也可以通过阿里云 App 完成。

单位实名认证有以下几种方式。

(1) 通过企业支付宝授权快速认证。

(2) 通过企业法人支付宝授权认证。

(3) 通过企业法人扫脸认证。

(4) 通过企业银行卡信息认证。

实名认证成功后,你就可以使用该阿里云账号在阿里云官网上购买你所需要的产品和服务。为了方便支付，你可以在"账号管理→账号绑定"页面，将阿里云账号与你的支付宝账号进行绑定。

这里需要说明的是：第一，通过支付宝账号进行实名认证并没有将该支付宝账号与阿里云账号绑定用于支付；第二，绑定用于支付的支付宝账号可以是实名认证时使用的支付宝账号，也可以是其他支付宝账号。

1.2 树根互联平台

树根互联股份有限公司是国家级跨行业、跨领域工业互联网平台企业，也是首家入选 Gartner IIoT 魔力象限的中国工业互联网平台企业。树根互联旗下的根云平台可以面向机器制造商、设备使用者、政府监管部门等，在智能制造透明工厂管理、机器在线管理（服务、智造、研发、能源）、产业链平台、工业 AI、设备融资等方面提供数字化转型服务。截至 2020 年 8 月，根云平台已经服务 81 个细分的工业行业，打造出工程机械产业链、流体机械产业链、定制家居产业链、铸造产业链、注塑产业链、纺织产业链等 20 个产业链平台，连接超过 69 万台制造业的设备。

作为国家级的工业互联网赋能平台公司，树根互联一直助力"工业龙头企业"打造行业平台，并普适中国制造需求，赋能更多制造企业，实现零门槛的设备上云，帮助中国企业提升全球服务能力，带动全国范围内的工业互联网应用发展，赋能工业企业，助力中国制造业实现换道超车。

1.2.1 根云平台功能

根云平台 4.0 是着力于强化工业互联网平台纵深，帮助客户打造从设备接入、物联呈现到细分行业应用的端到端高价值解决方案的运营平台，以低门槛、低成本、低风险来帮助企业进行数字化转型。根云平台的功能划分如图 1-2 所示。

根云数据平台提供平台级核心技术赋能，包含设备接入与建模、物联网数据管理、物联网分析服务和工业区块链 4 个服务。

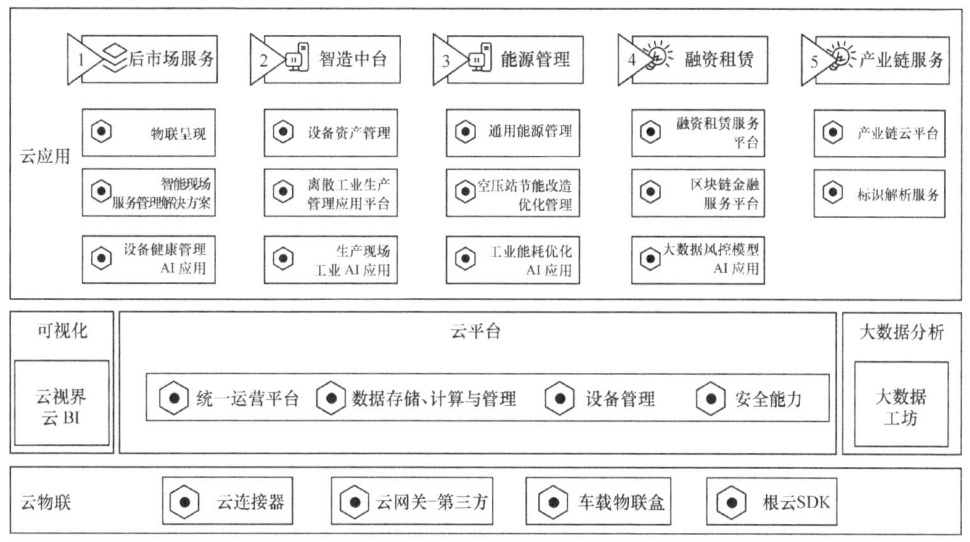

图1-2 根云平台的功能划分

根云应用赋能平台提供管理平台租户与用户及其应用与数据权限的管理赋能，为在根云上运行的应用提供了统一的运行管理框架，包含机构与用户管理、权限管理、统一登录与权限通知等应用，并提供这些应用的集成功能。

根云控制平台一方面将根云数据平台与应用赋能平台的功能以可视化的方式提供给用户，另一方面为应用的开发者提供了API（Application Programming Interface，应用程序接口）、调试工具和开发文档，从而降低开发门槛，为应用的运营商提供了应用上架、管理和销售应用等功能。

根云应用平台包括基于数字孪生工坊和设备医生等具体行业类微应用，为用户产生端到端的深度业务价值。例如，通过数字孪生工坊的能力支撑，将从仪表、设备、网关、工厂系统和手工录入等的数据融合，形成了基于设备、产线到车间等各级节点的根云物模型，在工业制造中大幅提升设备的操作性能和效率、实现资产性能和可利用率的最大化以及引入新客户服务和新商业模式。

根云平台通过开放平台，对外输出5大能力，为用户解决工业通信协议众多、设备实际接入情况复杂、数据存储成本高、异构数据种类繁杂、融合困难等问题，同时将企业多级账户管理体系与平台打通，简化认证授权的烦琐步骤，对角色、权限进行统一管理，极大地降低了维护成本。

这五大能力包括以下内容。

- 接入与建模服务：包含针对边缘侧、云云对接以及与其他信息化系统的接入与集成能力。
- 物联网数据服务：包括对于物联网数据、报警数据等的管理、查询。
- 物联网分析服务：包括对于物联网数据、数字孪生数据、客户业务数据的融合计算和分析。
- 工业区块链服务：包括可信设备标识、工业协调和安全溯源。
- 身份识别与访问管理服务：包括对于根云体系的租户、用户、角色、权限的统一集中管理。

1.2.2 根云平台特点

1. 任何工业设备皆可通过根云平台进行数字建模

平台能够将设备上报的位置、状态、实时工况、温度、电流、电压等数据，通过大数据分析和人工智能模块，对数据进行"分析"和"思考"，从而使设备具有生命周期预测、生产监控、能耗预测等功能。

2. 专注于工业互联网，设备无界连接

根云平台支持 600 多个工业协议；支持主流 PLC（Programmable Logic Controller，可编程逻辑控制器）、CNC 协议、modbus 等的设备连接；支持哑设备的工况监测、开工作业率分析等功能；支持设备的快速接入；支持保存设备历史运行数据，更换网关后数据不丢失。

3. 具有开放性，每个功能均可自主开发

IoT Hub：用于连接边缘侧物的接入。

集成工具：用于企业第三方软件的集成。

Open API：提供开放的 API 和 SDK（Software Development Kit，软件开发工具包），降低开发门槛。

开发者中心：提供 API 鉴权、密钥等服务。

4. 灵活的部署方式 适用于不同客户

公有云——适用于中小型企业，可以将信息分享给公司上下游合作企业；容易扩展和升级；不需要专业的运维团队。

专属云——适用于大型企业，主要针对实时性更强的控制物；网络时延小，更加稳定可靠；用户可自主运维。

混合云——由于安全原因，并非所有的信息都适合部署在公有云上，但专属云的部署方案成本较高，同时，基于灵活性的考量，公有云更适用于一些周期性的需求。因此，采用公有云和专属云共用的混合云方案既可以满足安全的需求，又可以降低风险、保证灵活性。

5．利用工业区块链服务提升企业运行效率

以用户体验为先的一站式行业解决方案，支持企业"拎包入住"多客户端，同时适配手机、平板电脑、计算机；具有高性能、低时延、1KB 数量级的复杂交易与查询操作可靠等特点；每层都有对应的高可用（HA）方案；对交易与数据账本定期快照备份，具备数据实时恢复、健康状态实时监控、账本完整性定期校验等功能；可基于规则告警；平台版本迭代采用，持续发布，无缝升级。

6．安全

确保交易与数据的真实性、可溯源性，不易抵赖，不易篡改；采用国密安全机制 +CFCA（中国金融认证中心）集成，数据、交易可作为合法证据；支持可信客户端交易（Web Mobile）、角色资产访问控制、数据物理隔离。

7．灵活

灵活配置资产模型、访问控制、流程、隐私模型图、API、前端组件、界面风格；支持常见的集成模式，可与现有系统轻松对接，支持单点登录（Single Sign On，SSO）对接；支持混合云，能够适应客户的硬件环境。

1.3　机智云平台

机智云是 2014 年推出的国内首个自主研发的智能设备自助开发和云服务平台，平台采用微服务架构，集成 5G、边缘计算、区块链等新技术，为有设备物联化需求的企业提供基于机智云 PaaS 平台的设备上云解决方案，涵盖设备接入、连接管理、业务运营、应用开发、数据分析、BI 系统、智能决策、金融计费、应用集成等需求，平台开放 API 接口，可帮助企业打通内外部经营管理系统（CRM、ERP 等），实现设备全生命周期信息化管理，为企业生产计划、设备状态监测、工况优化、故障诊断、功率预测、预测性维护、能效优化、能力交易、供应链协同、设备租赁、设备运维、绩效管理、工艺改进等提供基础数据支撑和深入分析，帮助企业产品提质增效、管理优化升级，目前已广泛服务于电子信息、交通物流、能源化工、纺织印染、农业机械等行业，并在多个行业实现市场覆盖率领先。

1.3.1 平台结构

机智云工业互联网平台基于工业设备物联、工业大数据和客户业务需求场景，提供行业应用开发、测试、维护的一体化服务，可有效降低研发成本，加快产出速度，提高生产效率。同时机智云开发平台（见图 1-3）可以有效发挥海量开发者接入、资源弹性配置、云化部署运行等优势，促进创新产品和服务规模化应用，形成第三方云平台运营模式，基于智能设备自助开发平台、PaaS 平台和 SaaS 云平台产品，构筑"软件＋硬件＋应用＋服务"的垂直一体化开发者生态体系，规模化获取商业客户，通过平台撮合开发者与需求企业合作，降低供应商和用户交易成本，从而实现生态共赢。

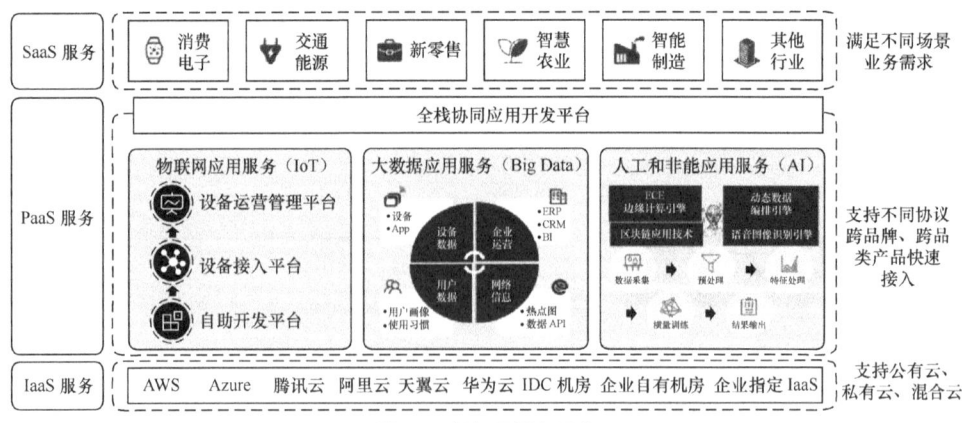

图 1-3　机智云平台示意

机智云平台技术架构如图 1-4 所示，其具有以下功能。

- 提供高可用的 M2M 服务，满足设备、应用之间的稳定、高效实时通信需要。
- 提供设备接入模组，满足设备与应用的互联互通。
- 支持 MQTT、HTTP/HTTPS、CoAP 通信协议。
- 提供应用 SDK、API，支持快速应用开发。
- 提供横向扩展能力，支持设备量的不断增长。
- 提供丰富的扩展服务，支持设备接入后的各类应用。
- 提供公有云、私有云、混合云灵活部署。
- 通用平台支持多领域应用。
- 支持 Wi-Fi、4G、5G、NB-IoT、LoRa、BLE Mesh、ZigBee、RS485、RS232、Modbus、KNX、有线等多种通信方式。
- 支持安卓、x86 设备等平台。
- 支持模组 OTA 及 MCU OTA 能力。
- 支持局域网通信能力，有效集成云端 API。
- 支持标准数据点协议及企业自定义协议。
- 提供设备安全管理服务。
- 提供边缘计算及人工智能应用服务。

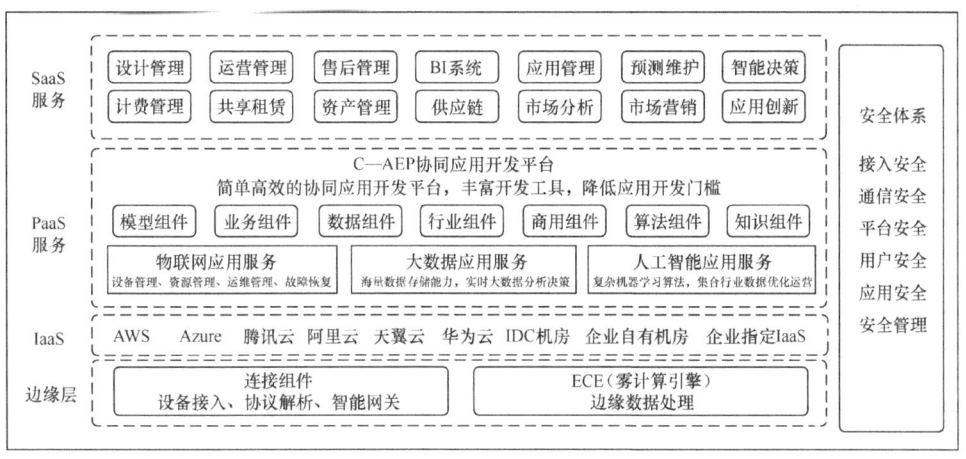

图 1-4　机智云平台技术架构

1.3.2　产品服务

机智云提供基于平台的设计研发管理、设备连接管理、业务运营管理、设备租赁管理、工业数据管理、智能优化管理、平台应用集成和供应链协同管理等设备上云解决方案，服务包括如下内容。

- 机智云智能设备自助开发平台。
- 设备连接管理：机智云工业 PaaS 设备接入 GDCS 平台。
- 业务运营管理：机智云工业 SaaS 设备管理 GDMS 平台。
- 设备租赁管理：机智云工业 SaaS 设备租赁管理 GALS 平台。
- 工业数据管理：机智云工业大数据 GI 大数据分析平台。
- 智能优化管理：基于机器学习的节能优化决策系统。
- 平台应用集成：机智云 GIE 私有云整体解决方案。
- 供应链协同管理：机智云平台开发者生态系统。

1.4　航天云网 INDICS 平台

1.4.1　平台介绍

航天云网基于"云制造"理论基础及实践经验，着力发挥装备制造业于信息技术产业领域拥有的尖端产业优势，倾力打造世界首批、中国首个工业互联网云平台——INDICS 平台。该平台高效整合和共享国内外高、中、低端产业要素与优质资源，以资源虚拟化、能力服务化的云制造为核心业务模式，针对当前我国制造企业水平参差不齐，工业 1.0、工业 2.0 和工业 3.0 并存的现状，以覆盖产业链全过程和全要素的生产性服务为主线，面向企业、政府、创业者提供 3 类解决方案。INDICS 平台通过线上实现制造信息互通、资源共享、能力协同、开放合作、互利共赢，牵引线下智能化改造，进而实现智能制造、协同制造和云制造，打造线上线下结合、制造服务结合、创新创业结合的新业态。平台助力企业五星上云模式如图 1-5 所示。

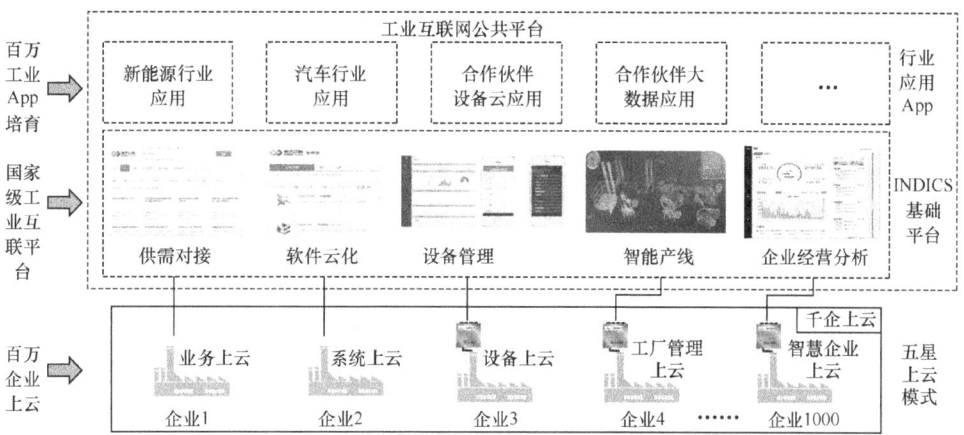

图 1-5　航天云网助力企业五星上云模式

航天云网 INDICS 工业互联网平台是以工业大数据为驱动，以云计算、大数据、物联网技术为核心的工业互联网开放平台，可以实现产品、机器、数据、人的全面互联互通和综合集成。

平台适合不同层次、类型、规模的企业；可支持各种工业设备接入，集成各类工业应用服务，构建良性工业生态体系，使制造管理更加便捷高效；构建了涵盖设备安全、网络安全、控制安全、应用安全、数据安全和商业安全的工业互联网完整安全保障体系；建立了开发者社区，吸引工业应用开发者加入。

1.4.2　平台架构

航天云网平台总体架构是以"INDICS+CMSS"为核心的具有开放性、可靠性、可扩展性、安全性等特点的云边协同架构，包括边缘层、INDICS 云平台层（通用 PaaS 与工业 PaaS）、CMSS 层（中台体系与 SaaS）、标准体系和安全体系。航天云网平台基于航天云自主可控基础设施，全面打通用户与工业资源，服务政府数字化治理，赋能企业数字化转型升级。航天云网平台总体架构如图 1-6 所示。

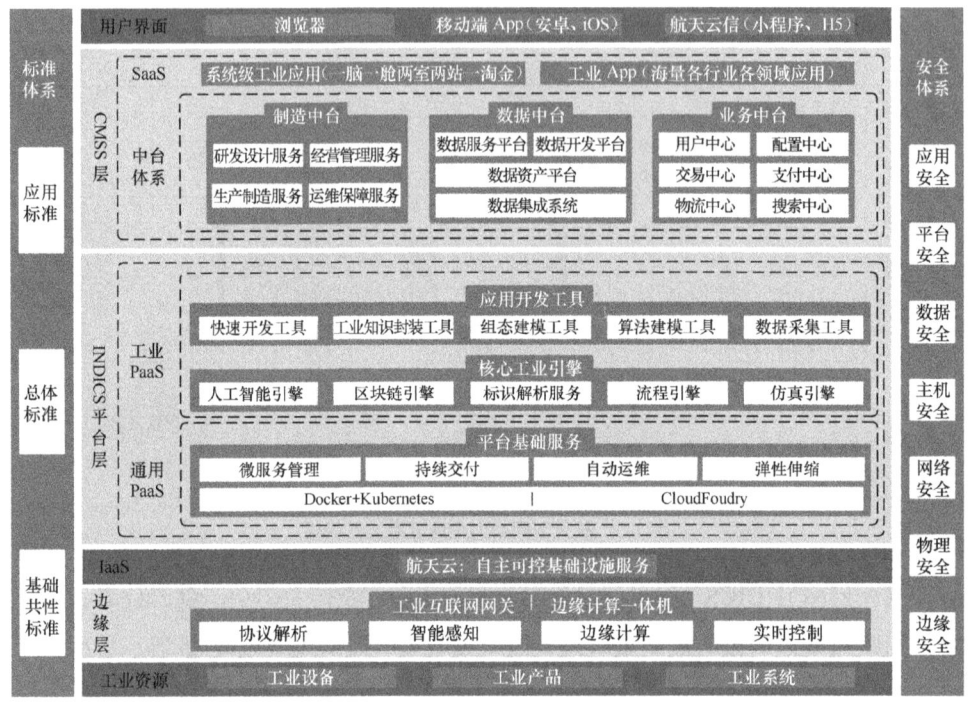

图 1-6　航天云网平台总体架构

第一层是边缘层，基于工业互联网网关与边缘计算一体机，通过全要素的资源接入、深层次的数据采集、异构数据的协议解析与边缘智能处理以及接入资源的安全防护，构建航天云网平台的资源接入功能。具体来说，一是依托协议解析技术实现工业设备、工业产品、工业系统等海量异构资源接入。二是通过对工业总线协议、新一代网络通信协议转换，实现海量数据采集。三是利用边缘计算技术实现数据的实时汇聚，构建边缘智能环境，实现云边协同模式。

第二层是 INDICS 平台层，是架构的内核，基于航天云的虚拟化计算、存储、网络、安全、管理工具等自主可控的基础设施服务，提供通用 PaaS、工业 PaaS 云服务，由平台基础服务、核心工业引擎、开发工具组成 INDICS 平台，通过 API 为对外服务，构建可扩展的开放式云操作系统。一是通用 PaaS 层，基于

Docker+Kubernetes 或 CloudFoudry 提供通用 PaaS 服务，实现了应用可视化多方式快速部署，支持微服务管理、持续交付、自动运维、弹性伸缩等功能。二是工业 PaaS 层，提供人工智能引擎、区块链引擎、标识解析服务、流程引擎、仿真引擎等工业核心引擎，以及快速（低代码）开发工具、工业知识封装工具、组态建模工具、算法建模工具、数据采集工具等应用开发工具。基于以上功能打造了自主可控云服务、云平台服务、云端应用运行工具、云端应用开发工具、物联网接入工具等产品线。

第三层是 CMSS 层，包括中台体系及 SaaS 层，支撑工业 App 生态构建，并通过工业 App 为不同行业、不同领域提供价值。具体来说，一是由航天云网平台所有开发者共用维护构建的制造中台，积累研发设计、生产制造、经营管理、运维保障制造全流程公共组件库，提供制造类 API 及开发框架。二是数据中台提供数据集成系统、数据资产平台、数据服务平台、数据开发平台等一整套组件化服务，并为 CMSS 生态应用提供数据源。三是业务中台提供用户、配置、交易、支付、物流、搜索等一系列共性业务组件服务，以服务航天云网平台自身为主，同时满足不同开发者快速构建工业 App 的需求。四是 SaaS 层，以"一脑一舱两室两站一淘金"为核心，提供包括研发设计、生产管理、设备管理、能耗管理、环境监测、供应链、仓储物流、经营管理、金融服务、税务服务等 10 类覆盖全产业链、产品全生命周期的工业 App，支撑智能制造、协同制造和云制造 3 种制造模式，可以通过浏览器、移动端 App、航天云信等入口获取服务。

标准体系，遵照相关国家标准、行业标准与国际标准，包括基础共性、总体、应用三大类标准。基础共性标准包括术语定义、通用需求、架构、测试与评估、管理等标准。总体标准包括网络与连接、标识解析、边缘计算、平台与数据、工业 App、安全等标准。应用标准包括典型应用与垂直行业应用等标准。

安全体系，遵照国家信息系统等级保护三级标准，参照工业互联网产业联盟《工业互联网平台安全防护要求》，结合航天云网公司工业互联网平台实际情况，明确企业网络安全建设过程中所需的规范、建设技术体系，是平台网络安全工作开展的支撑。

1.5 盛原成盛云平台

广州盛原成科技有限公司成立于2012年，是一家全球性科技公司，主要针对工业企业的SCADA和MES软件——工厂管控软件平台"盛云圈CMS"、基于工业物联网的SaaS软件——设备售后服务管理软件"盛云猫SLM"，以及仓库管理WMS/WCS等软件产品，提供数字化工厂和电气自动化解决方案。

该平台采用专业化、模块化、智能化的设计理念，完全自主研发，有利于设备制造商/服务商改变粗放、落后的经营方式，利用工业互联网技术重新定义设备研发、制造、销售、售后的全业务流程，将传统设备升级为智能设备，在线管理设备用户的关系，提升企业核心竞争力。目前全国已有超过200家装备制造业企业选择该平台服务。

该平台系统使用方便灵活，易掌握，同时提供第三方数据接口，可以通过HTTP等通信方式与其他第三方厂商提供的系统（如MES、ERP等）进行数据交换。

1.5.1 系统架构

盛原成盛云平台分为盛云猫和盛云宝，如图1-7所示。

盛云猫SLM（Service Lifecycle Management，生命周期管理解决方案）软件，为装备制造业提供设备服务生命周期管理的一体化解决方案，实现设备用户、服务商和制造商的连接，提供设备监控、远程运维、售后服务、商城管理、客户管理、数据分析、知识库管理等功能，帮助装备企业实现设备服务的生命周期管理。

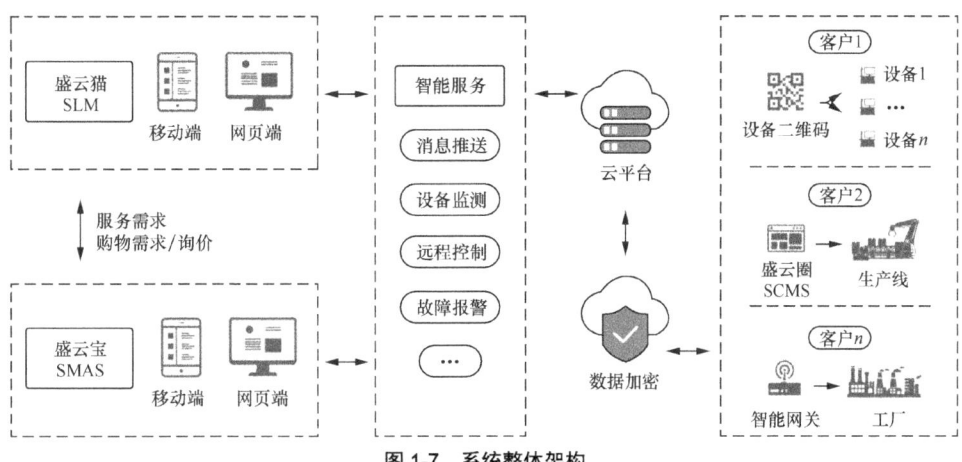

图 1-7 系统整体架构

盛云宝 SMAS（SYC Manufacturing Assistant System，SYC 制造辅助系统），为设备使用企业提供设备的监控可视化管理、设备运维管理、故障管理、数据分析等功能，帮助生产企业快速实现生产线、设备信息化和智能化管理。

盛云宝 SMAS 具有方便快捷的接入管理，可快速实现设备上云，并具有丰富的组态配置功能，可自定义监控画面和数据，具体内容如下（见图 1-8）。

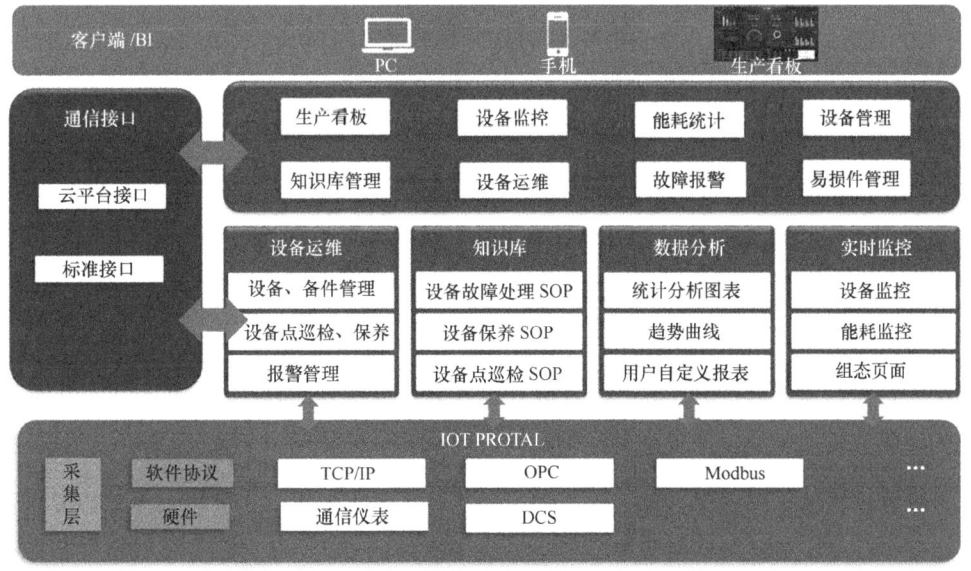

图 1-8 SMAS 功能架构

（1）实时监测设备：实现对设备状态、工艺、生产及品质等数据的实时监测，方便用户随时随地查看设备的运行数据、运行状态和生产进度，结合故障记录、运维记录、参数趋势曲线等多维度分析设备效率和设备健康度；提供对设备的远程控制功能，帮助用户实现对设备和生产的实时动态管理。

（2）规范化运维，知识库逐步沉淀：用户可自定义设备的保养、点检、检修的作业标准及计划，系统自动生成待办任务，并向处理人员推送提醒信息，实现点检、保养等日常工作的在线化、标准与结果的可视化，方便用户对设备实施专业规范的管理，保障设备的健康和日常生产的顺利进行，减少非计划停机带来的损失。

（3）故障实时报警，快速处理问题：实时推送设备的报警和故障信息，并进行自动诊断，第一时间给出推荐的最佳解决方案，协助用户快速处理设备报警和故障，保障设备的健康、提高设备的利用率。

（4）备件智能管理，商城快速购买：对备件信息以及库存量进行管理，库存不足时系统自动告警。提供在线商城，用户可根据已安装设备或备件台账在商城快速寻找到所需的备件，可直接向厂商下单购买或发起询价。

（5）无缝对接设备厂家，享受售后服务：盛云宝 SMAS 可以无缝对接设备厂家的服务系统（盛云猫 SLM），获取厂家的备件台账、知识库和运维标准等信息。当遇到难以处理的故障时，用户可向厂家申请维护，利用厂家的技术力量和知识经验，快速解决设备的问题，且服务过程和解决步骤在线可视，从而更为高效、科学、合理地管理设备，降低运维成本。

如图 1-9 所示，在实际生产环境中，通过智能网关或软网关连接设备的 PLC、传感器、运动控制器等底层智能控制器采集设备数据，经专用链路上传到云平台。云平台对设备的数据、服务的信息等进行处理，提供工况展示、故障诊断、实时报警、管理报表、权限管理等功能，经由前端应用展示给用户。

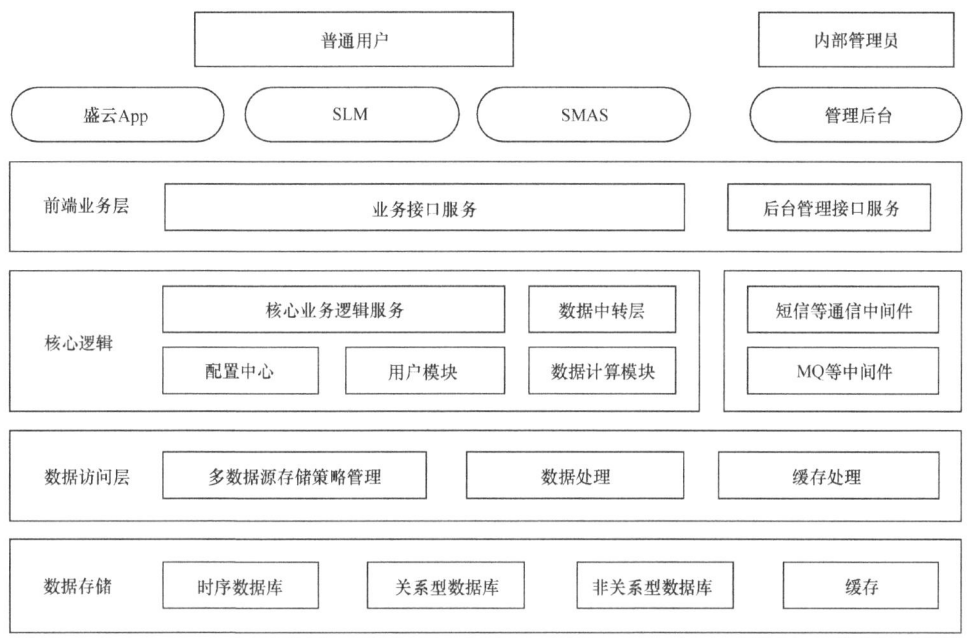

图 1-9 系统组成

1.5.2 系统整体性能

（1）系统设计基于厂家实际情况，采用最新的信号传输技术、信号采集技术、模糊控制技术、实时数据库技术、关系型数据库技术、Web 技术，以及最新的网关技术、HTTPS 等开放技术，充分考虑并满足用户的需求。

（2）系统采用的设备均为技术先进、市场占有率较高的产品，既能满足当前需要，又能适应未来业务发展的需要。同时，系统满足国家工业和信息化部发布的最新要求，达到国内先进水平。

（3）所提供设备采用嵌入式无风扇设计，能够 24 小时连续运行，可适应工业现场生产环境，数据采集系统具有断点续传功能。

（4）采用统一实时历史数据库，共享各子系统信息，数据采集具备规约转换功能，可形成统一的国际标准通信规约。

（5）云平台提供标准的 HTTP 数据接口，可以与其他信息系统（如 ERP 系统）方便地对接。

（6）系统提供工业级安全隔离设备，保证系统安全、稳定。

（7）系统采用分布、独立式体系架构，具备故障隔离功能；采用开放式通用协议，具备很好的开放性；并且具备远程故障诊断、远程故障处理功能。

本章扼要地介绍了阿里云等 5 个国内工业互联网主流平台的架构及其功能特点，读者可快速了解对比，根据企业类型、业务需求和发展方向选择合适的平台。

第 2 章

工业互联网网络

数据对工业互联的应用非常重要，工业互联网为工业企业带来的价值提升与数据的采集使用密切相关。例如在智能化生产中，依据单台设备数据到生产线数据、车间数据的智能决策和动态优化，可提高产品质量、降低成本，提升生产效率。再如设备制造企业通过监控已售产品的运行状态数据，可进行设备健康管理、故障预测、远程维护、性能优化，可提高设备的价值，帮助客户实现可预测和均衡的生产，同时也可通过这些数据来优化自身产品的设计。还能通过网络化协同，实现协同设计、协同制造、按需定制、柔性制造，可降低新产品的开发成本，缩短上市周期。通过对本章的学习，我们可以了解当前我国主流工业物联网平台的结构、使用以及构建过程。为企业技术人员、一线工人、大专院校学生等人员掌握工业物联网网络的使用打下一定的基础。

2.1 网络构建

2.1.1 工业以太网 EtherCAT 技术

实时工业以太网技术是以太网技术在自动控制领域的延伸和发展，是工业控制自动化领域的一个重要发展方向。它具有采用标准以太网器件、基于串行转发技术、大部分使用集总帧结构等特点，典型协议包括 EtherCAT、Profinet 和 SERCOS III 等。EtherCAT 工业以太网技术是开放、实时、高性能以太网现场总线协议。EtherCAT 支持所有的链形、环形和星形拓扑，具有较低抖动的通用和同步主机 / 从机、从机 / 从机以及主机 / 主机通信，比较容易采用 CANopen 器件和 SERCOS 伺服驱动参数映射至 EtherCAT，且具有实用的以太网安全功能。

EtherCAT（Ethernet for Control Automation Technology）是由德国 Beckhoff 公司开发，并由 EtherCAT 技术组（EtherCAT Technology Group，ETG）提供支持。它采用以太网帧，并以特定的环状拓扑发送数据。网络上的每一站均从以太网帧上取走与该站有关的数据，或插入该站本身特定的输入 / 输出数据。网络内的最后一个模块向第一个模块发送一个帧以形成和创建一个物理和逻辑环。EtherCAT 还通过内部优先级系统，使实时以太网帧比其他的数据（如组态数据、诊断数据等）具有较高的优先级。组态数据只在传输实时数据的间隙（如果间隙时间足够满足传输的话）中传输，或者通过特定的通道传输。EtherCAT 还保留了标准以太网功能，可与传统 IP 协议兼容。为了实现这样的装置，需要专用 ASIC 芯片，以集成至少两个以太网端口，并采用基于 IEEE 1588 的时间同步机制，以支持运动控制中的实时应用。

2.1.2　EtherCAT 工业以太网控制网络实验

1. 情境描述

在工业控制中，有时需要用到高精度的运动控制，若是变频器和步进电机都无法达到控制要求，则可以选择使用伺服电机。本项目通过 EtherCAT 工业以太网控制伺服驱动器，从而驱动伺服电机完成点动、定速运动、相对运动 3 种运动方式。

如图 2-1 所示，本项目基于 EtherCAT 先进控制系统实训设备操作完成。先进控制系统实训设备是松科智能开发的一款基于软 PLC 的智能制造基础技能训练装备，设备包括软 PLC、EtherCAT 总线适配器、远程输入/输出模块、第一伺服驱动器、第二伺服驱动器、步进驱动器、变频器及其三相电机、第一同步带、第二同步带、第三同步带和步进转轮。设备通过 EtherCAT 总线适配器分别与远程输入/输出模块、第一伺服驱动器、第二伺服驱动器连接，以及通过远程输入/输出模块分别与步进驱动器和变频器连接，第一伺服驱动器用于驱动第一同步带运转，第二伺服驱动器用于驱动第二同步带运转，步进驱动器用于驱动步进转轮运转，变频器用于驱动第三同步带运转。

先进控制系统实训设备中工业控制器通过 EtherCAT 适配器模块对智能远程输入/输出进行控制，EtherCAT 适配器提供了一个标准的双端口 RJ45 连接器，端口 IN 和端口 OUT 都可以收发以太网数据帧。

在本实训设备中，EtherCAT 适配器选用了南京华太公司型号为 FR8200 的模块（见图 2-2）。其端口示意如图 2-3 所示，上方的 24V 和 0V 输入作为该模块的工作电源，中间两个 24V、0V 在内部分别短接在一起，作为远程 I/O 的电源和公共端，PE 需接地。

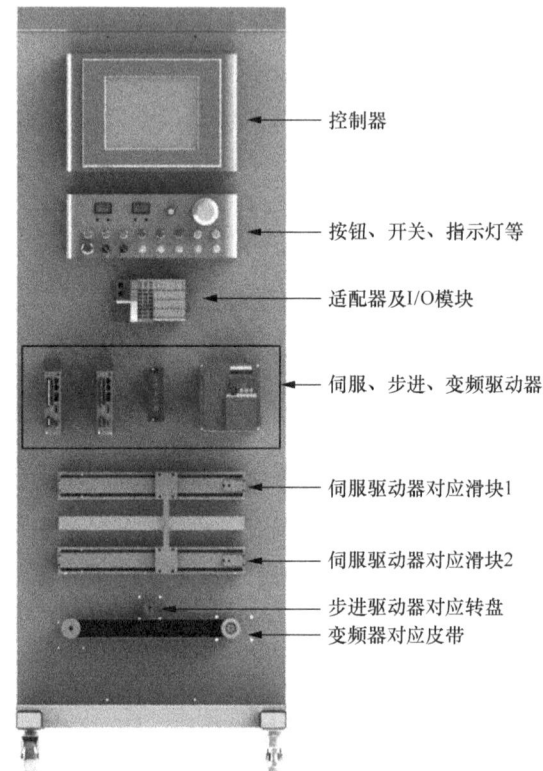

图 2-1 先进控制系统实训设备　　　　图 2-2　FR8200

在设备应用中，工业控制器作为 EtherCAT 主站，EtherCAT 适配器作为从站，EtherCAT 主从站的连接通过工业网线相连，其接线如图 2-4 所示（网线用虚线表示），GATHER WIN 的工业控制器 EtherCAT 口与 EtherCAT Adaptor 的 IN 口相连，若有别的 EtherCAT 从站，则可以通过 OUT 口与之相连。

2. 情境实现

此处要求用一个开关控制电机的正反向，一个按钮用作点动，一个按钮用作相对运动，一个自锁按钮用作定速运动，另外要求使用急停按钮用于急停需求，注意，导轨上安装有限位传感器，不要让电机超限。当电机超限时会出现错误，此时需要通过 CoDeSys 软件在线热复位后运行。

（1）硬件接线

伺服驱动器的硬件接线如图 2-5 所示。

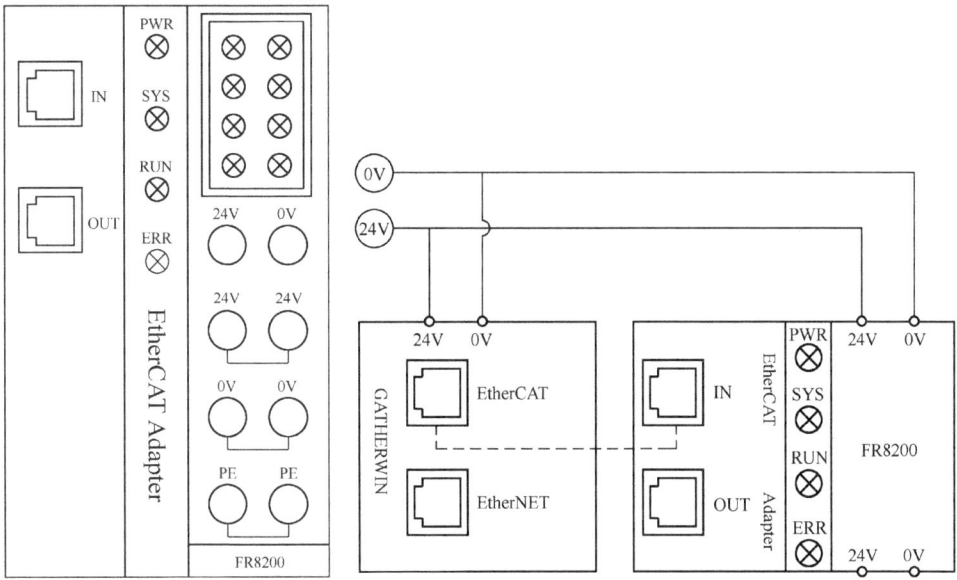

图 2-3 FR8200 端口示意

图 2-4 工业控制器与 FR8200 的连接

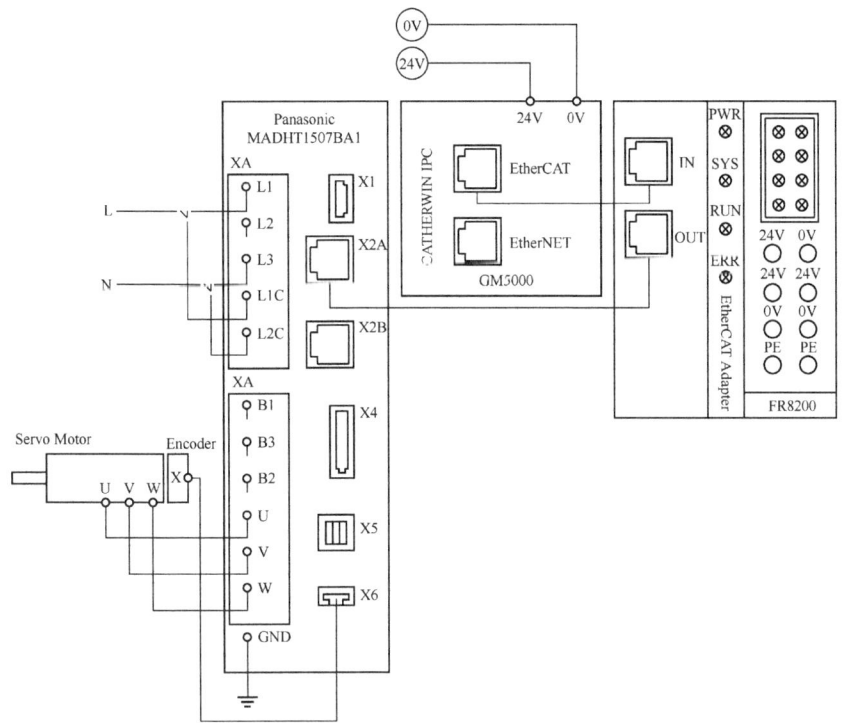

图 2-5 伺服驱动器的硬件接线

（2）硬件拓扑

此处省略远程 I/O 的模块拓扑，仅呈现远程 I/O 适配器的拓扑，如图 2-6 所示。

（3）IO 定义

FR8200 的输入/输出接口功能解释如表 2-1 所示。

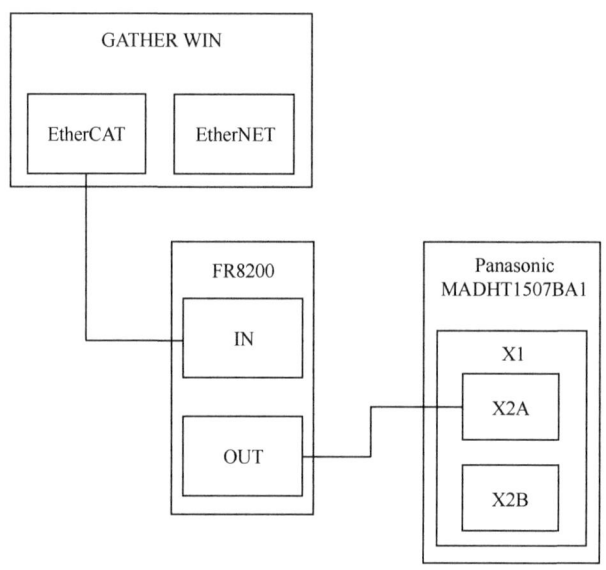

图 2-6　硬件拓扑　（单机拖动）

表2-1　FR8200输入/输出接口功能解释

输入		输出	
急停按钮 SBE	FR1118 %IX0.0	点动运行指示灯	FR2118 %QX0.0
转向开关 SA1	FR1118 %IX0.1	相对运动指示灯	FR2118 %QX0.1
点动按钮 SB1	FR1118 %IX0.3	定速运动指示灯	FR2118 %QX0.2
相对运动按钮 SB2	FR1118 %IX0.4	停止运行指示灯	FR2118 %QX0.3
定速运动按钮 SB4	FR1118 %IX0.6		
左限位传感器（常闭）	FR1118_1 %IX4.0		
右限位传感器（常闭）	FR1118_1 %IX4.2		

3．硬件组态

（1）新建工程

新建一个工程，设备为"GATHER WIN SoftMotion"，语言为 LD。

（2）硬件组态

请按图 2-6 硬件拓扑图进行组态，如图 2-7 所示。

（3）组态 EtherCAT 总线的伺服驱动器及轴

如图 2-8 所示，在 EtherCAT 总线管理下添加设备。

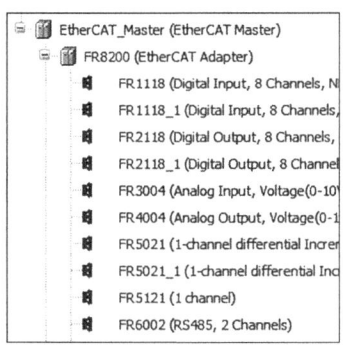

图 2-7　硬件组态

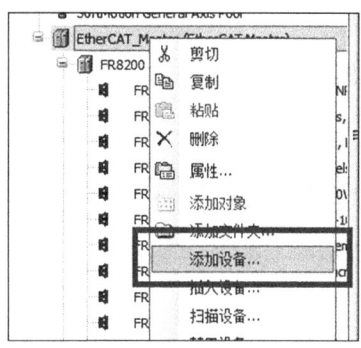

图 2-8　添加设备

弹出添加设备对话框，按图 2-9 所示操作顺序，找到 Panasonic（松下）的列表，如图 2-10 所示，选中 MADHT1507BA1 并单击"添加设备"按钮将设备添加到 EtherCAT 总线管理下。

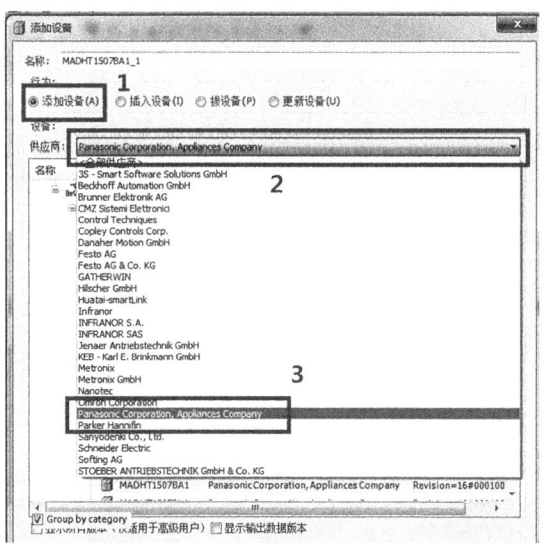

图 2-9　添加设备对话框

当完成添加后，可在 EtherCAT-Master 中看到该设备，如图 2-11 所示。

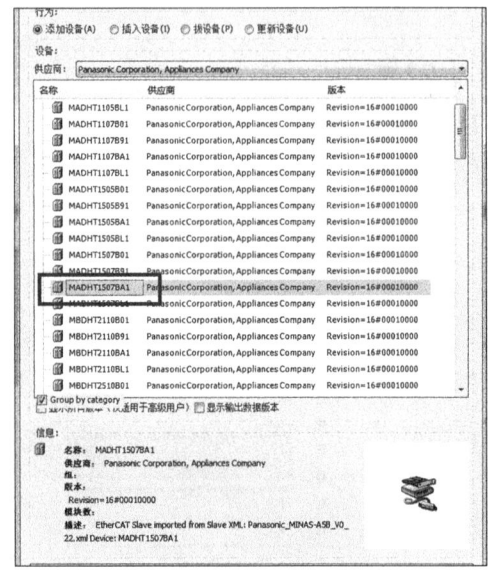

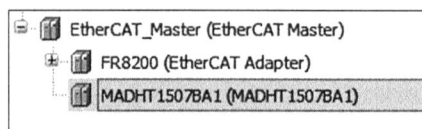

图 2-10 Panasonic 伺服电机列表　　　　图 2-11 添加 MADHT1507BA1 成功

如图 2-12 所示，在 MADHT1507BA1 伺服站上单击鼠标右键，找到"添加 SoftMotion-DSP402-轴"。

单击该选项卡后，可以将轴添加到 MADHT1507BA1，如图 2-13 所示。

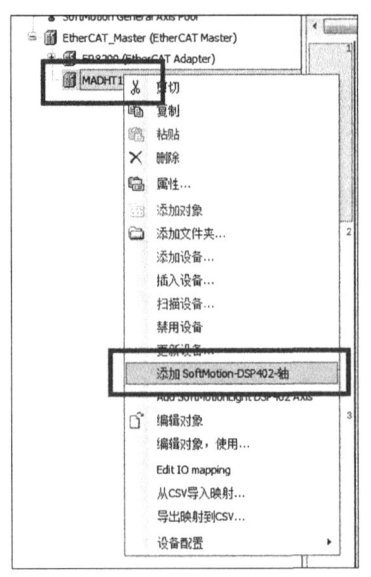

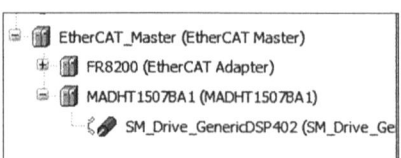

图 2-12 添加轴　　　　图 2-13 轴添加完成

(4) 设置轴参数

双击"MADHT1507BA1"伺服站，进入设置页面，如图 2-14 所示，将分布式时钟设置为"DC SYNCO"。

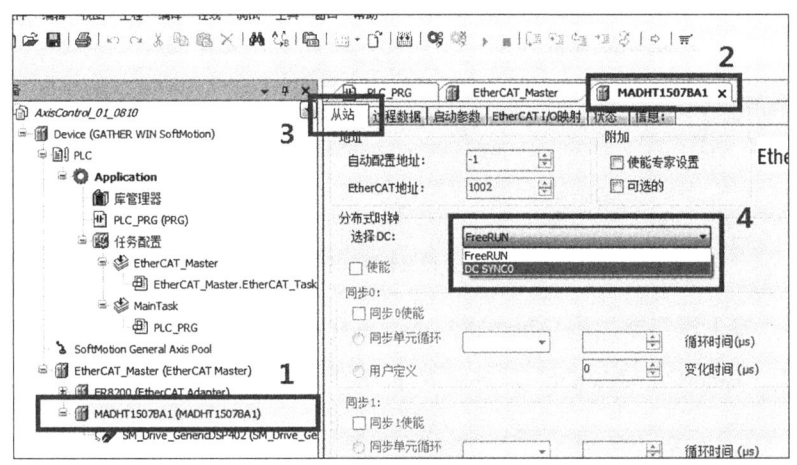

图 2-14　设置分布式时钟

双击"SM_Drive_GenericDSP402"轴，进入设置页面，在"SoftMotion 驱动：基本的"选项卡下找到"轴类型与限制"，选择"限定的"，如图 2-15 所示。

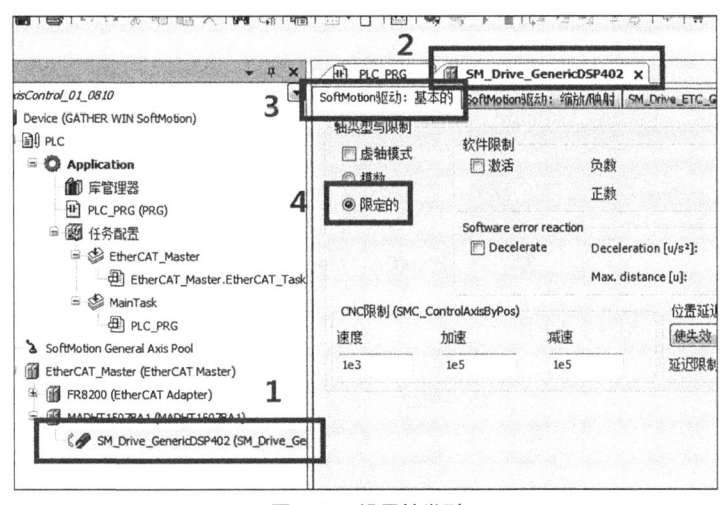

图 2-15　设置轴类型

转到"SoftMotion 驱动：缩放/映射"选项卡，按图 2-16 所示的参数进行修改，1048576 为伺服驱动器的精度，此处精度为 20 位，1048576 即为 2 的 20 次方，100 为实际机构移动的位置。

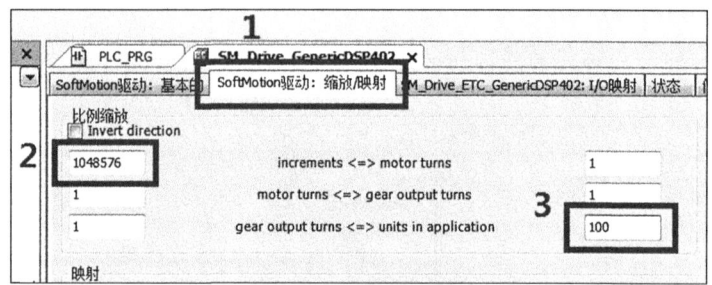

图 2-16　设置轴的比例缩放

（5）将主程序添加进 EtherCAT_Master 任务配置

双击"EtherCAT-Master"，选择左下方的 PLC_PRG，如图 2-17 所示。

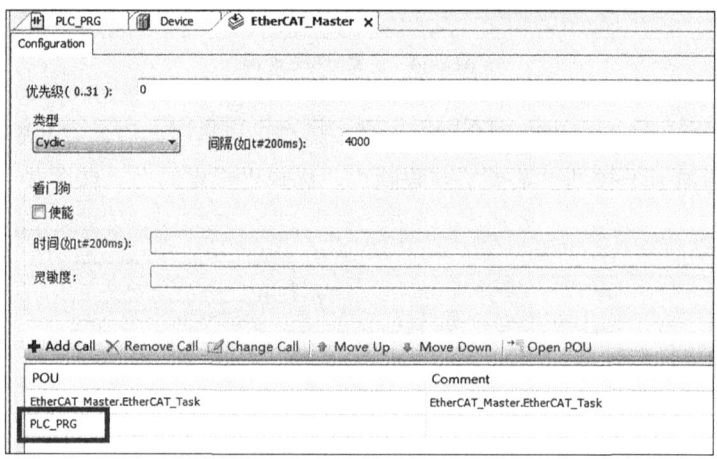

图 2-17　EtherCAT_Master 任务配置

配置完成后如图 2-18 所示。

图 2-18　任务配置成功

4．程序编写

（1）变量声明

```
PROGRAM PLC_PRG
VAR
    xHaltBtn AT %IX0.0: BOOL;              // 急停按钮
    xSwitchBtn AT %IX0.1: BOOL;            // 转向开关
    xJogBtn AT %IX0.3: BOOL;               // 点动按钮
    xMoveRelativeBtn AT %IX0.4: BOOL;      // 相对运动按钮
    xMoveVelocityBtn AT %IX0.6: BOOL;      // 定速运动按钮

    xLimitSwitchLeft AT %IX4.0: BOOL;      // 左限位（常闭）
    xLimitSwitchRight AT %IX4.2: BOOL;     // 右限位（常闭）

    xJogLED AT %QX0.0: BOOL;               // 点动指示灯
    xMoveRelativeLED AT %QX0.1: BOOL;      // 相对运动指示灯
    xMoveVelocityLED AT %QX0.2: BOOL;      // 定速运动指示灯
    xStopLED AT %QX0.3: BOOL;              // 停止状态指示灯

    MC_Power_0: MC_Power;                  // 驱动器使能
    MC_Jog_0: MC_Jog;                      // 点动
    MC_MoveRelative_0: MC_MoveRelative;    // 相对运动
    MC_MoveVelocity_0: MC_MoveVelocity;    // 定速运动
    MC_Stop_0: MC_Stop;                    // 急停

    lrRelativeDistance: LREAL;             // 相对运动距离值
    iVelocityDirection: INT;               // 定速运动方向值
END_VAR
```

（2）指示灯的控制逻辑

只要电机没有运行，则停止状态指示灯常亮，其控制逻辑如图 2-19 所示。

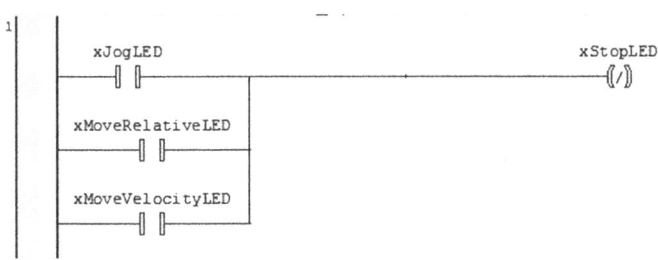

图 2-19　程序主体——指示灯的控制逻辑

（3）急停、超限的控制逻辑

其控制逻辑如图 2-20 所示。

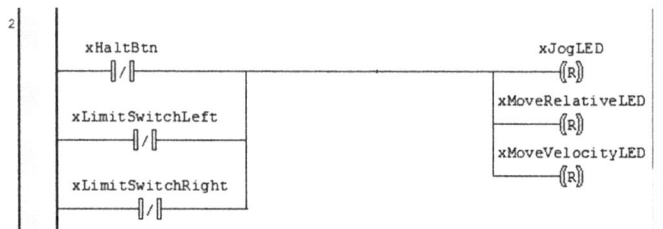

图 2-20　程序主体——急停、超限的控制逻辑

（4）伺服驱动器使能

伺服驱动器接线如图 2-21 所示。

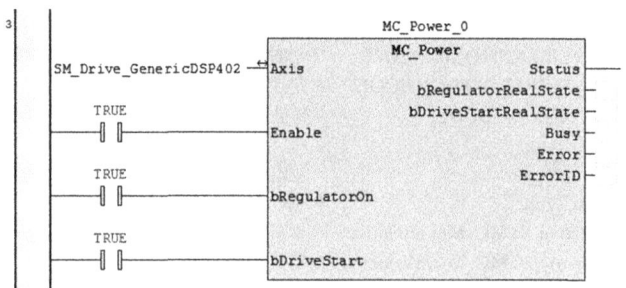

图 2-21　程序主体——伺服驱动器使能

（5）急停控制

急停控制接线如图 2-22 所示。

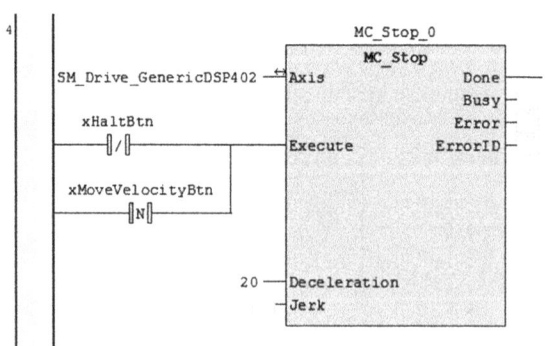

图 2-22　程序主体——急停控制

（6）按钮控制逻辑

按钮控制接线如图 2-23 所示。

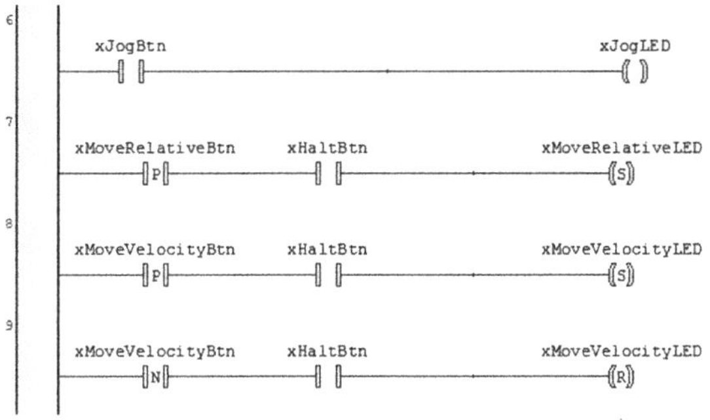

图 2-23　程序主体——按钮控制逻辑

（7）点动

点动控制接线如图 2-24 所示。

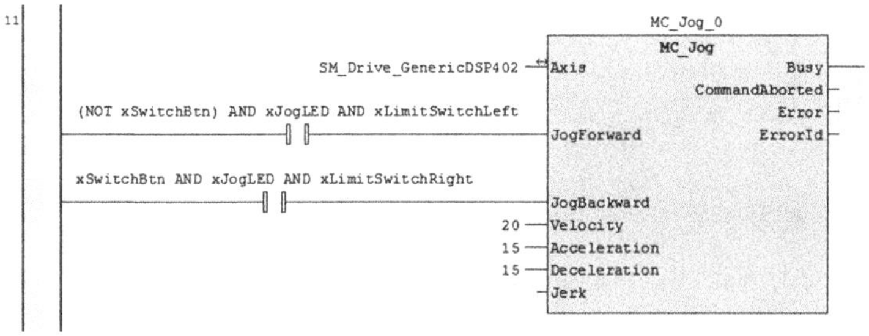

图 2-24　程序主体——点动控制

（8）相对运动

相对运动控制接线如图 2-25 所示。

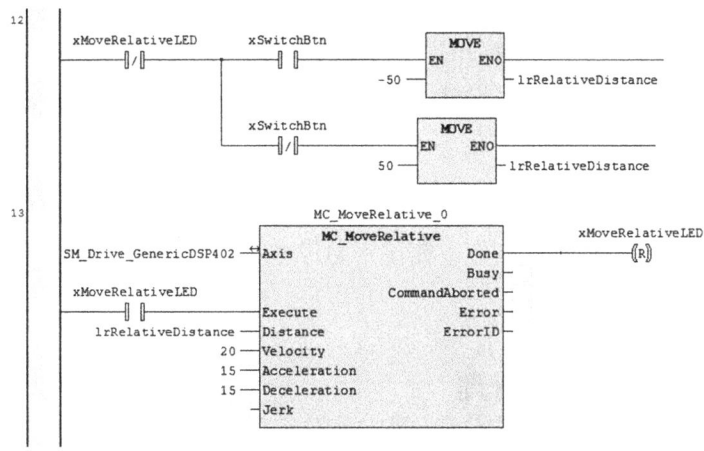

图 2-25　程序主体——相对运动控制

(9) 定速运动

定速运动控制接线如图 2-26 所示。

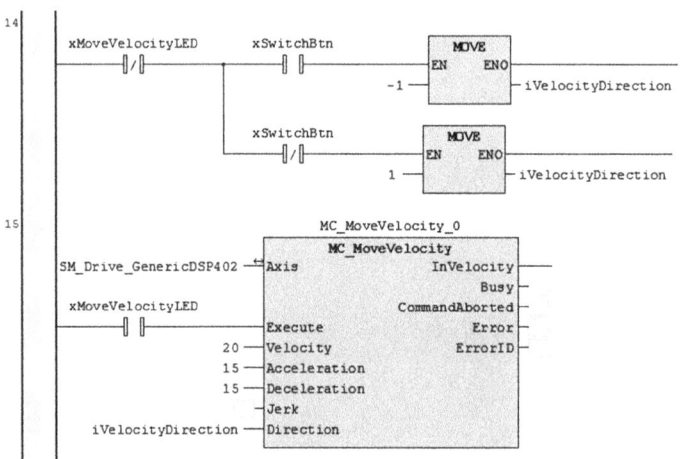

图 2-26 程序主体——定速运动控制

5. 程序下载及运行

程序编写完毕后，先进行编译查看，确定无误后登录设备并下载程序，启动运行。

设备启动后，用按钮 SB1 控制电机点动，用旋转开关 SA1 控制电机的旋转方向，即滑块的运行方向，当旋转开关打向左边的挡位，则滑块向左运动；当旋转开关打向右边的挡位，则滑块向右运动。

按下按钮 SB2，则滑块向指定方向运动指定距离（相对于当前位置）。

按下按钮 SB4，则 SB4 解锁，滑块向指定方向定速运动，再次按下 SB4，则 SB4 自锁，滑块停止。

在点动、定速运动、相对运动的过程中按下急停按钮，则电机停止；复位停止按钮，则电机恢复正常工作。在按下急停按钮的状态下，电机不响应点动等操作。

2.1.3 阿里云的设备管理

通过物联网平台的设备管理功能，可查看和管理设备的生命周期，让设备接入或切出物联网平台，也可以在控制台创建设备或调用云端 API 创建设备。

1．在控制台创建产品

（1）登录物联网平台控制台。

进入阿里云官网，打开登录界面。登录时可以选择"扫码登录"或"账号密码登录"，如图 2-27 所示。

图 2-27　阿里云物联网平台控制台登录页面

（2）在左侧的导航栏选择"设备管理→产品"。

添加产品，如图 2-28 所示。

图 2-28　产品管理操作页面

（3）在"产品管理"页，单击"创建产品"，填入产品信息，创建产品。

使用物联网平台首先要在控制台创建产品。产品是设备的集合，通常是一组具有相同功能定义的设备的集合。例如，产品指同一个型号的产品，设备就是该型号下的某个设备。然后按照页面提示填写信息，最后单击"保存"，如图2-29所示。

图 2-29　创建产品页面

创建产品页面参数设置如表 2-2 所示。

表2-2　创建产品页面参数设置

参数	描述
产品名称	为产品命名。产品名称在账号内具有唯一性。例如，可以填写为产品型号。支持中文、英文字母、数字、下画线（_）、连接号（-）、@ 符号和英文圆括号，长度限制 4~30 个字符，一个中文汉字计为 2 个字符

续表

参数	描述
所属品类	相当于产品模板 标准品类：物联网平台已为标准品类预定义了功能模板。例如，"能源管理→电表"品类已预定义用电量、电压、电流、总累积量等电表标准功能。选择该品类，创建的产品具有预定义的功能。用户可以在该产品的产品详情页功能定义页签下，编辑、修改、新增功能 自定义品类：产品创建成功后，需根据用户实际需要自定义物模型
节点类型	产品下设备的类型 直连设备：直接连接物联网平台，且不能挂载子设备，也不能作为子设备挂载到网关下的设备 网关子设备：不直接连接物联网平台，而是通过网关设备接入物联网平台的设备。网关与子设备说明，请参见网关与子设备 网关设备：可以挂载子设备的直连设备。网关具有子设备管理模块，可以维持子设备的拓扑关系，将与子设备的拓扑关系同步到云端
接入网关协议	节点类型选择为网关子设备的参数。表示该产品下的设备作为子设备与网关的通信协议类型 自定义：表示子设备和网关之间是其他标准或私有协议 Modbus：表示子设备和网关之间的通信协议是 Modbus OPC UA：表示子设备和网关之间的通信协议是 OPC UA ZigBee：表示子设备和网关之间的通信协议是 ZigBee BLE：表示子设备和网关之间的通信协议是 BLE
连网方式	直连设备和网关设备的连网方式：Wi-Fi、蜂窝（2G/3G/4G）、以太网、LoRaWAN 说明：首次选择 LoRaWAN 时，需要单击下方提示中的立即授权，前往 RAM 控制台授权 IoT 使用 AliyunIOTAccessingLinkWANRole 角色访问 LinkWAN 服务 其他
入网凭证	当"连网方式"选择为"LoRaWAN"时，需提供入网凭证名称 若无凭证，请单击"创建凭证"，进入阿里云物联网络管理平台，添加专用凭证，并为凭证授权用户 使用凭证创建的产品，将作为一个节点分组，自动同步到物联网络管理平台的节点分组列表中
数据格式	设备上下行的数据格式 ICA 标准数据格式（Alink JSON）：是物联网平台为开发者提供的设备与云端的数据交换协议，采用 JSON 格式 透传/自定义：如果用户希望使用自定义的串口数据格式，可以选择为透传/自定义 需要在控制台提交数据解析脚本，将上行的自定义格式的数据转换为 Alink JSON 格式；将下行的 Alink JSON 格式数据解析为设备自定义格式，设备才能与云端进行通信 说明：使用 LoRaWAN 接入网关的产品仅支持透传/自定义
认证方式	设备接入物联网平台的安全认证方式。产品创建成功后，认证方式不可变更 可选：

续表

参数	描述
认证方式	设备密钥：使用物联网平台为设备生成的 DeviceSecret 进行设备认证签名计算 使用 DeviceSecret 签名计算，可参见"MQTT-TCP 连接通信" ID^2：ID^2 认证提供设备与物联网平台的双向身份认证能力，通过建立轻量化的安全链路（iTLS）来保障数据的安全性 说明： 仅华东 2（上海）地域支持 ID^2 认证方式 连网方式选择为 LoRaWAN 的产品不支持 ID^2 认证方式 选择使用 ID^2 认证，需购买 ID^2 服务。请参见"IoT 设备身份认证（ID^2）用户手册" X.509 证书：使用 X.509 数字证书进行设备身份认证 说明： 仅华东 2（上海）地域支持 X.509 证书 连网方式选择为 LoRaWAN 的产品不支持 X.509 证书 在产品下创建设备后，物联网平台为设备生成唯一的 X.509 证书。可以在设备的"设备详情"页，查看和下载该设备的 X.509 证书 使用 X.509 证书进行设备身份认证的设备端配置说明，请参见使用 X.509 证书认证
产品描述	可输入文字，用来描述产品信息。字数限制为 100
资源组	将该产品划归为某个资源组。默认选择账号全部资源，可以选择已创建的资源组。通过资源组管理，可以授予指定子账号查看和操作该产品，而未授权的子账号则不可以查看和操作该产品 说明：该功能目前仅适用于白名单用户。如有需要，请提交工单，提供用户的阿里云账号 UID，申请成为白名单用户 产品创建成功后，可以在资源管理控制台变更产品所属的资源组

（4）后续步骤。

1）进行产品开发。

在左侧的导航栏选择"设备管理→产品"，在产品列表中，单击产品对应的"查看"，进入产品详情页。单击相应页签可以查看产品信息、Topic 类列表、功能定义、数据解析、服务端订阅、设备开发等数据。

2）进行设备开发。

单击产品详情页的"设备开发"页签，跟随界面提示进行设备创建、功能开发、证书烧录、连接验证等操作，完成设备开发，然后接入物联网平台。

3）发布产品。

在该产品的详情页中，单击右上角的"发布"按钮可以发布产品，如

图 2-30 所示。

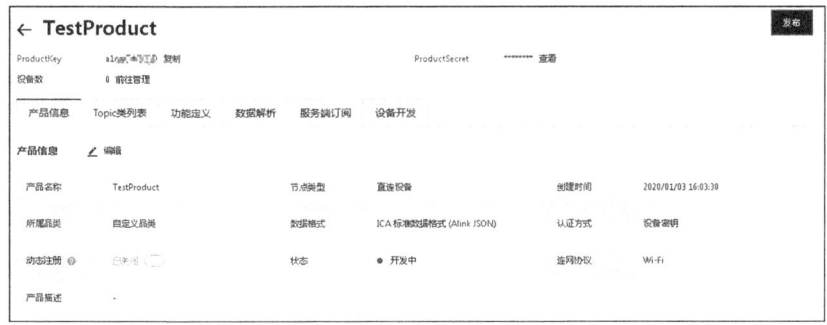

图 2-30　产品发布页面

发布前需确认：产品各项信息已设置完成、设备开发调试工作已完成、产品已具备上线发布条件。

产品发布后，产品状态会变为"已发布"，此时产品信息仅支持查看和管理，不支持修改和删除操作，如图 2-31 所示。

图 2-31　产品发布状态

已发布的产品支持"撤销发布"。

2．在云平台创建设备

在左侧的导航栏选择"设备管理→设备"。

添加设备有"批量创建"和"单个创建"两种方式。下面首先介绍如何批量创建设备。

（1）批量创建设备

1）登录"物联网平台控制台"。

2）在左侧的导航栏选择"设备管理→设备"。

3）在设备页单击"批量添加"，则会出现图 2-32 所示的页面。

4）选择产品。新创建的设备将继承该产品的功能和特性。

说明：若该产品关联了其他平台，请确保用户的账户下有足够的激活码用于创建设备。

5）添加设备名称有两种方式。

自动生成：无须为设备指定名称。填写完设备数量后，系统会为每个设备自动生成由字母、数字随机组合成的 DeviceName。

图 2-32　批量添加设备

批量上传：需要为所有设备指定名称。单击下载 .csv 模板，在模板中填写设备名称，然后将填好的表格上传至控制台。

说明：填写模板时，请注意：①设备名称长度为 4～32 个字符，可包含英文字母、数字和特殊字符，包括短画线（-）、下画线（_）、at 符号（@）、点号（.）和英文冒号（:）。②设备名称在产品维度具有唯一性。列表中的设备名称不可重复，且不可与该产品下已有设备的名称重复。③一个文件中最多可包含 1 000 个名称。④文件大小不超过 2 MB。

6）单击"确认"，完成创建批量设备。

若批量上传的设备名称列表中有不合法的名称，将出现错误提示。请单击下载不合法列表，查看不合法的设备名称。根据设备名称规范，修改设备名称，再重新上传文件。

7）设备创建成功后，单击下载设备证书。下载本批次设备的证书，用于在产线上统一烧录。

说明：如果在创建产品时选择认证方式为 X.509 证书，则批量创建设备成功后，返回的 X.509 证书下载 URL（CertUrl）有效期为 30 日，需要及时下载。下载包中包含成功生成的 X.509 证书和密钥，以及证书生成失败的 txt 格式的设备列表文件。如果没有失败的设备，则没有设备列表文件。

如果批量创建设备成功。可在设备页的批次管理页签下，查看该批次设备信息和下载设备证书。单击"查看详情"，查看对应批次设备的详细信息。单击"下载 CSV",下载该批次设备的证书。

(2) 创建单个设备

单击添加设备,也可单个创建设备。下面介绍如何创建单个设备。

1) 登录物联网平台控制台。

2) 在左侧的导航栏选择"设备管理→设备"。

3) 在设备页,单击"添加设备"。

4) 在添加设备对话框中,输入设备信息,单击"确认",如图 2-33 所示。

图 2-33 逐个添加设备

设备参数设置如表 2-3 所示。

表2-3 设备参数设置

参数	描述
产品	选择产品。新创建的设备将继承该产品定义好的功能和特性 说明:若该产品关联了其他平台,请确保用户的账户下有足够的激活码用于创建设备
DeviceName	设置设备名称 设备名称在产品内具有唯一性 设备名称长度为 4～32 个字符,可包含英文字母、数字和特殊字符,包括短画线 (-)、下画线 (_)、at 符号 (@)、点号 (.) 和英文冒号 (:) 说明 DeviceName 可以为空。为空时,由物联网平台生成一个全局唯一标识符作为设备的 DeviceName
备注名称	设置备注名称。备注名称长度为 4~64 个字符,可包含中文汉字、英文字母、数字和下画线 (_)。一个中文汉字计 2 个字符

(3) 执行结果

设备创建成功后,将自动弹出查看设备证书对话框。用户可以查看、复制设备证书信息。设备证书由设备的 ProductKey、DeviceName 和 DeviceSecret 组成,是设备与物联网平台进行通信的重要身份认证,建议用户妥善保管。产品参数设置如表 2-4 所示。

表2-4 产品参数设置

参数	说明
ProductKey	设备所隶属产品的 Key，即物联网平台为产品颁发的全局唯一标识符
DeviceName	设备在产品内的唯一标识符。DeviceName 与设备所属产品的 ProductKey 组合，作为设备标识，用来与物联网平台进行连接认证和通信
DeviceSecret	物联网平台为设备颁发的设备密钥，用于认证加密，需与 DeviceName 成对使用

（4）后续步骤

在物联网平台成功创建设备后，用户可以在控制台管理、查看具体设备信息。

设备创建完成后，设备状态显示未激活。请参见 Link SDK 文档开发设备端 SDK，然后接入物联网平台，激活设备。

2.1.4 航天云网

1. CMSS的概念

CMSS 是智能化的端到端应用集成与服务系统，主要包括工业品营销与采购全流程服务支持系统、制造能力与生产性服务外协与协外全流程服务支持系统、企业间协同制造全流程支持系统、项目级和企业级智能制造全流程支持系统等 4 个方面，采用"一脑一舱两室"（企业大脑、企业驾驶舱、云端应用工作室、云端业务工作室）的业务界面为用户提供服务，通过自主建设专用工业 App 和订阅通用工业 App 形成集成化、个性化、可视化的企业云端工作环境。

2. INDICS+CMSS

INDICS+CMSS 搭配，目标是构建和涵养以工业互联网为基础的云制造产业集群生态，服务于智能制造、协同制造和云制造 3 种现代制造形态，运用大数据和人工智能技术以及第三方商业与金融资源，促进制造业技术创新、商业模式创新与企业管理创新关联互动，推动企业转型产业升级。

CMSS 的建设目的是丰富工业应用，构建一个系统全面、开放共享、使用便捷的创新生态。由于工业场景高度复杂，行业知识千差万别，由少数大型企业驱动的传统应用创新模式，难以满足海量制造企业精细化、差异化的转型需求。INDICS+CMSS 创造工业 App 开发、部署、运行等一系列新的产业环节和价值，在工业知识高度积累、复用的基础上,实现应用创新的爆发式增长,从而有效地支撑智能化改造、协同制造和云制造等新型制造模式的实现。

INDICS 为 CMSS 提供平台支撑,对下为 CMSS 提供设备资源管理功能,提供标识类、运行类、故障类、安全类接口服务,支持工业设备、工业产品和智能产品资源接入,在 CMSS 的设备层和产线层,支持设备控制与监控类 App、数据驱动的设备运营类 App、基于边缘智能的 App 应用。对上为 CMSS 提供平台应用服务功能,为 CMSS 提供应用开发和运行所需的微服务、机理模型、建模和开发工具、公共服务组件,以及流程引擎、大数据引擎、人工智能引擎、微服务引擎、仿真引擎等五大引擎服务和应用全生命周期管理工具,提供第三方工业互联网平台环境,支持应用的快速迁移和部署,如图 2-34 所示。

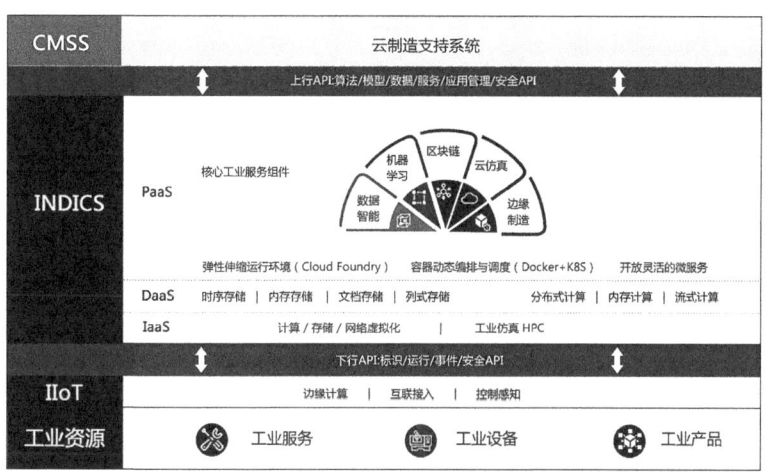

图 2-34 INDICS+CMSS

INDICS 提供智能网关 Smart IoT,通过工业通信协议适配、协议转换组件、网络通信接口适配模块实现工业现场资源与平台的互联。此外,Smart IoT 提供边缘应用、边缘计算功能,实现工业现场的边缘计算和平台的云计算服务结合应用,及时处理现场信息,降低数据传输量及占用的网络带宽。虚拟网关 SDK 面向设备端安装有工控机的用户使用,工控机可实时采集设备数据,开发者在工控机端通过使用虚拟网关 SDK 开发调用 INDICS 中的下行 API 实现数据接入云端,如图 2-35 所示。

INDICS+CMSS 为工业 App 提供各层次的安全防护支撑,包括设备、网络、控制、数据、应用 5 类安全防护模块，提供工具库、病毒库、漏洞库 3 类安全防护模块，针对设备安全、IoT 网关和接入安全、云平台安全和应用安全展开综合防护。此外，在应用安全上，提供企业实名认证、质量认证、征信认证等线上线下结合服务，保证工业 App 的来源安全可信，如图 2-36 所示。

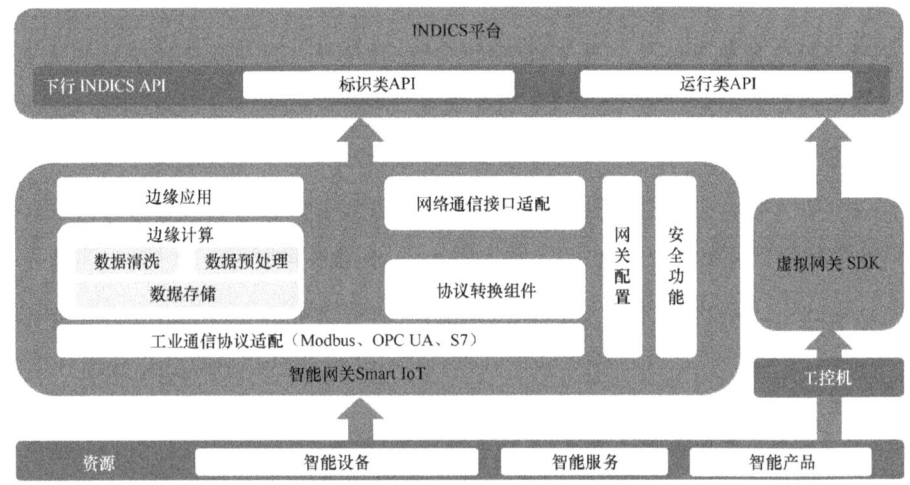

图 2-35　INDICS 提供互联与边缘计算服务

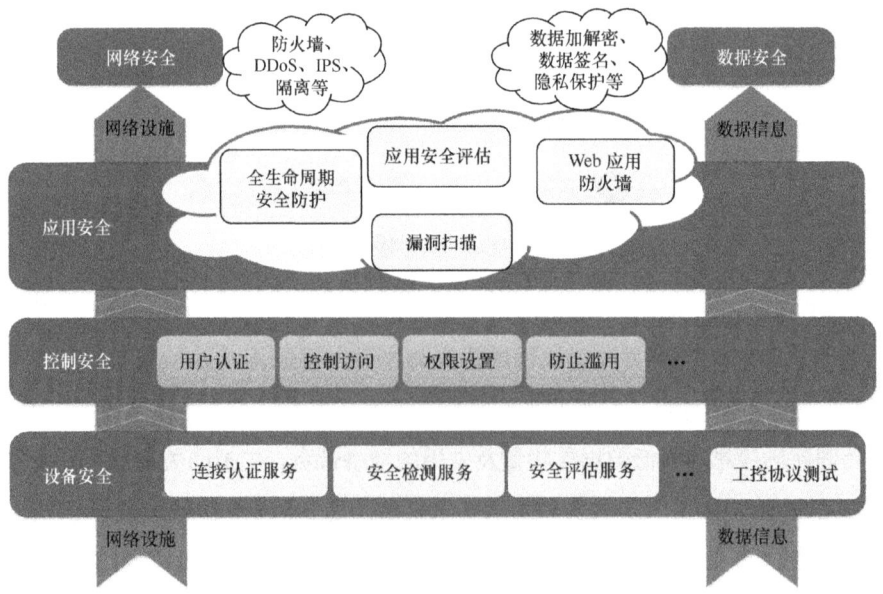

图 2-36　安全服务体系架构

2.1.5 根云：设备数据采集网络

图 2-37 所示为一种"设备数据采集网络"结构示意图。网络的核心组件是接入网关，它一方面通过工业现场网络连接到工厂的各个设备，另一方面通过 Internet 连接到云平台。设备、生产线、车间的运行信息通过它传递到云平台，来自云平台的指令通过它传递到厂内设备。

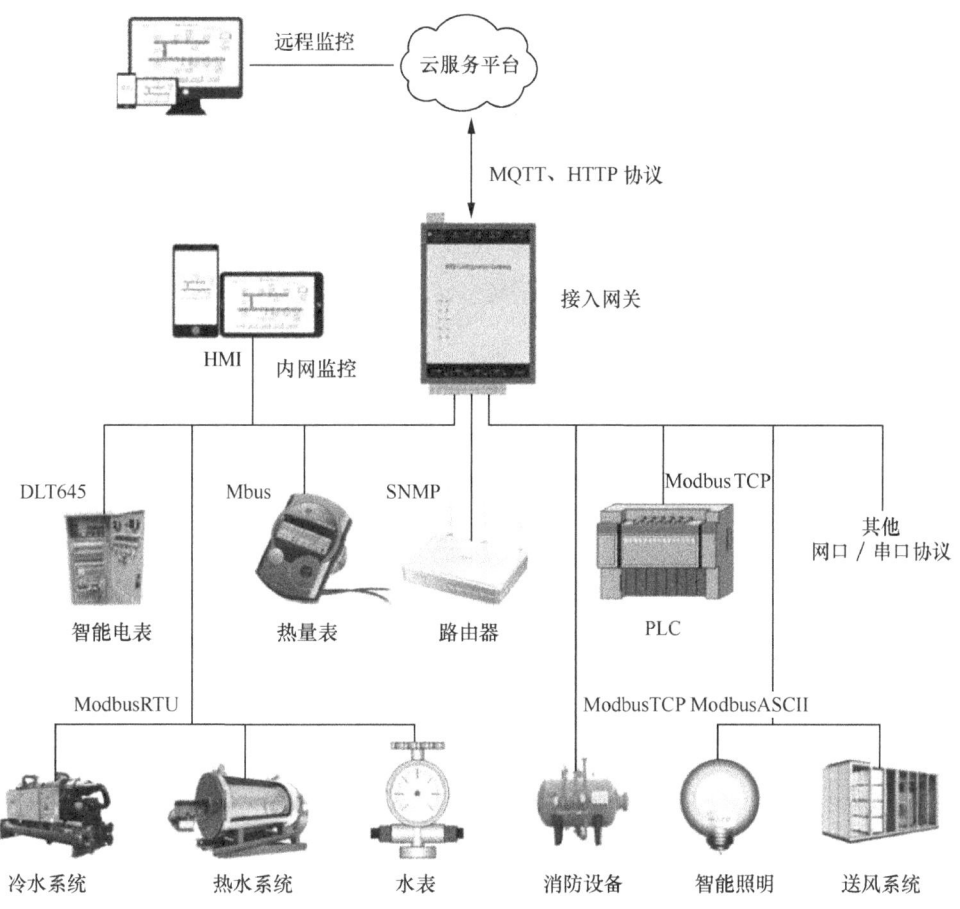

图 2-37 "设备数据采集网络"结构示意

用于工业现场的接口、网络、协议很多，包括物理层、链路层、应用层以及其他层。例如 IEA-RS232、EIA-RS485、以太网、Wi-Fi、EPON、LORA 无线网、CANBUS、MODBUS、OPC/OPC-UA、PROFINET 等，虽然基于以太网协议的 IP 网络是现场互联的趋势和发展方向，但接入网关还是会支持很多种现场网络，有的甚至支持多达两三百种。

接入网关到云服务平台，一般都是通过光纤、4G、NB-IoT、Wi-Fi 之类的设备接入互联网，采用 RESTFul http(s)、MQTT 或 AMQP 进行信息交换。

根云物联网接入平台为连接设备和云服务平台提供了网关、SDK 和云云对接 3 种连接模式（后面会一一介绍），支持多达 400 多种工业协议和 300 多种设备协议，可适配大多数国际通用硬件接口。

根云提供了 3 类接入网关。其连接器 C-Box 和 C-Board 带有 GPS 模块和 4 频 GPRS 模块，可通过串口连接到设备控制器，其 C-Box 还支持以太网卡、CANBUS 的接入。其车载物联盒 T-Box 含有 GPS 模块、4 频 GPRS 模块，支持 canbus 接入。其物联 Gateway 带有 32 位处理器，集成了 4G 模块，支持多种采集协议，常与 PLS、CNC 相连，可采集多达 10 台设备。

1．目标

希望通过本实践了解：如何配置接入网关，以连接设备和物联网接入平台；如何映射"物联网接入平台的设备模型"和需要从"工厂设备"采集来的信息；如何构造物模型。

2．相关概念

网关——能够直接连接物联网平台的设备，具有子设备管理功能，能够代理子设备。

连接变量——网关采集的设备数据点，接入网关从控制器中获得数据点的值。

设备模型——某类设备在云端的描述，包括设备的属性、报警设置、计算规则、控制操作等。

3．实施准备

项目实施前，用户需要做好以下准备。

（1）联系根云平台，开通根云账号，根据开通的账号登录根云平台。

（2）确定用户设备和根云物联网接入平台间的接入方式，准备好相应的设备。现在主要支持 3 种接入途径。

1）根云盒接入

适用于客户没有自己的数据采集系统的情况。用户采购根云提供的物联盒，通过物联盒连接根云物联网接入平台，传递数据和控制操作。

2）第三方网关接入

客户也可通过第三方物联盒连接、采用公用的 MQTT 协议，连接设备和根云物联网接入平台，传递数据和控制操作。

3）云云对接

适用于用户已有自己的数据采集系统的情况，这种方式不需要安装根云及其他仓上的物联盒。设备通过根云提供的 REST API 或者 SDK 连接根云物联网接入平台，传递数据和控制操作。

（3）确定协议类型

接入网关与设备之间的通信协议（也称为"驱动"，南向协议），主要支持 Modbus RTU 和 Canbus 协议。

接入网关与根云物联网接入平台之间的通信协议（也称为北向协议），可采用根云专用协议（根云盒或根云 SDK）、MQTT 或 HTTP。

（4）确定需要收集的接入设备属性

设备属性主要表现为控制器点表，点表由表项组成。表项一般包括数据点名称、显示名称、数据类型、偏移地址等。

4．操作步骤

为接入网关建立连接模型，也就是配置网关、命名需要通过转发到采集平台的"终端设备属性值"。目前不同厂家的网关有各自的配置软件，配置时应参考各自的操作手册。以下是根云盒的配置步骤。

（1）创建连接模型

1）登录根云统一运营平台，如图 2-38 所示。

2）进入连接模型管理界面，如图 2-39 所示。

3）单击"新建连接模型"，进入云盒选择页面。根据接入方案选择对应的接入方式（根云盒、第三方网关、云云对接），然后选择接入方式和设备，如选择 C-BoxLN1502-R-G，如图 2-40 所示。

图 2-38 登录根云统一运营平台

图 2-39 进入连接模型管理界面

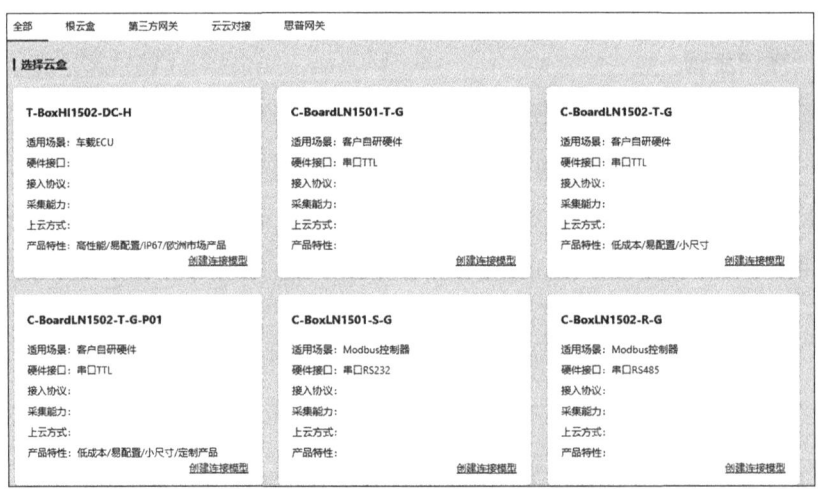

图 2-40 选择 C-BoxLN1502-R-G

4）单击云盒"C-BoxLN1502-R-G"右下角的"新建连接模型"，弹出"创建连接模型"页面，如图 2-41 所示。

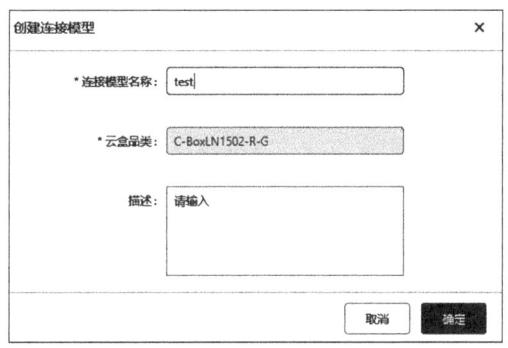

图 2-41　创建连接模型

5）为该连接模型命名。单击"确定"创建连接模型。连接模型列表如图 2-42 所示。

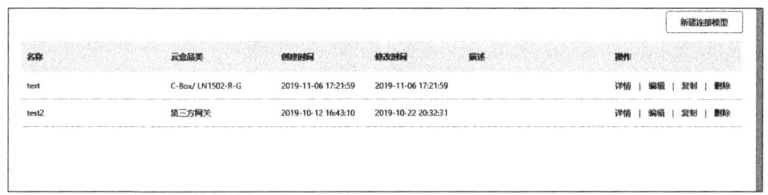

图 2-42　连接模型列表

（2）创建控制器

控制器用于命名"设备参数"的取值规则和取值路径。用户可以什添加"连接模型"后直接创建控制器，也可以单击"连接模型列表"页面中相应连接模型的"详情"创建控制器，如图 2-43 所示。

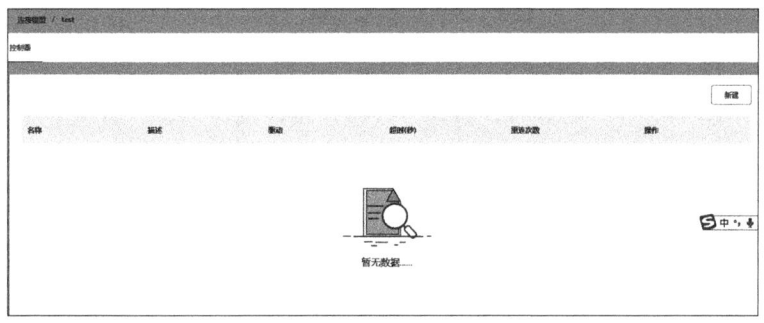

图 2-43　连接模型

单击"新建"创建控制器，填写设备名称，选择 Modbus TCP，设置好其他参数后单击"确定"。控制器列表如图 2-44 所示。

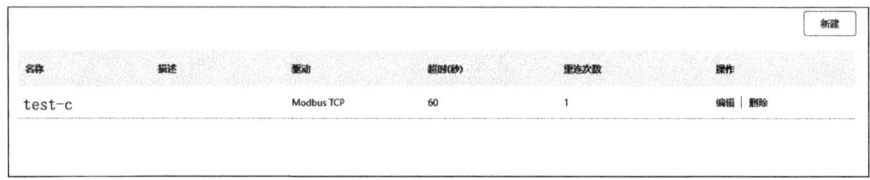

图 2-44　控制器列表

（3）配置连接变量

创建控制器后，进入控制器的"连接变量"页进行连接变量的配置。需要上传到云平台的设备属性，也就是要采集的数据，需要在这里逐一登记，如图 2-45 所示。

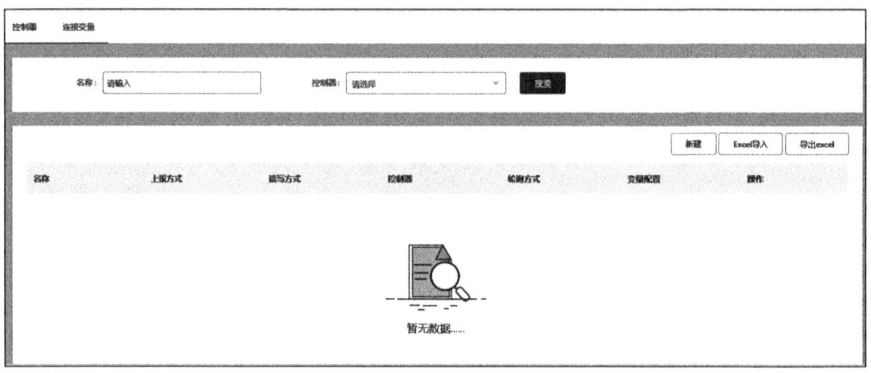

图 2-45　连接变量列表

如果寻址设备数据与采用的工业网协议有关，例如 modbus 网络中需要事先映射设备属性值到 modbus 地址，那么在登记"连接变量"时需要按照工业网协议的规范进行。

单击"连接变量"页中的"新建"按钮，填好属性名称、数据类型、偏移地址等信息后，单击"确认"创建。添加了连接变量后的列表如图 2-46 所示。

名称	上报方式	读写方式	控制器	轮询方式	变量配置	操作
tag2	变化上报	读写	test-c	中速周期	⊙	编辑 | 删除
tag1	变化上报	读写	test-c	中速周期	⊙	编辑 | 删除

图 2-46　添加了连接变量后的列表

（4）创建设备模型

设备模型建立在"根云物联网接入平台"，是对设备采集点，也就是连接模型中连接变量的映射。同时还可以设置这个模型的"可用操作"、设备报警属性和历史存储属性等内容。

目前有两种模型创建方法：一是根据"所在行业、设备类型、设备型号"从现存的模型库中选择"可复用的事先已建好的"设备模型创建，创建后即可使用。二是自定义"设备模型"，设置自己想要的类型、属性等信息来创建模型。自定义设备模型的方法如下。

1）点击"新建模型"，填好基本信息，如图 2-47 所示。

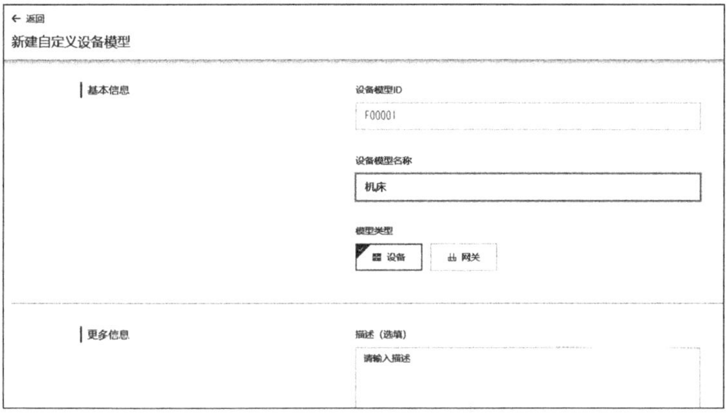

图 2-47　新建模型

其中"设备模型名称"是必填项，是物模型名称，建议采用设备的产品名；"设备模型 ID"是设备模型的唯一标识；"描述"选填项，是对设备的文字描述。

2）设置设备模型的基本信息。

创建设备模型后，可以编辑设备模型的基本信息，如设备类型、制造商、设备型号等，如图 2-48 所示。

图 2-48　设备基本信息

3）编辑设备模型的模型属性。

在设备模型编辑页面，可以新建、编辑模型的属性，设置属性与"连接模型变量点"的对应关系。目前共有以下几种方式创建属性。

第一种是从标准属性库中选择"行业标准属性"添加到模型，这种方式不需要"特定的工业编程知识"就可以定义设备模型属性，如图 2-49 所示。

第二种是单击"新建属性"按钮，根据提示填写属性 ID、属性名称、连接变量等信息，然后单击"确定"创建属性，如图 2-50 所示。

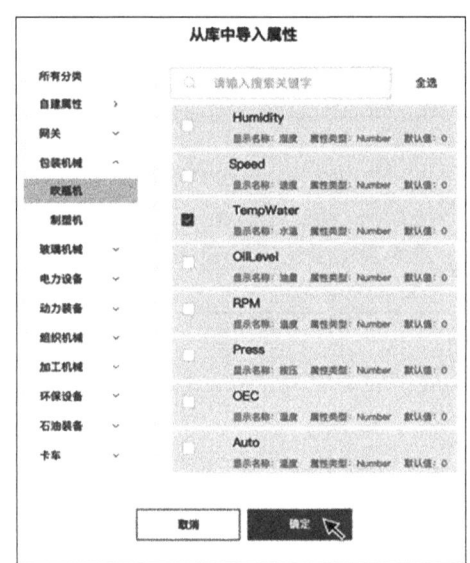

图 2-49　从库中导入属性

图 2-50　新建属性

第三种是从一个设备实例发送的事件中获取数据，在设备模型中创建设备属性，如图 2-51 所示。

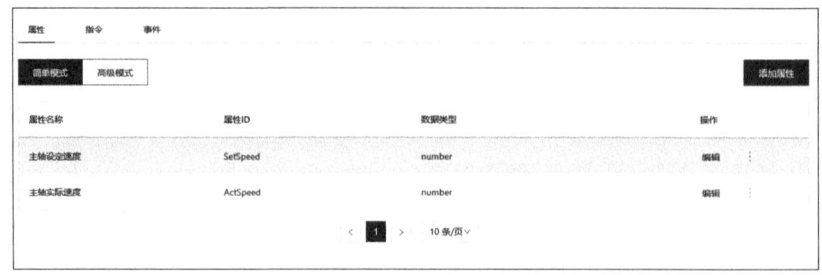

图 2-51　属性列表

第四种是从一个设备实例发送的实时事件（payload）中获取数据，根据数据在设备模型中创建设备属性，如图 2-52 所示。

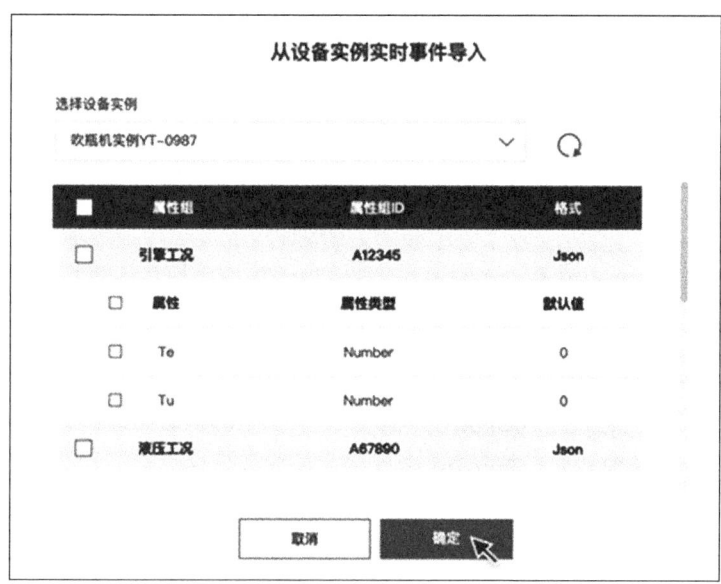

图 2-52　从设备实例发送的实时事件导入属性

在高级模式中可将"设备物理接口属性"和"逻辑接口属性"松耦合，以便将物理接口的属性转化为不同实际应用需要的逻辑接口属性，如图 2-53 所示。

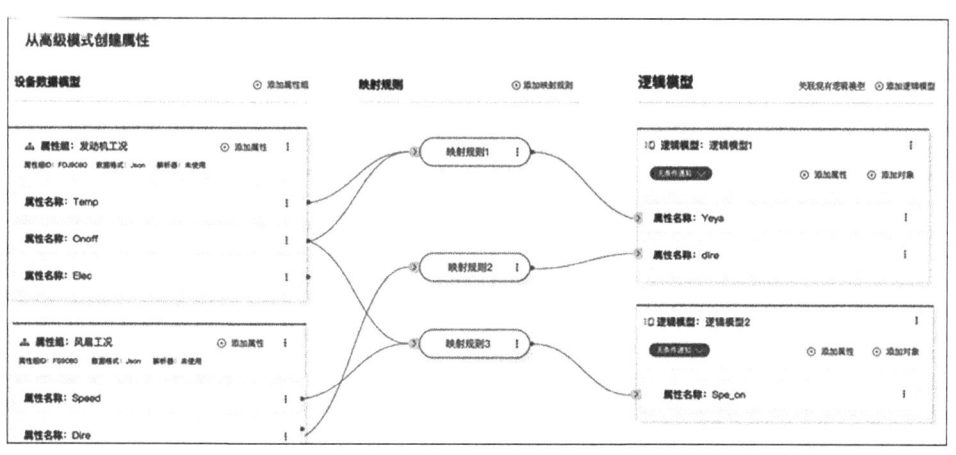

图 2-53　从高级模式创建属性

（5）发布设备模型

设备模型配置完成后，需要发布才会生效。单击设备模型编辑界面上方的"发布"按钮，平台会让设备模型生效，如图 2-54 所示。

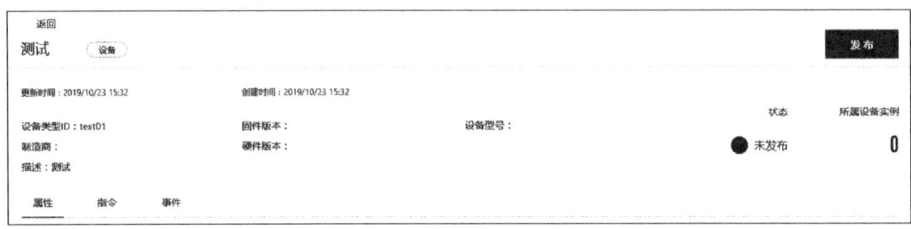

图 2-54　发布设备模型

（6）创建和编辑网关模型

用创建设备模型的方式创建网关模型，不同的是模型类型选择"网关"。属性可以根据实际情况添加，如 GPS 信息等，如图 2-55 所示。

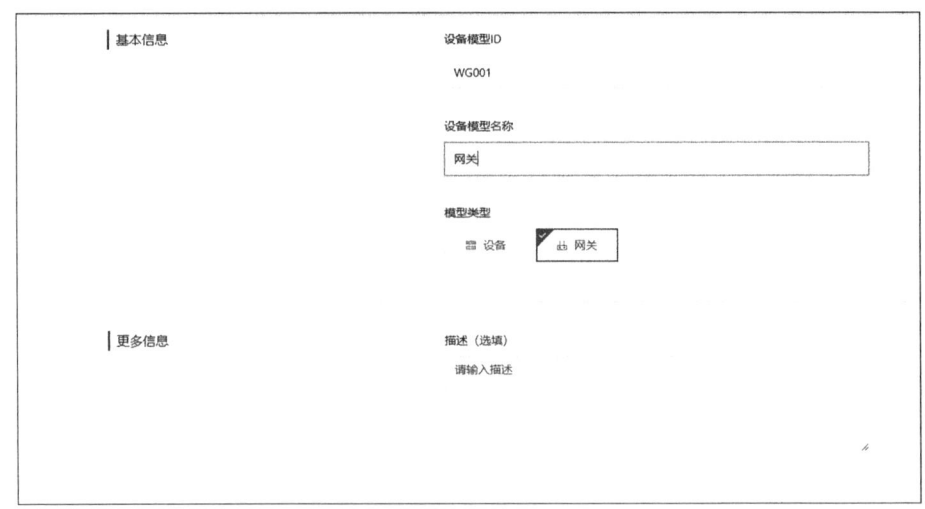

图 2-55　创建网关模型

（7）注册网关实例及终端设备实例

通过"设备模型"可以注册生成一个或多个同类型的设备（包括终端设备及网关）实例，可以直接对每个设备的工况、预警、远程控制等进行管理，如图 2-56 所示。

图 2-56 注册网关实例

1）注册网关实例。

单击"注册"，弹出设置窗口，填写相关信息。

其中在"设备实例 ID"项中填写网关 ID；在"设备名称"项中填写网关的名称；在"选择模型"项中需要选择在上一步创建好的模型；在"密钥"项中填写用来做安全认证的密钥，一旦生成则无法修改。设置好后，单击"完成"，生成设备实例，如图 2-57 所示。

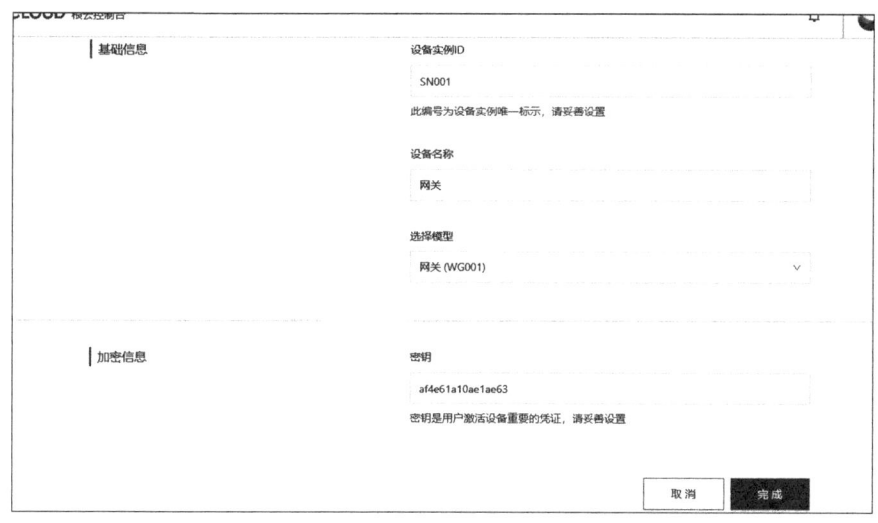

图 2-57 填写网关实例资料

2）注册终端设备实例。

单击"注册"进入设备注册实例设置窗口，如图 2-58 所示。

其中在"设备实例 ID"项中填写设备编号；在"设备名称"项中填写设备的名称；在"选择模型"项中需要选择设备模型；在"选择网关"项中需要关联和设备进行通信的网关。

图 2-58　注册设备实例

填写完成后,单击"确认"生成设备实例,如图 2-59 所示。

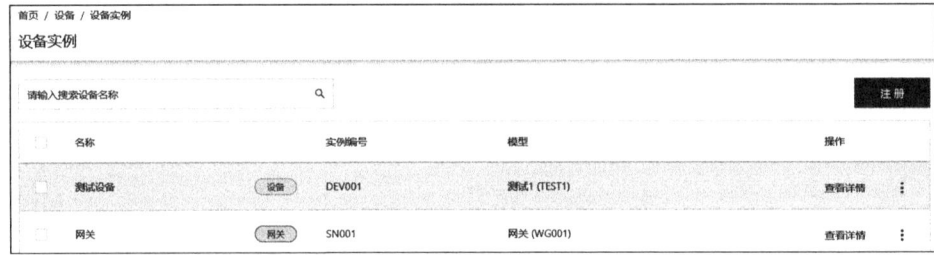

图 2-59　生成设备实例

3)单击查看详情,可查看实时和历史数据,如图 2-60 所示。

属性名称	属性ID	上传时间	数据类型	实时数据
上传流量	Flow_send	2019-09-09 12:00:58	Number	78
信号强度	Signal	2019-09-09 12:00:58	Number	78
上传内容	Content	2019-09-09 12:00:58	String	工作正常
状态开关	Off_on	2019-09-09 12:00:58	Boolean	0
电流	Flow_send	2019-09-09 12:00:58	Integer	78
速度	Signal	2019-09-09 12:00:58	Number	78

图 2-60　查看实时和历史数据

4）用户可以从平台管理设备实例，以便主动控制设备上云服务，如图 2-61 所示。

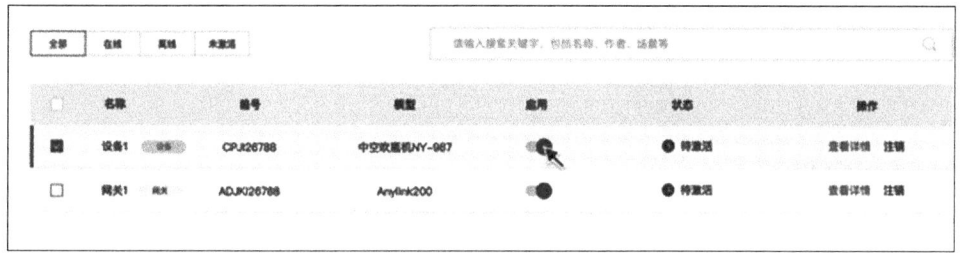

图 2-61　管理设备实例

（8）创建物模型

用户可以像搭积木一样编排物与设备之间的多层级关系，以便对"包含多个设备的复杂的物"进行统一监控和管理。可以基于同一个物模型，在部署时决定具体要包含的设备类型和设备数量配置，从而不需要为每种特定配置都创建一个模型，如图 2-62 所示。

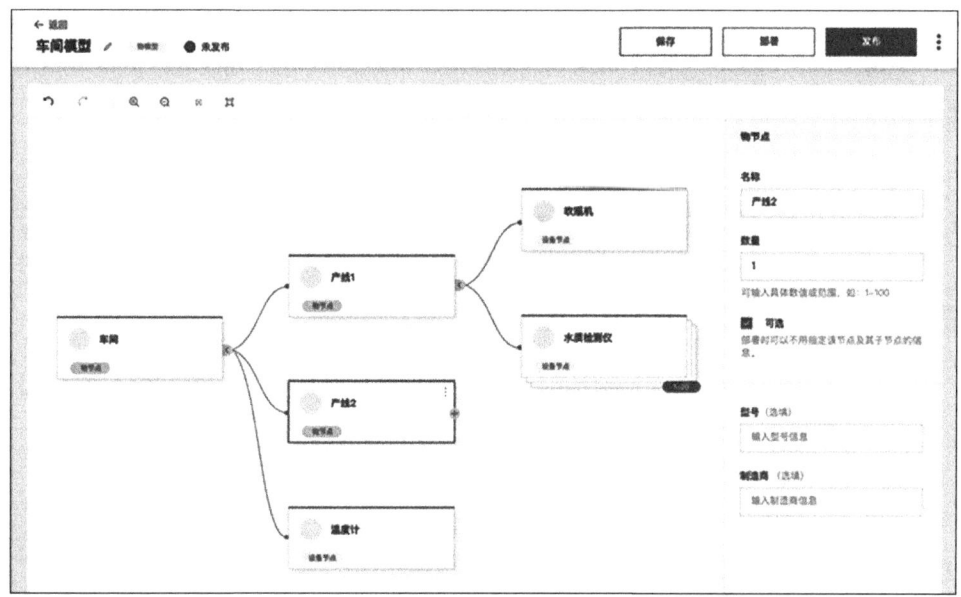

图 2-62　创建物模型

2.2 边缘设备接入

2.2.1 阿里云

阿里云平台提供安全可靠的设备连接通信能力，帮助用户将海量设备数据采集到阿里云物联网平台，并且客户可以通过调用平台提供的 API 下发数据给设备，实现远程控制海量设备的目的。物联网平台还提供了与阿里云众多产品打通的规则引擎，帮助用户将应用快速集成。该平台具有如下接入优势。

连接可靠稳定——平台支持亿级设备的连接，服务可用性 99.9%、数据可靠性 99.9%。

接入方式灵活——可以通过已有 DTU、网关、通信模组、云云对接等方式进行设备接入。

网络类型齐全——支持 Wi-Fi、以太网、移动蜂窝网、Zigbee、RS485 等各种网络设备的连接。

多种连云协议——支持设备通过 MQTT、CoAP、HTTPS 连接物联网平台。

阿里云物联网平台提供各类设备端 SDK，简化开发过程，使设备快速上云。

在设备端开发之前，首先要完成控制台所需操作，获取设备开发阶段的必要信息，包括设备信息、Topic 信息等。

1. 创建产品

（1）登录物联网平台控制台。

（2）在左侧的导航栏选择"设备管理→产品"，如图 2-63 所示，单击"创建产品"。

（3）按照页面提示填写信息，然后单击"保存"，如图 2-64 所示。

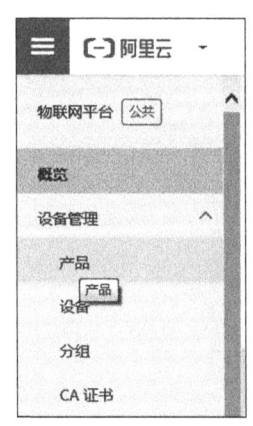

图 2-63 设备管理界面

页面参数设置如 2.1.3 节表 2-2 中所述。

产品创建成功后，页面自动跳转回"产品列表"页面。

在产品列表中，单击该产品的查看按钮，设置自定义 Topic 类、功能定义、服务端订阅等信息。

（4）自定义 Topic 类。

在物联网平台控制台左侧的导航栏单击"设备管理→产品"。

在"产品管理"页面，找到需要自定义 Topic 类的产品，并单击对应操作栏中的"查看"按钮。

在"产品详情"页面，单击"Topic 类列表→自定义 Topic→定义 Topic 类"。

定义 Topic 类页面如图 2-65 所示。各个参数说明如表 2-5 所示。然后单击右下角的"确认"按钮，则完成自定义 Topic 类的设置。

图 2-64 创建产品界面

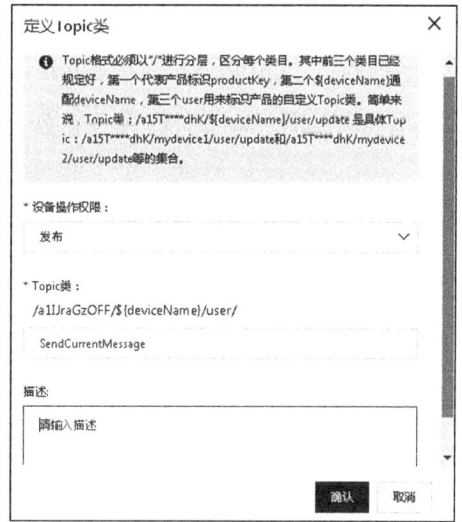

图 2-65 定义 Topic 类

表2-5 Topic类的参数设置

参数	描述
设备操作权限	设备对该 Topic 的操作权限，可设置为： 发布：设备可发布消息到该 Topic 订阅：设备可订阅该 Topic，从该 Topic 获取消息，例如用户在云端调用 Pub 接口发送到该 Topic 的消息 发布和订阅：设备对该 Topic 同时具有发布和订阅权限
Topic 类	将 Topic 类填充完整。物联网平台根据用户的产品和设备自动生成 Topic 的前段内容，用户只需填入自定义部分 说明：只有设备操作权限为订阅时，才可以使用通配符 + 和 # 自定义 Topic 类 + 代表本级所有类目。# 代表本级及下级所有类目。它只能出现在 Topic 类的最后一个类目 使用带通配符的自定义 Topic
描述	描述该 Topic 类。可以为空

（5）功能定义（物模型）。

物模型指将物理空间中的实体数字化，并在云端构建该实体的数据模型。在物联网平台中，定义物模型即定义产品功能。完成功能定义后，系统将自动生成该产品的物模型。物模型描述产品是什么、能做什么、可以对外提供哪些服务。

物模型（Thing Specification Language，TSL），是一个 JSON 格式的文件。它是物理空间中的实体，如传感器、车载装置、楼宇、工厂等在云端的数字化表示，从属性、服务和事件 3 个维度分别描述了该实体是什么、能做什么、可以对外提供哪些信息。定义了这 3 个维度，即完成了产品功能的定义。

物模型将产品功能类型分为 3 类：属性、服务和事件。如表 2-6 所示，定义了这 3 类功能，即完成了物模型的定义。

表2-6 功能定义的参数设置

功能类型	说明
属性（Property）	一般用于描述设备运行时的状态，如环境监测设备所读取的当前环境温度等。属性支持 GET 和 SET 请求方式。应用系统可发起对属性的读取和设置请求

功能类型	说明
服务（Service）	设备可被外部调用的功能或方法，可设置输入参数和输出参数。相比属性，服务可通过一条指令实现更复杂的业务逻辑，如执行某项特定的任务
事件（Event）	设备运行时的事件。事件一般包含需要被外部感知和处理的通知信息，可包含多个输出参数。如某项任务完成的信息，或者设备发生故障或告警时的温度等，事件可以被订阅和推送

物模型格式：

在产品的"功能定义"页面，单击"物模型 TSL"，查看 JSON 格式的 TSL。

物模型的 JSON 字段结构如下：

```
{
    "schema": "物模型结构定义的访问 URL",
    "profile": {
        "productKey": "产品 ProductKey"
    },
    "properties": [
        {
            "identifier": "属性唯一标识符（产品下唯一）",
            "name": "属性名称",
            "accessMode": "属性读写类型：只读（r）或读写（rw）。",
            "required": "是否是标准功能的必选属性",
            "dataType": {
                "type": "属性类型：int（原生）、float（原生）、double（原生）、text（原生）、date（String 类型 UTC 毫秒）、bool（0 或 1 的 int 类型）、enum（int 类型）、struct（结构体类型，可包含前面 7 种类型）、array（数组类型，支持 int/double/float/text/struct）",
                "specs": {
                    "min": "参数最小值（int、float、double 类型特有）",
                    "max": "参数最大值（int、float、double 类型特有）",
                    "unit": "属性单位",
                    "unitName": "单位名称",
                    "size": "数组大小，默认最大 128（数组特有）。",
                    "step": "步长，字符串类型。",
                    "item": {
                        "type": "数组元素的类型"
                    }
                }
            }
        }
    ],
    "events": [
        {
            "identifier": "事件唯一标识符（产品下唯一，其中 post 是默认生成的属性上报事件。）",
```

```
            "name": "事件名称",
            "desc": "事件描述",
            "type": "事件类型（info、alert、error）",
            "required": "是否是标准功能的必选事件",
            "outputData": [
                {
                    "identifier": "参数唯一标识符",
                    "name": "参数名称",
                    "dataType": {
                        "type": "属性类型：int（原生）、float（原生）、double（原生）、text（原生）、date（String 类型 UTC 毫秒）、bool（0 或 1 的 int 类型）、enum（int 类型）、struct（结构体类型，可包含前面 7 种类型）、array（数组类型，支持 int/double/float/text/struct）",
                        "specs": {
                            "min": "参数最小值（int、float、double 类型特有）",
                            "max": "参数最大值（int、float、double 类型特有）",
                            "unit": "属性单位",
                            "unitName": "单位名称",
                            "size": "数组大小，默认最大 128（数组特有）。",
                            "step": "步长，字符串类型。",
                            "item": {
                                "type": "数组元素的类型"
                            }
                        }
                    }
                }
            ],
            "method": "事件对应的方法名称（根据 identifier 生成）"
        }
    ],
    "services": [
        {
            "identifier": "服务唯一标识符（产品下唯一，其中 set/get 是根据属性的 accessMode 默认生成的服务。）",
            "name": "服务名称",
            "desc": "服务描述",
            "required": "是否是标准功能的必选服务",
            "callType": "async（异步调用）或 sync（同步调用）",
            "inputData": [
                {
                    "identifier": "入参唯一标识符",
                    "name": "入参名称",
                    "dataType": {
                        "type": "属性类型：int（原生）、float（原生）、double（原生）、text（原生）、date（String 类型 UTC 毫秒）、bool（0 或 1 的 int 类型）、enum（int 类型）、struct（结构体类型，可包含前面 7 种类型）、array（数组类型，支持 int/double/float/text/struct）",
                        "specs": {
                            "min": "参数最小值（int、float、double 类型特有）",
                            "max": "参数最大值（int、float、double 类型特有）",
```

```
                    "unit": " 属性单位 ",
                    "unitName": " 单位名称 ",
                    "size": " 数组大小，默认最大 128（数组特有）。",
                    "step": " 步长，字符串类型。",
                    "item": {
                        "type": " 数组元素的类型 "
                    }
                }
            }
        }
    ],
    "outputData": [
        {
            "identifier": " 出参唯一标识符 ",
            "name": " 出参名称 ",
            "dataType": {
                "type": " 属性类型：int（原生）、float（原生）、double（原生）、text（原生）、
date（String 类型 UTC 毫秒）、bool（0 或 1 的 int 类型）、enum（int 类型）、struct（结构体类型，可包含前面
7 种类型）、array（数组类型，支持 int/double/float/text/struct）",
                "specs": {
                    "min": " 参数最小值（int、float、double 类型特有）",
                    "max": " 参数最大值（int、float、double 类型特有）",
                    "unit": " 属性单位 ",
                    "unitName":" 单位名称 ",
                    "size": " 数组大小，默认最大 128（数组特有）。",
                    "step": " 步长，字符串类型。",
                    "item": {
                        "type": " 数组元素的类型（数组特有）"
                    }
                }
            }
        }
    ],
    "method": " 服务对应的方法名称（根据 identifier 生成）"
    }
  ]
}
```

若产品的节点类型是设备，且接入网关的协议为 Modbus、OPC UA 或自定义时，可以查看物模型扩展配置信息。

Modbus 协议产品的扩展配置数据结构如下。

```
{
"profile": {
"productKey": " 产品 ProductKey"
},
"properties": [
```

```
{
  "identifier": " 属性唯一标识符（产品下唯一）",
  "operateType": "（线圈状态/离散量输入/保持寄存器/输入寄存器：coilStatus/inputStatus/holdingRegister/inputRegister）",
  "registerAddress": " 寄存器地址 ",
  "originalDataType": {
    "type": " 原始数据类型：int16、uint16、int32、uint32、int64、uint64、float、double、string、bool",
    "specs": {
      "registerCount": " 寄存器数据个数，string 特有 ",
      "swap16": " 交换寄存器内高低字节,把寄存器内 16 位数据的前后 8 个 bit 互换（byte1byte2 -> byte2byte1），除 string 和 bool 外，其他数据类型特有。",
      "reverseRegister": " 交换寄存器顺序,把原始数据 32 位数据的前后 16 个 bit 互换（byte1byte2byte3byte4 -> byte3byte4byte1byte2），除 string 和 bool 外，其他数据类型特有。"
    }
  },
  "scaling": " 缩放因子，除 string 和 bool 外，其他数据类型特有。",
  "trigger": " 数据上报方式。1 代表按时上报，2 代表变更上报。"
}
]
}
```

物模型使用流程：

步骤 1：在物联网平台控制台添加物模型，请参见单个添加物模型、批量添加物模型。

步骤 2：参见 Link SDK 文档，进行设备端物模型开发。

步骤 3：开发完成后，设备端可以上报属性和事件，云端可以向设备端发送设置属性和调用服务的指令，参见设备属性、事件、服务。云端可以通过调用 SetDeviceDesiredProperty，设置期望属性值来控制设备，设备端获取期望属性值请参见设备期望属性值。

在产品列表中，单击该产品的"查看"按钮，可以设置自定义 Topic 类、功能定义（物模型）、服务端订阅等。

（6）服务端订阅。

服务端可以直接订阅产品下所有类型的消息。主要有两种消息订阅方式：AMQP 服务端订阅消息和使用 MNS 服务端订阅消息。

使用 AMQP 服务端订阅消息，需先在控制台配置 AMQP 服务端订阅。具体配置操作步骤如下。

1）登录物联网平台控制台。

2）在左侧的导航栏选择"规则引擎→服务端订阅"。

3）在"服务端订阅页"单击"创建"订阅。

4）在"创建订阅"对话框中，参照表2-7所示说明完成配置，单击"确定"。

表2-7　AMQP服务端订阅的参数设置

参数	说明
产品	选择订阅消息源设备所属的产品
订阅类型	选择为 AMQP
消费组	选择消息的消费组。支持选择多个消费组 物联网平台已为用户生成了一个默认消费组。如果用户需要对消费端进行分组，请单击选择目标消费组对话框右下角的创建消费组，新建消费组。消费组相关说明，请参见管理消费组
推送消息类型	服务端要订阅的消息类型。目前，服务端可订阅的设备消息类型包括： 设备上报消息：指产品下所有设备 Topic 列表中，操作权限为发布的 Topic 中的消息。勾选后，可以通过 AMQP SDK 接收设备发布的消息 设备上报消息，包括设备上报的自定义数据和物模型数据（属性上报、事件上报、属性设置响应和服务调用响应）。推送到服务端的物模型数据是经物联网平台系统处理过后的数据，数据格式请参见数据格式 例如，一个产品有 3 个 Topic 类，分别是： /\${YourProductKey}/\${YourDeviceName}/user/get，具有订阅权限 /\${YourProductKey}/\${YourDeviceName}/user/update，具有发布权限 /sys/\${YourProductKey}/\${YourDeviceName}/thing/event/property/post，具有发布权限 那么，服务端订阅会推送具有发布权限的 Topic 类中的消息，即 /\${YourProductKey}/\${YourDeviceName}/user/update 和 /sys/\${YourProductKey}/\${YourDeviceName}/thing/event/property/post 中的消息 设备状态变化通知：指该产品下的设备在上下线状态变化时通知的消息 网关子设备发现上报：网关将发现的子设备信息上报给物联网平台。需要网关上的应用程序支持。网关产品特有消息类型 设备拓扑关系变更：指子设备和网关之间的拓扑关系建立和解除消息。网关产品特有消息类型 设备生命周期变更：包括设备创建、删除、禁用、启用等消息 物模型历史数据上报：设备上报的属性和事件历史数据 固件升级状态通知：包括验证固件和批量升级时，设备升级成功或失败的事件通知

使用 MNS 服务端订阅消息，具体配置操作步骤如下。前提条件——如果使用子账号，子账号需拥有 AliyunIOTAccessingMNSRole 角色权限。

1）在物联网平台控制台上，为产品配置服务端订阅，实现物联网平台将消息自动转发至 MNS。

① 登录物联网平台控制台。

② 在左侧的导航栏选择"规则引擎→服务端订阅"。

③ 在"服务端订阅"的"订阅列表"页签下，单击"创建订阅"。

④ 在"创建订阅"对话框中，订阅类型选择"MNS"，并完成其他设置后，单击"确认"，如图 2-66 所示。

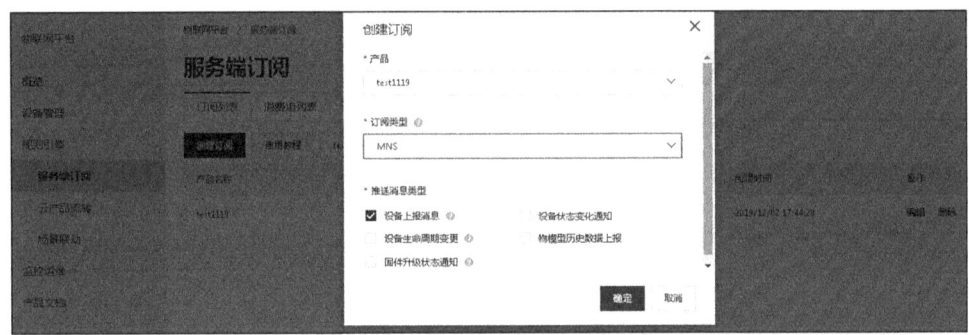

图 2-66　创建订阅对话框

⑤ 在弹出的确认对话框中，单击"确定"。

物联网平台将自动创建 MNS 消息队列，名称格式为 aliyun-iot-${yourProductKey}。用户在配置监听 MNS 队列时，需配置为该队列。

2）配置监听 MNS 队列，以接收设备消息。

以下示例中，使用 MNS Java SDK 监听消息。下载"MNS SDK Demo"。

① 在 pom.xml 文件中，添加如下依赖，安装 MNS Java SDK。

```
<dependency>
    <groupId>com.aliyun.mns</groupId>
    <artifactId>aliyun-sdk-mns</artifactId>
    <version>1.1.8</version>
    <classifier>jar-with-dependencies</classifier>
</dependency>
```

② 配置接收消息时，需填入以下信息。

CloudAccount account = new CloudAccount($AccessKeyId, $AccessKeySecret, $AccountEndpoint);

$AccessKeyId 和 $AccessKeySecret 需替换为用户的阿里云账号访问 API 的基本信息。登录阿里云控制台，光标移至阿里云账号头像上，然后单击 AccessKey 管理，创建或查看 AccessKey 信息。

$AccountEndpoint 需填写实际的 Endpoint 值。在 MNS 控制台，单击获取 Endpoint 值。

③ 填写接收设备消息的逻辑。

```
MNSClient client = account.getMNSClient();
CloudQueue queue = client.getQueueRef("aliyun-iot-a1xxxxxx8o9"); // 请输入 IoT 自动创建的队列名称
    while (true) {
    // 获取消息
    Message popMsg = queue.popMessage(10); // 长轮询等待时间为 10 秒
    if (popMsg != null) {
        System.out.println("PopMessage Body: "+ popMsg.getMessageBodyAsRawString()); // 获取原始消息
        queue.deleteMessage(popMsg.getReceiptHandle()); // 从队列中删除消息
    } else {
        System.out.println("Continuing"); } }
```

④ 运行程序，完成对 MNS 队列的监听。

3）启动设备，上报消息。

对于设备端 SDK 的开发，请参见 Link SDK 文档。

4）检查云端应用是否监听到设备消息。若成功监听，将获得如下所示消息代码。参数说明如表 2-8 所示。

```
{
"messageid": " ",// 消息标识
"messagetype": "upload",
"topic": "// 信息来源 Topic,
"payload": //Base64 编码后的数据
"timestamp": // 时间戳
}
```

表2-8　配置监听MNS队列的参数设置

参数	说明
messageid	物联网平台生成的消息 ID
messagetype	消息类型 status：设备状态通知

续表

参数	说明
messagetype	upload：设备上报消息 device_lifecycle：设备生命周期变更通知 topo_lifecycle：设备拓扑关系变更 topo_listfound：网关发现子设备上报
topic	服务端监听到的信息来源的物联网平台 Topic
payload	Base64 编码的消息数据 payload 数据格式，请参见数据格式
timestamp	时间戳，以 Epoch 时间表示

说明：华南1（深圳）地域不支持 MNS 服务端订阅。消息服务会对创建的队列和接收的消息收取费用。

2．创建设备

在左侧的导航栏选择"设备管理→设备"，在产品下添加设备。具体操作指导，请参见 2.1.3 节的"创建设备"。

3．发布产品

具体操作指导，请参见 2.1.3 节的"发布产品"。

产品发布后，产品状态变为"已发布"，此时产品信息仅支持查看，不支持修改和删除操作。

已发布的产品支持"撤销发布"。如图 2-67 所示，在对应的设备中的"操作"栏，选择"查看"则可以查看该设备的详细信息；选择"管理设备"则可以管理该设备，对该设备进行撤销发布操作。

图 2-67 对已发布的产品进行管理

通过以下步骤可以快速地将设备接入阿里云物联网平台。

阿里云提供快速接入方案，按照接入设备的性质不同可以分为以下 3 种连接模式。

第一种是设备厂商可以把开发的设备接入阿里云物联网；第二种是解决方案厂商将已有的设备接入阿里云物联网；第三种是通信模块组件厂商将模组接入阿里云物联网。

步骤 1：选择"将已有的设备接入阿里云物联网"。

步骤 2：选择设备类型。在第一类厂商中，分为具有 IP 地址的直连设备和无 IP 地址的非直连设备两种情况。在第二类厂商中，分为具有 IP 地址的直连设备、无 IP 地址的非直连设备和已接入阿里云平台以外的其他平台设备 3 种情况。在第三类厂商中，分为 Wi-Fi、LoRa 以及移动蜂窝、2G/3G/4G/5G/NB-IoT 等设备网络接口类型的情况。

步骤 3：选择"直连设备"。

步骤 4：选择设备硬件形态。设备硬件形态主要有：MCU+ 模组、模组二次开发、集成通信芯片的设备、DTU、网关。

步骤 5：选择"MCU+ 模组"，如图 2-68 所示。

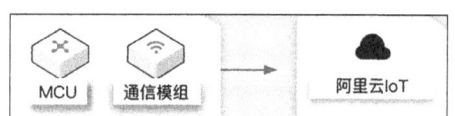

图 2-68　MCU+ 模组连接方式

步骤 6：推荐使用阿里已认证的模组进行接入，无须在 MCU 上集成 SDK，但是需要用户联系模组厂商了解如何调用模组的 AT 指令接入阿里云物联网。用户可以在网上查询哪些模组已经通过认证。

若模组未集成 SDK，需要在其 MCU 上移植 SDK。

通过未认证模组接入开发指南：根据开发语言下载相应的 SDK，MCU+ MQTT 模组，其应用场景为设备的硬件由一个 MCU 加上一个通信模组构成，设备的应用逻辑运行在 MCU 上，通信模组支持 MQTT 功能并提供 AT 指令给 MCU 使用，MCU 控制模组连接云端服务以及收发数据。

根据开发语言下载相应的 SDK；MCU+TCP 模组，其应用场景为设备的硬件由一个 MCU 加上一个通信模组构成，设备的应用逻辑运行在 MCU 上，模组上支持了 TCP 但是并不支持 MQTT，MCU 通过模组提供的 AT 指令来控制模组何时连接云端服务以及收发数据。

2.2.2 机智云

工业互联网平台需要解决多类工业设备接入、多源工业数据集成、海量数据管理与处理、工业数据建模分析、工业应用创新与集成、工业知识积累迭代实现等一系列问题。

下面主要通过机智云通用工业网关实验，介绍机智云平台如何实现边缘设备的接入和应用。

1. 相关概念

（1）ProductKey：产品标识码（32位字符串），是平台系统唯一自动生成的标识码，同类产品使用相同 ProductKey（其工作原理见图 2-69）。开发者将 ProductKey 写入设备主控 MCU 后，机智云通过此标识码对设备进行识别并自动完成注册。

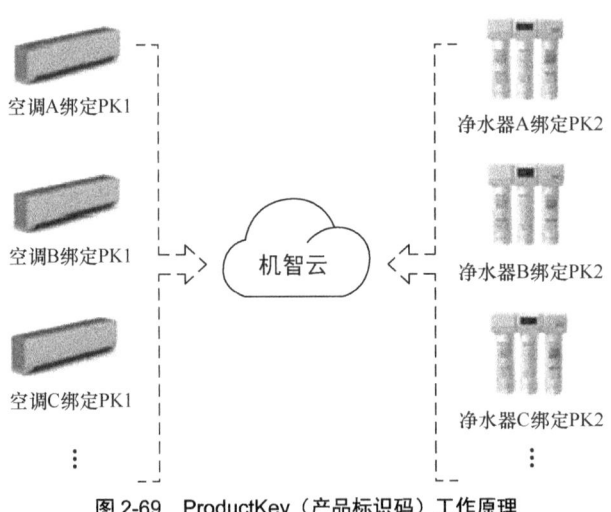

图 2-69 ProductKey（产品标识码）工作原理

（2）ProductSecret：产品密钥（与 Productkey 配对），在绑定远程设备时使用，ProductSecret 为关键机密参数，不应向第三方泄露，可通过产品基本信息查看 ProductSecret，如图 2-70 所示。

图 2-70　查看 ProductSecret

（3）DID：设备号，用于区别同类产品的不同设备。当设备初次接入机智云时，机智云自动根据 ProductKey 以及设备 Wi-Fi 模块 MAC 地址为此设备注册一个 DID，此 DID 为全网唯一，用于与用户的绑定及后续操作。DID 与每台设备一一对应，如图 2-71 所示。

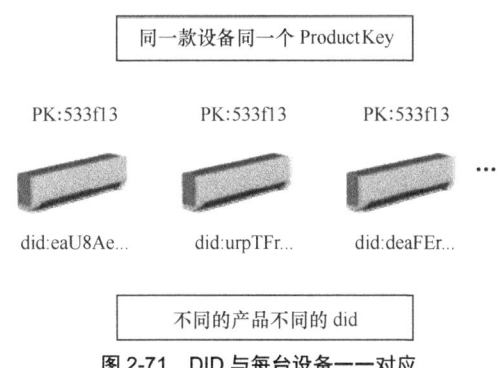

图 2-71　DID 与每台设备一一对应

（4）AppID：应用标识码，进行智能产品开发应用（如 iOS、Android、Web 应用等）时，后台会自动生成一个 AppID，并与此设备进行关联。应用开发时需要填入此 AppID。AppID 区分 Android 与 iOS。可通过"应用配置"中查看 AppID，如图 2-72 所示，AppID 与 ProductKey 关系如图 2-73 所示。

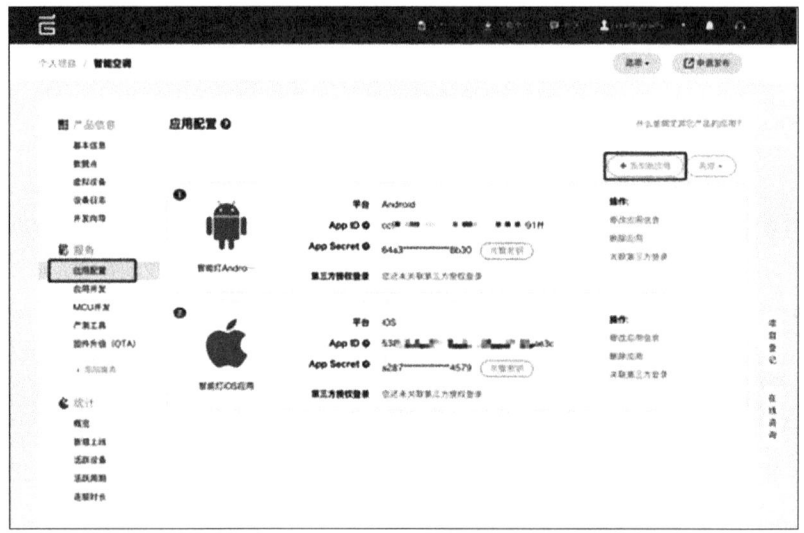

图 2-72　查看 AppID

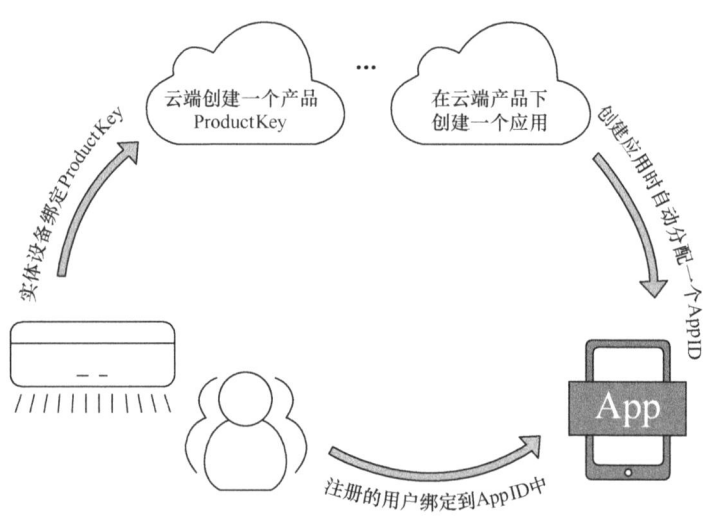

图 2-73　AppID 与 ProductKey 关系

（5）AppSecret：应用密钥，云端生成 AppID 时会对应生成一个 AppSecret，用于 App 端 SDK 注册手机用户时，获取手机短信验证码。

（6）小循环：在局域网内实现智能设备与手机、智能设备与智能设备之间的通信（原理见图 2-74）。

（7）大循环：通过互联网实现用户对智能设备的远程监测与控制（原理见图 2-74）。

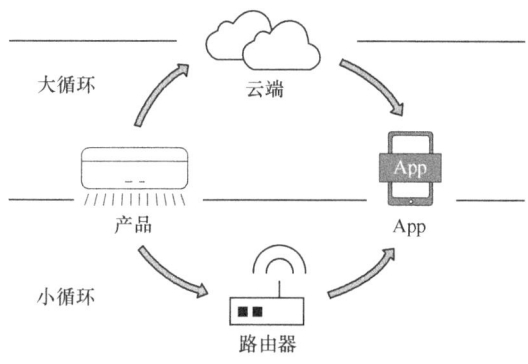

图 2-74　小循环及大循环原理

（8）GAgent：全称为 Gizwits Agent，运行于 Wi-Fi 模块中，设备通过 GAgent 接入机智云服务器（其接入原理见图 2-75）。机智云目前已兼容国内主流的通信模块，开发者也可以通过获取 GAgent 二次开发包实现自定义的模块接入机智云。

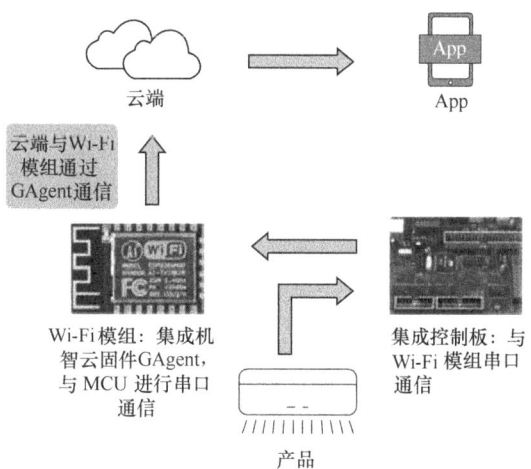

图 2-75　GAgent 接入原理示例

（9）PassCode：设备通行证，用于校验用户的绑定/控制权限。当用户发起设备绑定操作时，只要是合法的操作即可拿到此通行证，通过此通行证可以绑定设备并对设备进行有效期内的查看、控制等操作（PassCode 登录原理见图 2-76）。首次运行 GAgent 时会生成随机数作为设备通行证，生成后保存在非易失性存储器上。设备上线时需要上报给服务器。

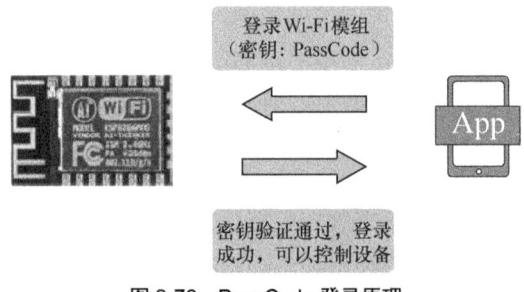

图 2-76　PassCode 登录原理

（10）Onboarding：配置入网，基于 Wi-Fi 的物联网设备配置连接上路由器的过程称为 Onboarding。第一次使用新设备时需要知道路由器的账号和密码，以通过路由器连接互联网。由于大多数的物联网设备没有自带的屏幕和键盘，所以需要通过智能手机向设备发送路由器的 SSID 和密码，机智云对这个过程称为 Onboarding（Onboarding 配置 Wi-Fi 联网参数原理见图 2-77）。机智云提供的 Wi-Fi 设备接入 SDK 中已经内置了此配置的功能。

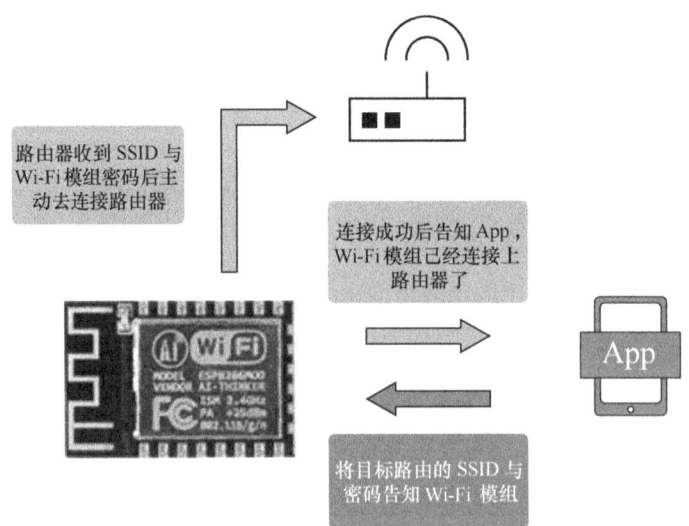

图 2-77　Onboarding 配置 Wi-Fi 联网参数原理

（11）Station 模式：Station 模式（简称 STA），类似于无线终端。STA 本身并不接受无线设备的接入，它可以连接到 AP。一般无线网卡工作在该模式下。

（12）AP 模式：AP 模式即 Access Point 模式，提供无线接入服务，允许其他无线设备接入，还可以提供数据访问功能。一般的无线路由/网桥工作在该模式下。AP 和 AP 之间允许相互连接。

（13）AirLink：机智云利用 SmartConfig、SmartLink 等 UDP 广播包方式对设备配置入网的技术统称，兼容了多个 Wi-Fi 模块厂商的配置协议，总结了一套良好的用户体验的标准 Onboarding 操作流程。机智云的 Wi-Fi 设备接入 SDK 已经内置了 AirLink 技术。

（14）SoftAP：由于目前各个 Wi-Fi 模块厂商的 Smart Config 协议均未完全成熟，也不支持 5G 路由器信号。机智云在提供了 AirLink 配置模式的同时也支持 SoftAP 模式配置设备接入路由器。当设备进入 SoftAP 配置模式时，设备本身将成为一个 AP，智能手机可直接与设备进行连接，然后在手机的界面上输入路由器的 SSID 和密码，设备接收到信息的时候会自动尝试连接路由器，连接成功则自动切换到正常使用的模式。

（15）设备接入：基于工业以太网、工业总线等工业通信协议，以太网、光纤等通用协议，2G/4G/NB-IoT 等无线协议将工业现场设备接入到平台边缘层。

（16）协议转换：运用协议解析、中间件等技术兼容各类工业通信协议和软件通信接口，实现数据格式转换和统一。利用 HTTP、MQTT 等方式从边缘侧将采集到的数据传输到云端，实现数据的远程接入。

（17）边缘数据处理：基于高性能计算芯片、实时操作系统、边缘分析算法等硬件和技术的支撑，在靠近设备或数据源头的网络边缘侧进行数据预处理、存储以及智能分析应用，提升操作响应灵敏度、消除网络堵塞，并与云端分析形成协同。

（18）数据传输单元（Data Transfer Unit，DTU）：是专门用于将串口数据转换为 IP 数据或将 IP 数据转换为串口数据，通过无线通信网络进行传送的无线终端设备。其硬件组成部分主要包括 CPU 控制模块、无线通信模块以及电源模块，主要功能是把远端设备的数据通过无线的方式传送回工业互联网云平台，且该数据传输为双向传输。DTU 因其本身具有组网迅速灵活、建设周期短、成本低、网络覆盖范围广、安全保密性能好、链路支持长在线、按流量计费、用户使用成本低等显著优势，已成为目前工业设备物联的主要方式，广泛应用于电力、环保、LED 信息发布、物流、水文、气象等行业领域。

（19）机智云 DTU-GR515：机智云 GR515 工业级 DTU 产品是一款高性能、低功耗、多频段物联网无线传输单元，秉承机智云工业级 DTU 研发经验，硬件设计上采用支持 GPRS 的 BC26 无线通信模块，具备 485 串口，主板通过串口通信可快速实现与云端的通信连接。同时 DTU-GR515 集成 STM32MCU，用户可方便地实现协议转换、扩展等功能（机智云开发平台更多概念解释见开发者中心—文档中心）。

（20）工业互联网云平台：要完成 DTU 数据的传输需要建立一套完整的数据传输系统（工业互联网云平台架构见图 2-78）。在这个系统中包括：DTU、硬件设备、移动网络和工业互联网云平台。工业互联网平台是面向制造业数字化、网络化、智能化需求，构建基于海量数据采集、汇聚、分析的服务体系，支撑制造资源泛在连接、弹性供给、高效配置的工业云平台，包括边缘、平台（工业 PaaS）、应用三大核心层级。

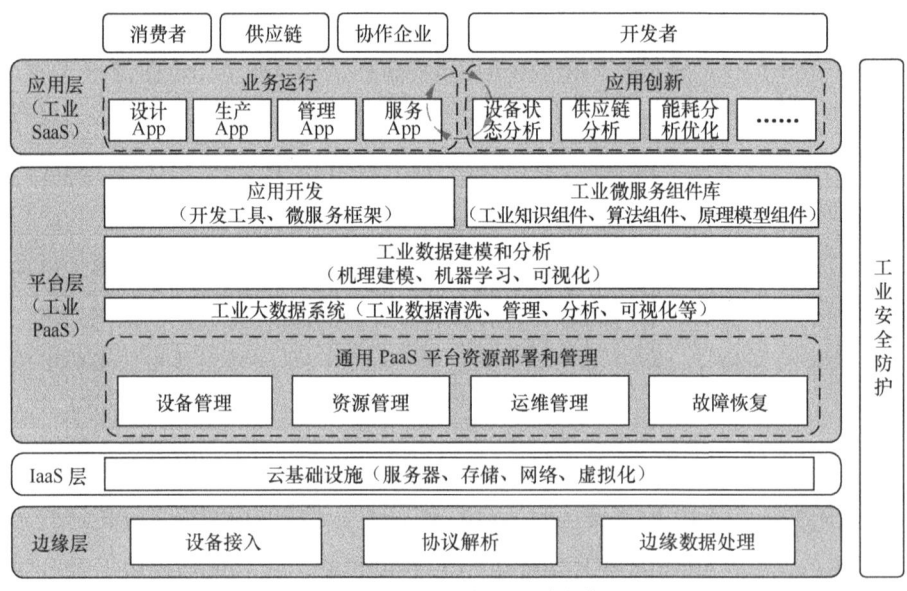

图 2-78　工业互联网云平台架构

2．实施案例

本实验使用机智云通用工业网关 GR515 快速接入机智云工业互联网平台，实现设备接入、协议转换等数据集成与边缘处理技术应用，以完成工业设备物联及数据采集分析，为工业企业生产计划、设备运维、绩效管理、工艺改进等提供基础数据支撑和深入分析。

（1）实施准备

1）注册机智云开发者账号。

进入机智云（Gizwits）官网，单击"开发者中心"，这时网页会跳转到开发者中心，首次登录时需要用户注册开发者账号。

2）下载并注册机智云 IOE DEMO App。

运行 DEMO App 软件，在顶部菜单栏单击"下载中心"，页面跳转到下载中心后，在左边的菜单栏选择"开发与调试工具→机智云 Wi-Fi/ 移动通信产品调试 APP"，页面会显示 Android 与 iOS 系统下的机智云 App 下载的二维码，还有对软件功能的详细说明，大家可针对自己的手机系统去选择下载，如图 2-79 所示。

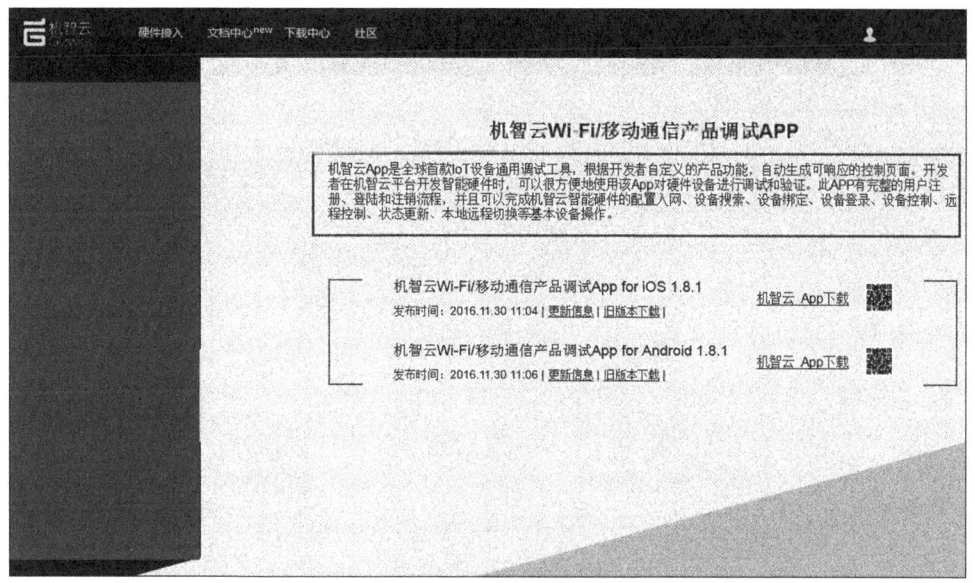

图 2-79　DEMO App 下载

安装软件后，第一次打开 App 会提示登录账号，如图 2-80 所示。注册完账号并且登录后，页面会跳转到用户的设备下，显示当前没有设备，需要添加。注意！这里的添加设备是针对实际设备端的，因为用户目前没有实际的设备，所以先不用管它，到后面操作时会有讲解。

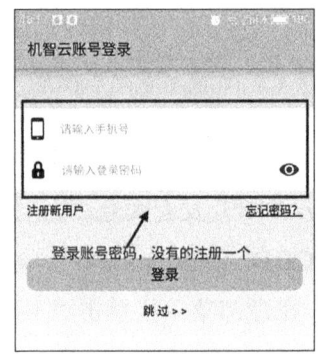

图 2-80　账号登录

3）准备一台电脑、一个机智云 GR515 DTU、无线网络环境。

（2）操作步骤

1）在机智云创建新产品，如图 2-81 和图 2-82 所示。

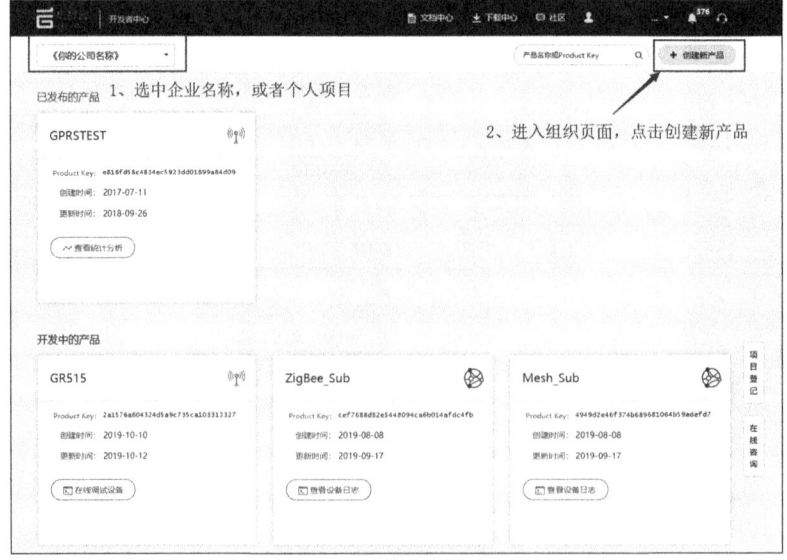

图 2-81　创建新产品

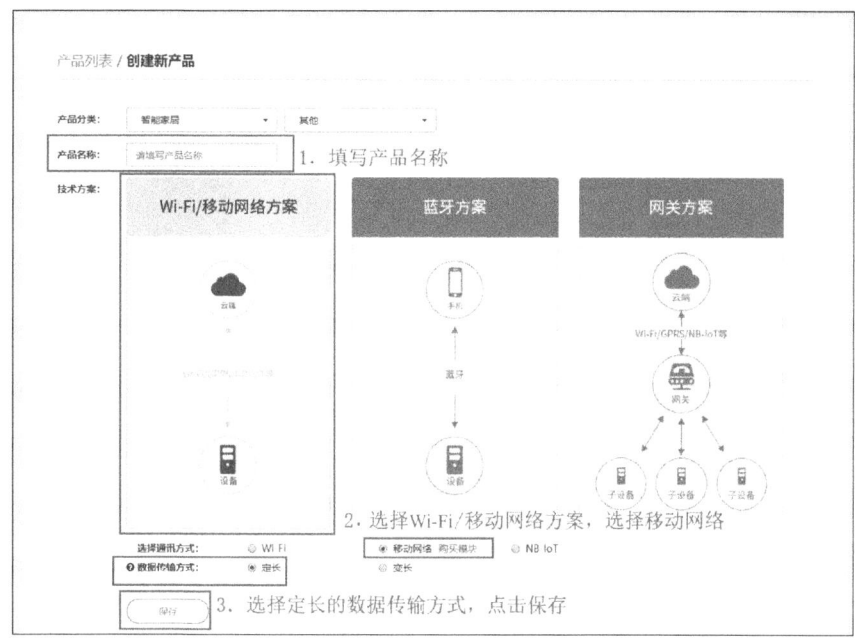

图 2-82　填写产品基本信息

2）定义数据点，如图 2-83 ～图 2-85 所示。

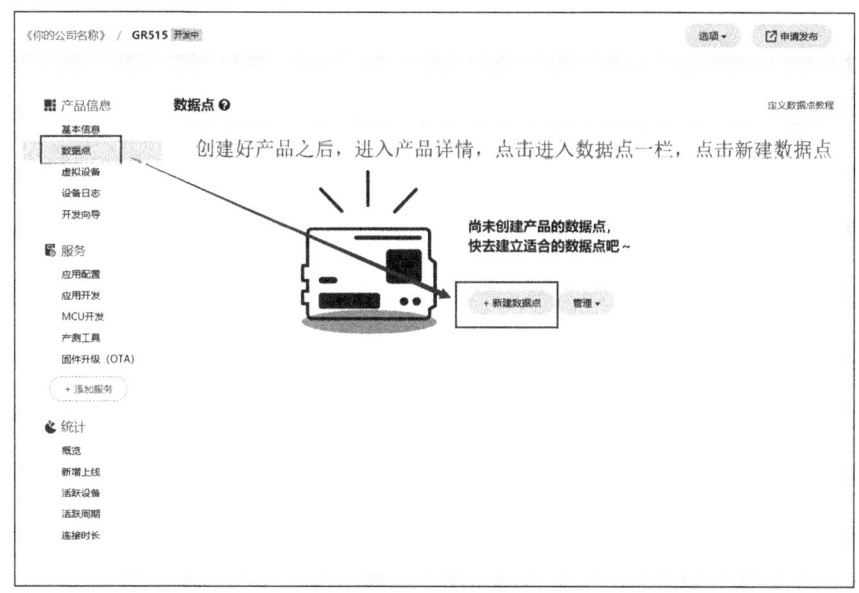

图 2-83　新建数据点

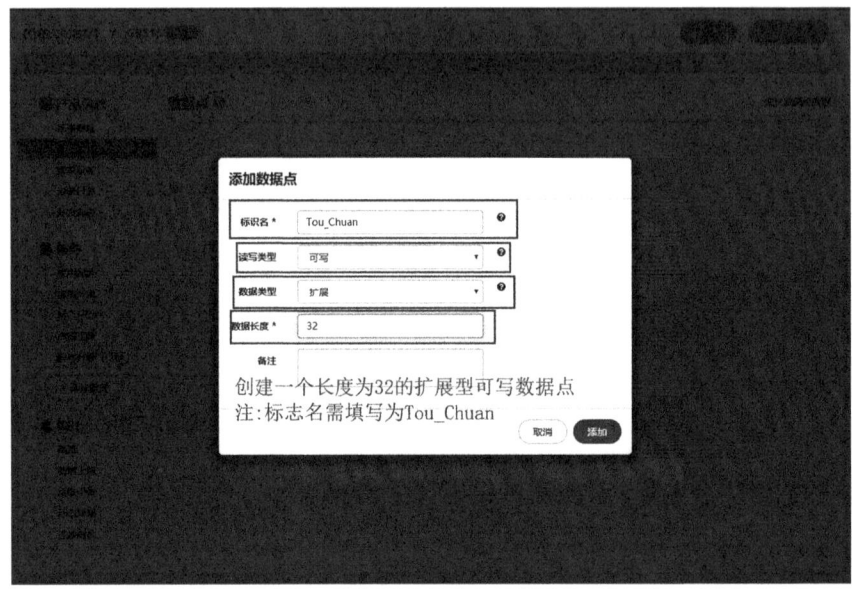

图 2-84　填写数据点信息

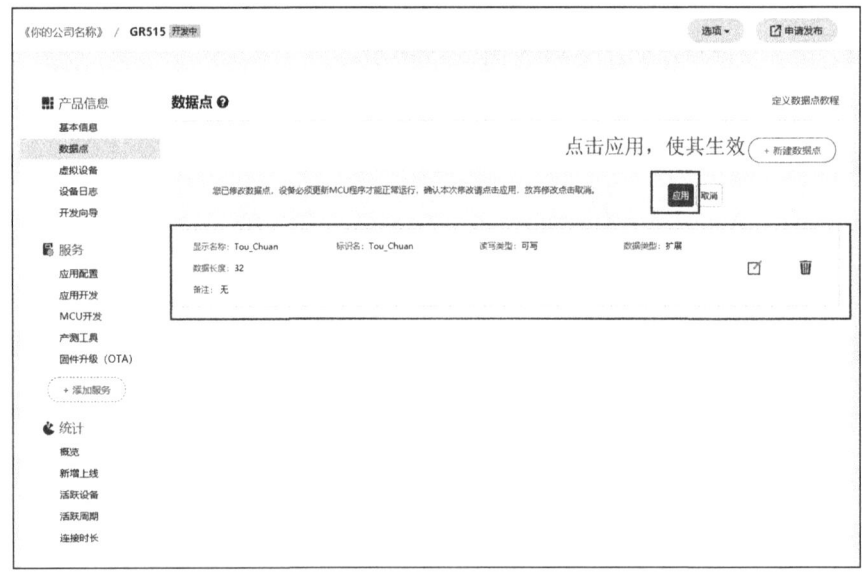

图 2-85　数据点添加完成结果

3）下载自动生成 MCU 代码，如图 2-86 所示。

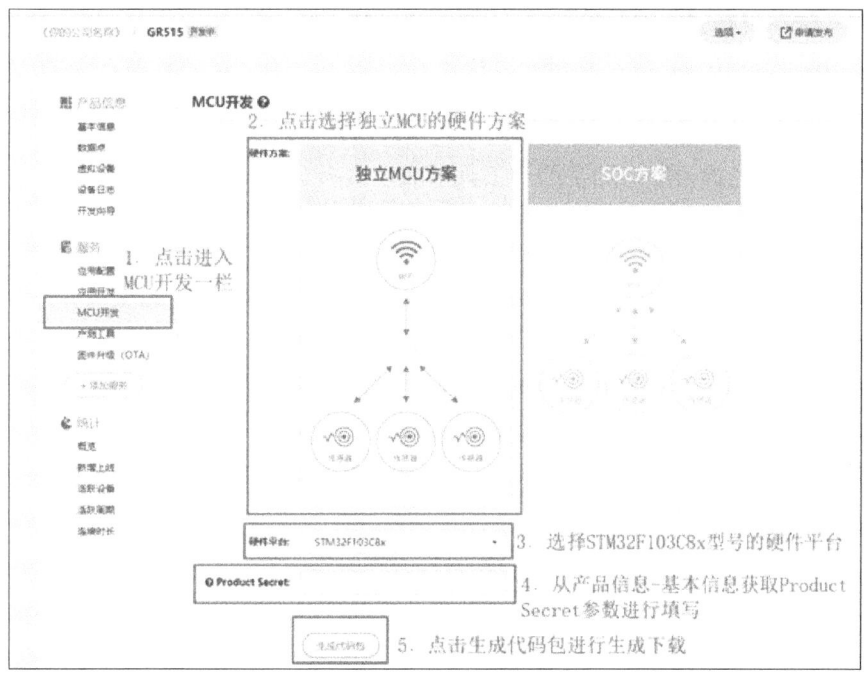

图 2-86　生成并下载代码

4）MCU 烧写与接线，如图 2-87 和图 2-88 所示。

下载代码完成后，我们可以先尝试将编译好的程序通过 SW 调试接口烧写到 MCU 当中。

图 2-87　烧写接线

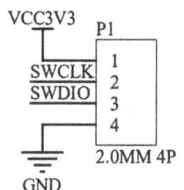

图 2-88　接线电路图

5）使用机智云 IOE DEMO App 绑定和控制设备。

当模组正常上电 10 多秒以后，插入对应的 SIM 卡，模组会自动连接上机智云平台，如图 2-89 所示，此时用户可以使用机智云 App 扫描二维码的方式绑定 GR515，使用机智云串口助手的小工具生成设备绑定二维码。

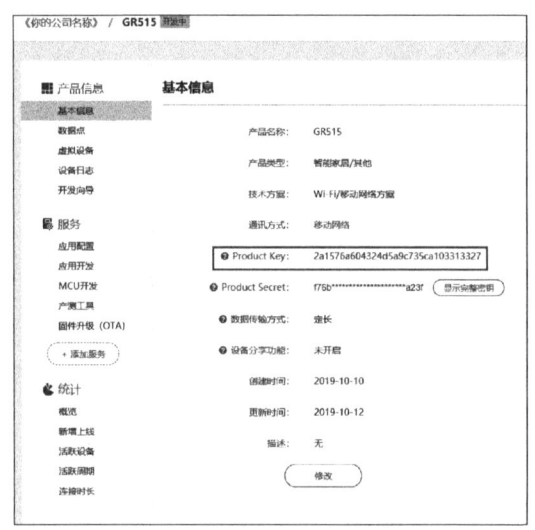

图 2-89　模组自动连接上机智云平台

生成设备二维码后，用户可以下载机智云 IOE DEMO App 扫码绑定设备，如图 2-90 所示。

6）控制设备。

下发透传数据，实现简单透传功能，机智云接入完毕。通过 App 端下发透传数据（见图 2-91），然后用用 GR515 的串口将该透传数据输出（见图 2-92），程序使用串口 1 与模组通信，串口 2 打印 MCU 日志，串口 3 输出透传数据。

3. 总结与拓展

机智云利用物联网、大数据、AI 技术，通过在云端集成微服务，为企业提供端到端的设备、应用基础接入能力，实现设备、云端及应用之间的实时通信，并通过 IoT SDK 与 API 快速落地企业应用，帮助工业设备企业解决企业在设备物联、数据采集分析、OTA 升级、运维管理和运营服务过程中，研发技术难、平台部署成本高、运维成本大、数据处理难、售后不及时、问题溯源难等痛点，满足设备远程可视化管理、设备故障远程定位诊断、设备预警维护、企业资产管理、精准售后服务、经销商管理和分时租赁等市场需求，实现设备全生命周期、全流程闭环管理，推动企业数字化运营转型。

图 2-90 扫码绑定设备

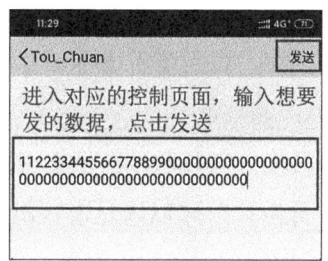

图 2-91 App 发送数据

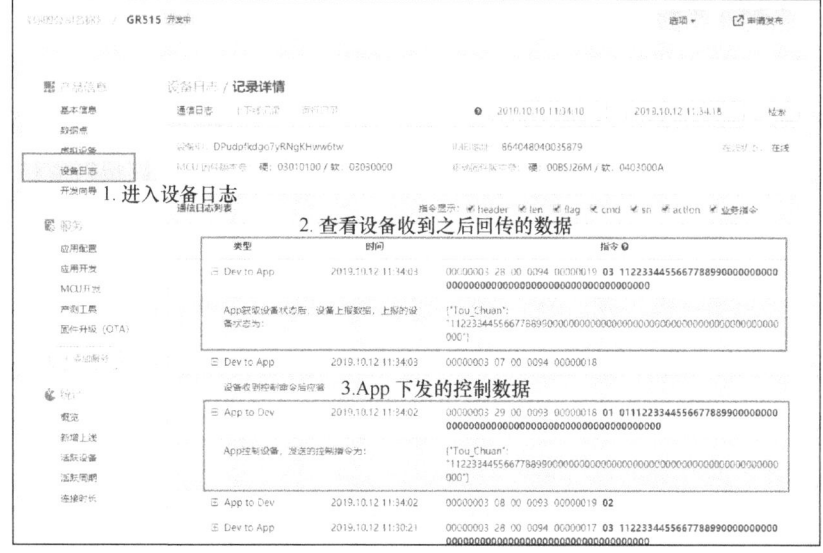

图 2-92 GR515 透传数据接收情况

2.2.3 航天云网

1. 物联网接入工具产品介绍

（1）产品概述

物联网接入工具基于 INDICS 平台，通过主流的物联网协议（如 MQTT、HTTP、HTTPS）通信，帮助企业设备管理员和数据分析师，快速建立工业设备与云端之间的安全的双向连接，实现设备连接 INDICS 平台。物联网接入工具支持多种工业生产设备，包括新型智能设备、老旧设备等，并将其相关数据上传至云端，提供设备管理、远程监控、数据分析等多项功能。

物联网接入工具采集设备数据，可以支撑企业的个性化数据应用，利用数据对生产的支持，做到节省成本、合理排产、提高生产效率。

（2）产品功能

物联网接入工具通过提供丰富的数据采集协议、强大的协议转换能力和主流的数据上传协议，可以满足覆盖机械加工、环境试验等 21 类不同工业领域设备数据采集需求。

数据采集协议包括 OPC UA、MODBUS RTU、MODBUS TCP、S7，并支持 GPIO 采集模拟量和数字量数据。

数据上传协议包括 HTTP、HTTPS、MQTT，其中 MQTT 为工业主流的数据通信协议。

可接入的设备类型包括机械加工、焊接技术、特种加工、仿真技术、目标特性、元器件制造、发动机试验、发射工程、工艺检测、总体技术、指挥控制、气/水动、电气系统、材料成型、清洗技术、环境试验、电器互联、电磁兼容、表面工程、装配技术、计量器具等。

物联网接入工具主要通过虚拟网关和 INDICS EDGE 物理网关两种方式实现设备接入及数据实时采集。网关实时订阅设备数据，设备主动将数据上送网关或网关通过轮询的方式主动到设备寄存器中读取数据。网关获取到数据后立即上送到物联网接入平台，实现数据实时采集、实时分析及实时展示。

物联网接入工具主要包括物管理和物接入功能,产品架构如图 2-93 所示。

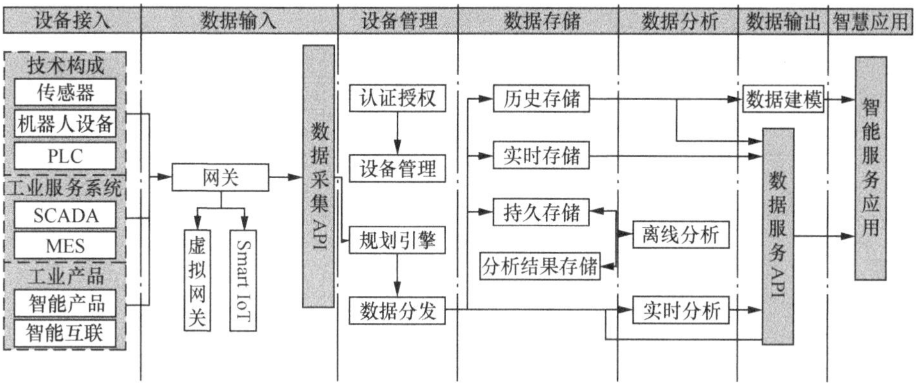

图 2-93 产品构架

(3) 产品特性

1) 从设备到云端以及从云端到设备安全稳定地进行消息传输。

2) 对设备认证与权限进行管理,并通过 SSL 保证数据安全传输。

3) 支持多种语言开发,兼容主流硬件设备。

4) 与大数据服务无缝对接,以数据分析驱动业务进步。

5) 物接入支持多种协议传输,可有效减少网络带宽。

6) 在安全保证方面,基于 SSL 对设备认证与权限管理,保证数据安全传输,避免非法接入与数据窃取等风险。当接入设备与物接入建立连接后,云端会与设备保持长连接,保证消息的实时到达。

7) 可以选择存储数据类型,可以对存储数据进行操作。

8) 提供多种类型的标准 API 接入。

9) 对数据实时监控。

10) 对实时数据和历史数据进行数据分析。

2. 快速入门

(1) 概述

完成设备快速接入,需要提前完成以下任务,具体操作请参见"用户指南"对应节点。

已完成企业账户注册。

已认证成为开发者。

已申请设备接入权限。

已登录控制台。

（2）操作步骤

1）创建设备组，如图2-94所示。

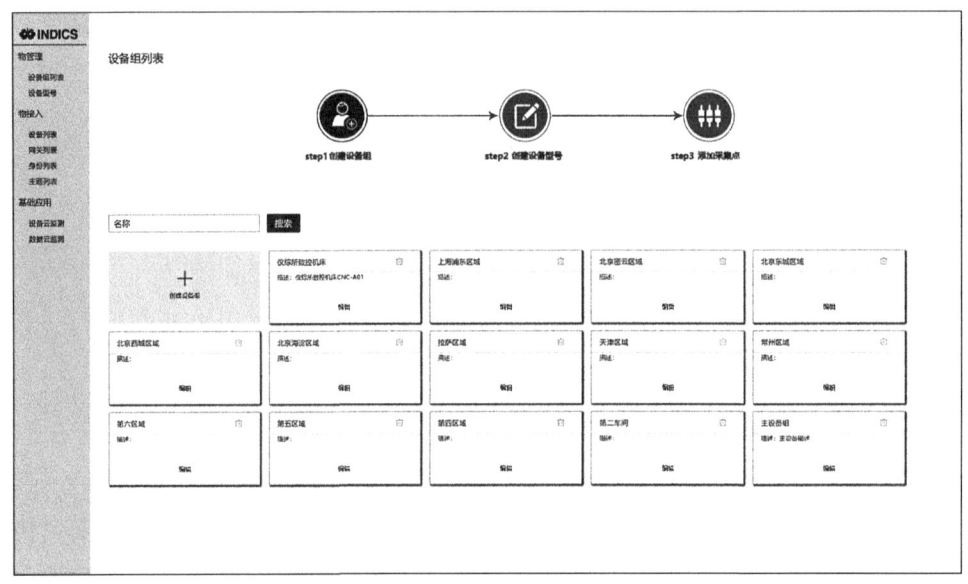

图2-94　创建设备组

说明：当选择把接入的设备加入到主设备组时，请跳过此步骤。

① 登录航天云网主页，并打开物联网接入工具。

② 在左侧的菜单中选择"物管理→设备组列表"。

③ 在设备组列表页，单击"创建设备组"。

④ 在弹出的对话框中，选择设备组路径，输入设备组的名称和描述，单击"确定"，如图2-95所示。

⑤ 在弹出的对话框中单击"确定"，创建成功。

2）创建设备型号。

① 在物联网接入工具左侧的菜单中，选择"物管理→设备型号"。

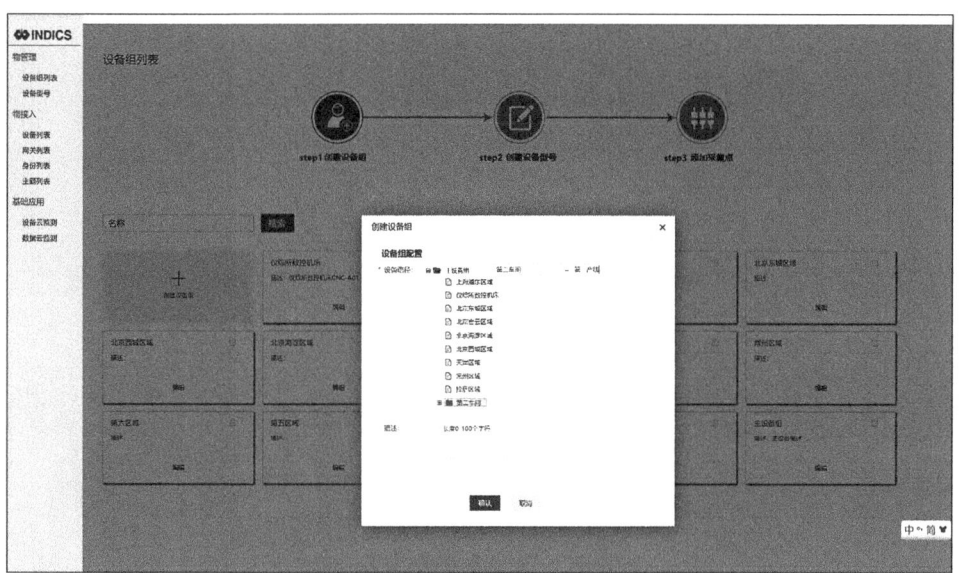

图 2-95　输入设备组名称及其描述

② 在"设备型号列表"中，单击"创建设备型号"，如图 2-96 所示。

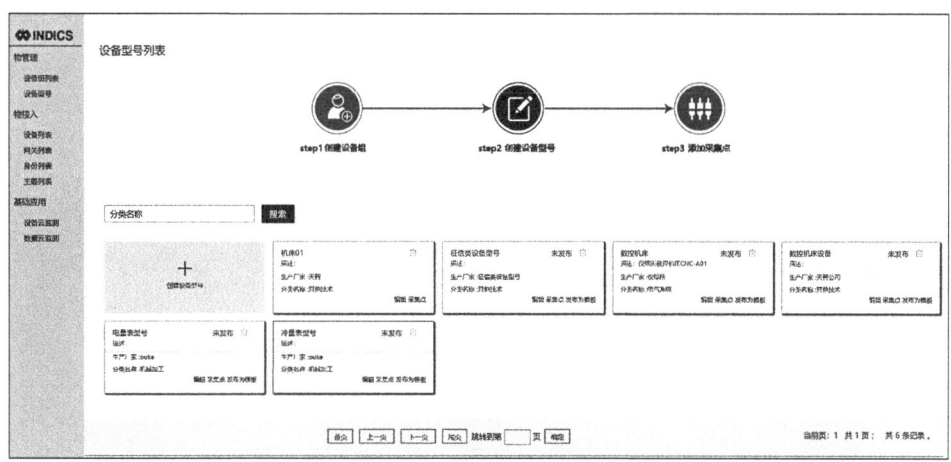

图 2-96　创建设备型号

③ 在弹出框中选择型号分类，如图 2-97 所示。

④ 选择型号模板，选择完成后，输入型号名称、生产厂家及描述，如图 2-98 所示。

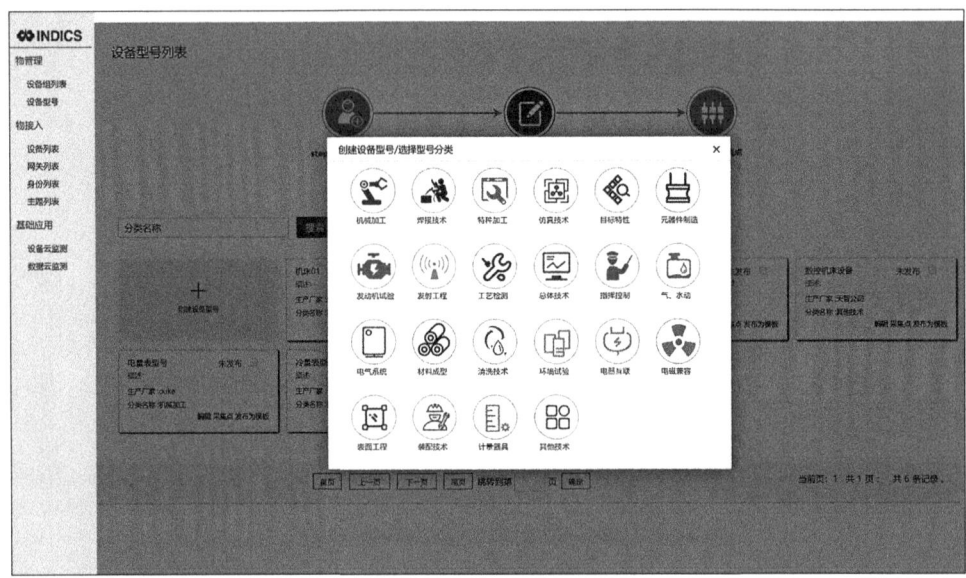

图 2-97　选择型号分类

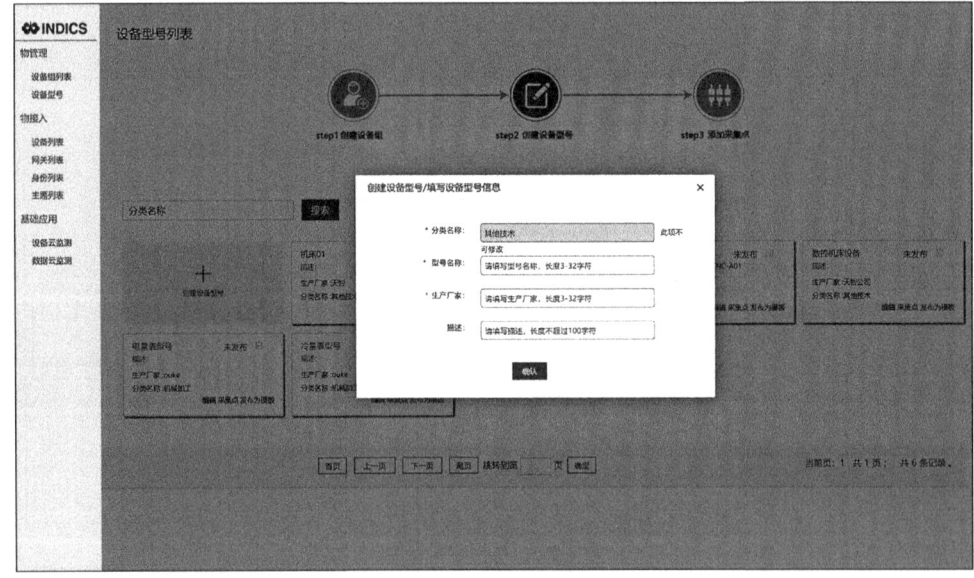

图 2-98　创建设备型号

⑤ 执行以上步骤后即完成设备型号创建。

3）添加采集点。

① 在物联网接入工具左侧的菜单中,选择"物管理→设备型号",在设备型号中单击"采集点",如图2-99所示。

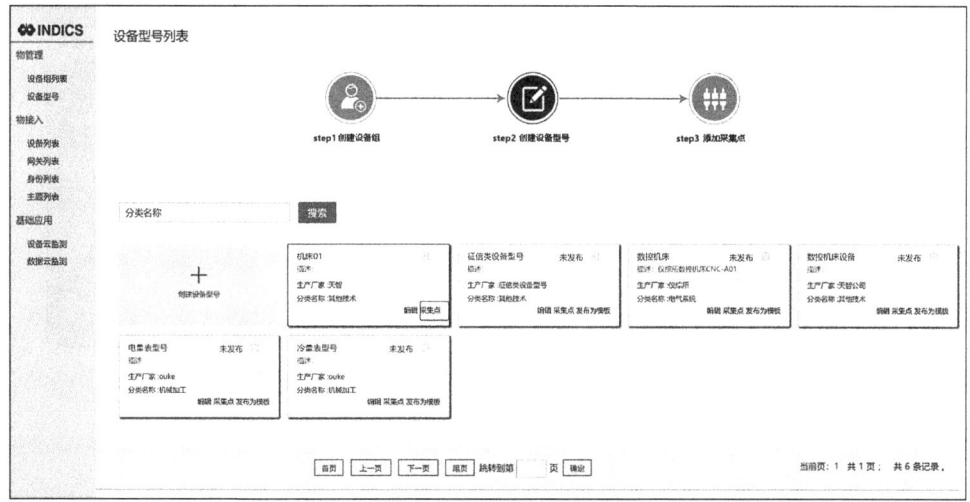

图2-99　添加设备采集点

② 在弹出的页面中,单击"添加采集点",如图2-100所示。

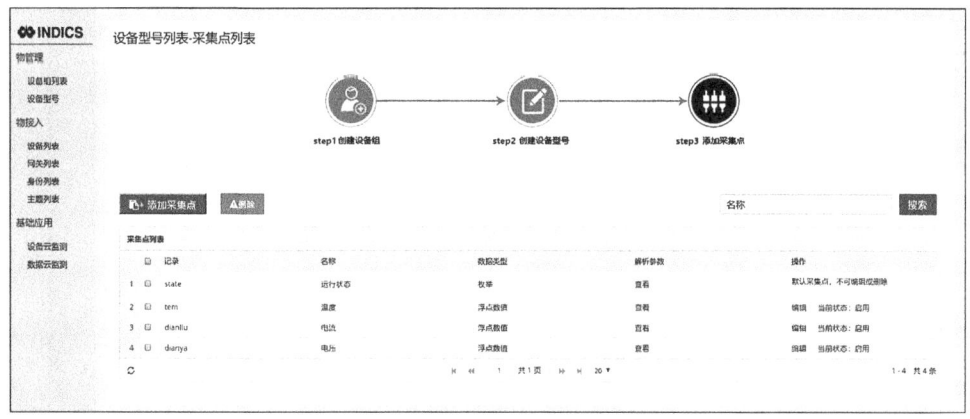

图2-100　添加采集点

③ 在弹出的"添加采集点"对话框中,配置采集点参数。

▶ **注意**：缺省的采集点"state"不允许编辑或删除，如图 2-101 所示。

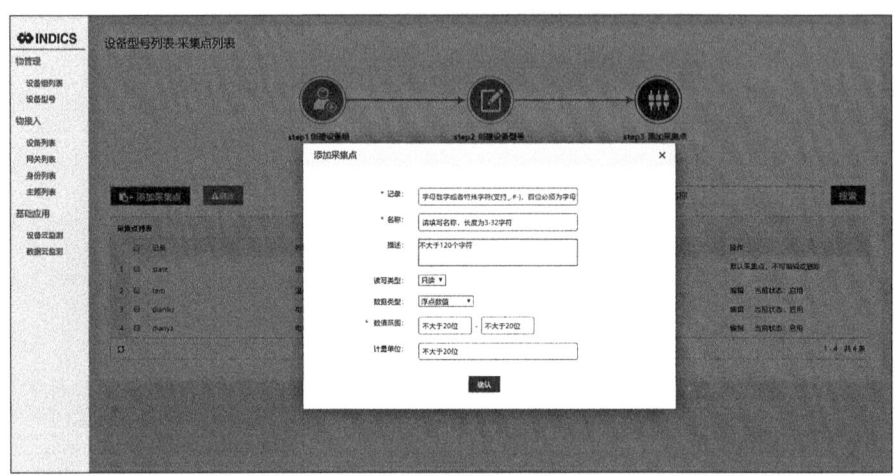

图 2-101　完成采集点的创建

④ 执行以上步骤后即完成采集点的创建。

4）快速接入设备。

① 在物联网接入工具左侧的菜单中，选择"物接入→设备列表"。

② 单击"快速接入设备"。

③ 配置基本的设备信息和网关信息，单击"下一步"，如图 2-102 所示。

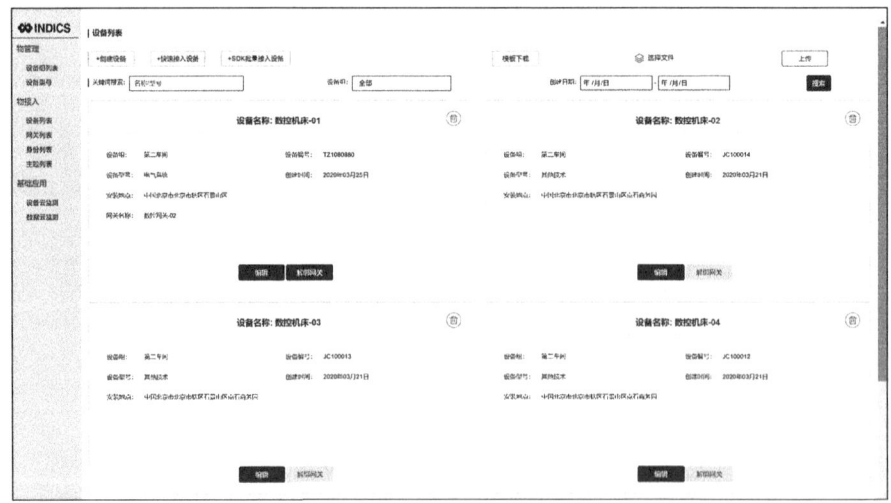

图 2-102　设备快速接入设置

说明：当选择设备通过快速接入方式接入云平台时，仅需要自定义配置必需的参数，其余参数是系统默认配置，包括设备挂载的网关和网关的身份。快速接入功能网关协议类型仅支持 HTTP 或 HTTPS、公有 MQTT，网关类型支持虚拟网关，如需创建协议类型为私有 MQTT 或网关类型为 SMART Iot 的网关，详见后续"物接入"内容，如图 2-103 所示。

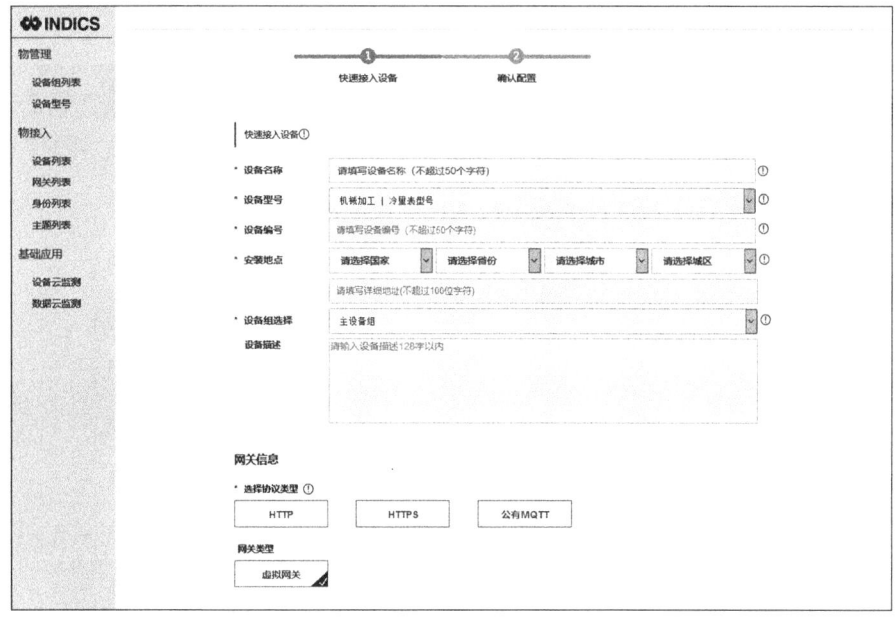

图 2-103　快速接入设备参数

④ 在"配置确认"界面确认配置信息，单击"保存"，如图 2-104 所示。

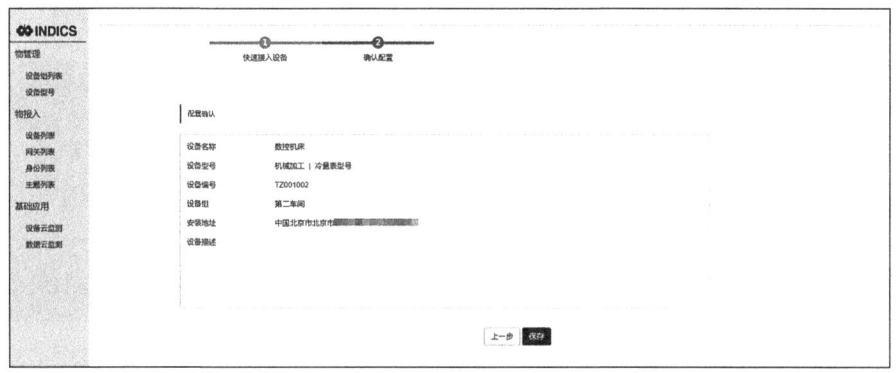

图 2-104　配置确认界面

⑤ 执行以上步骤后即完成设备的快速接入。

3. 用户指南

（1）注册企业账户

访问物联网接入工具，需要首先在航天云网平台注册企业账户。

说明：INDICS 平台与航天云网主平台使用同一套账号，即已在航天云网注册账号的企业可以直接使用已有的企业账号登录，如图 2-105 所示。

图 2-105　航天云网注册登录页

（2）设备接入申请

1) 打开物联网接入工具介绍页。

在航天云网主页菜单单击"开发者中心"，在二级菜单中单击"物联网接入工具"，如图 2-106 所示。

图 2-106　物联网接入工具介绍页

2）工单申请。

单击物联网接入工具介绍页中的"申请使用"按钮，在页面中选择资源配置项（当前处于免费使用阶段），如图 2-107 所示。

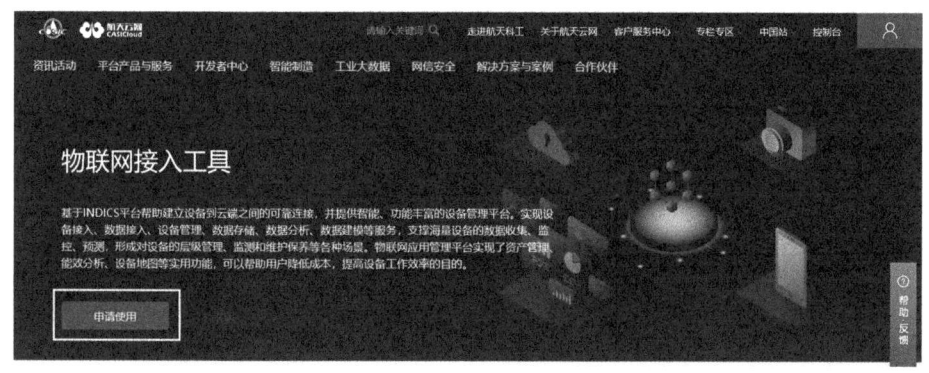

图 2-107　工单申请

3）设备接入申请。

工单审批通过后，单击"立即使用"会弹出产品使用申请提示，核对信息无误后，提交审核，如图 2-108 所示。平台将在 24 小时内进行审核处理，通过后即完成产品使用申请。

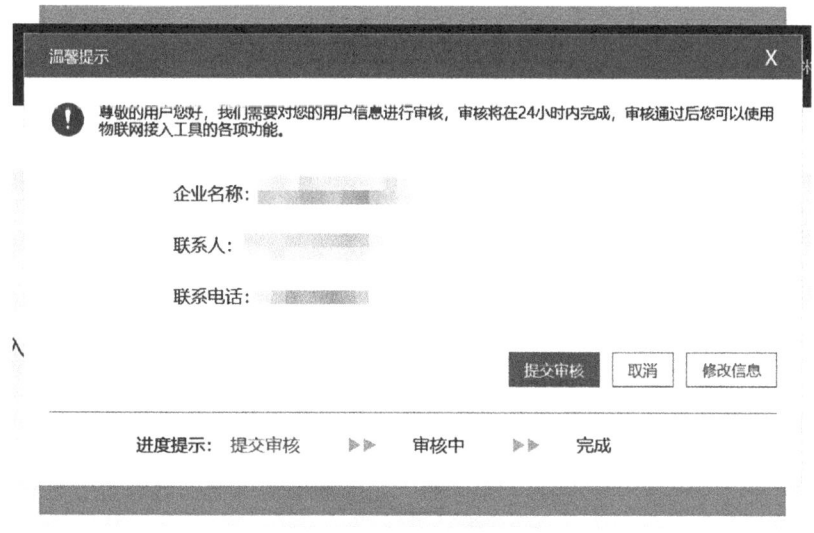

图 2-108　设备接入申请

(3) 物管理

1) 创建设备组。

① 登录航天云网主页,并打开物联网接入工具。

② 在左侧的菜单中选择"物管理→设备组列表"。

③ 在设备组列表页中,单击"创建设备组",如图 2-109 所示。

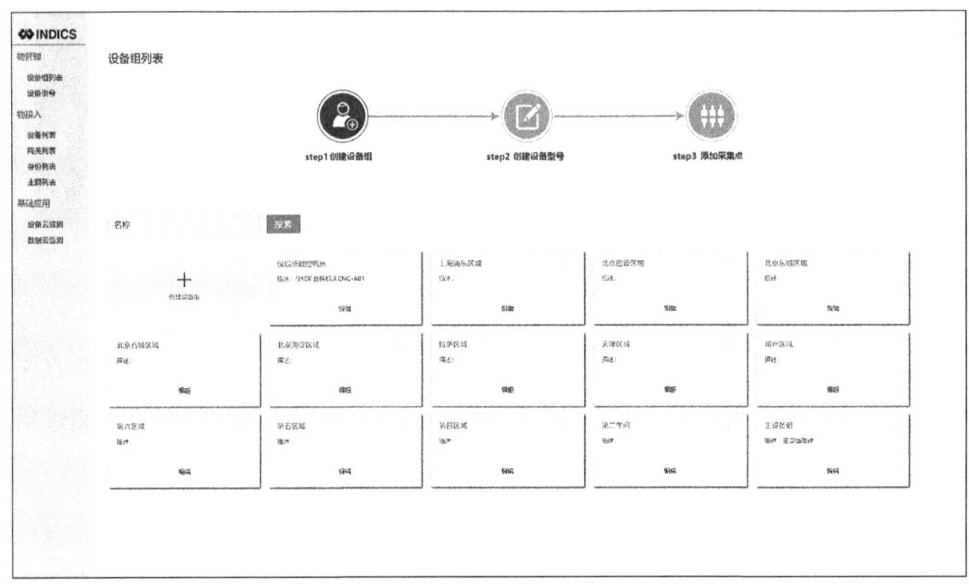

图 2-109 创建设备组

④ 在弹出的对话框中,选择设备组路径,输入设备组的名称和描述,单击"确定",如图 2-110 所示。

⑤ 执行以上步骤后即完成设备组的创建,如图 2-111 所示。

2) 创建设备型号。

① 在物联网接入工具菜单中,选择"物管理→设备型号"。

② 在"设备型号"中单击"创建设备型号",如图 2-112 所示。

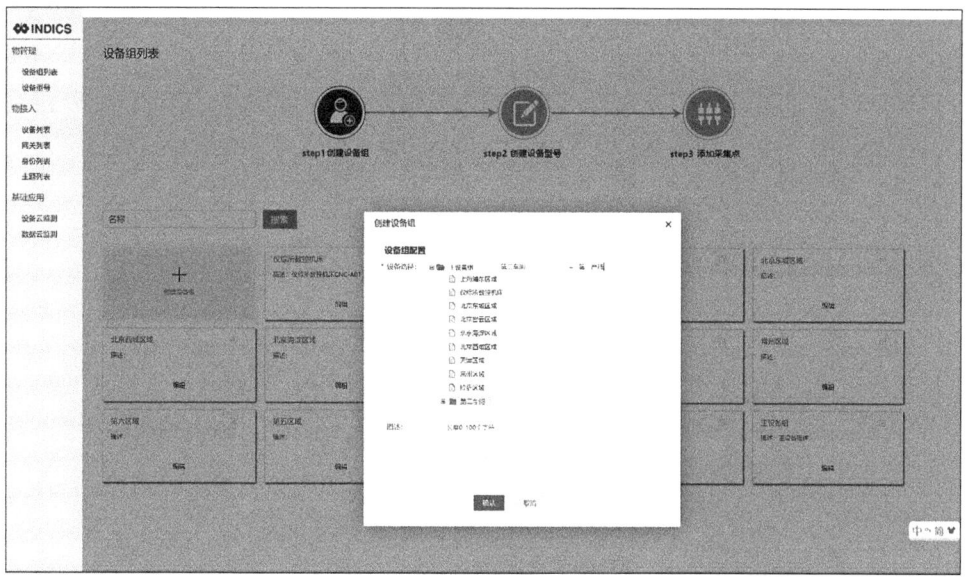

图 2-110　设备组的名称和描述

> ① 说明：
> 云平台中，用设备型号来表示某类设备的单元，用户需首先创建设备型号来对设备的单元进行管理。设备注册时通过选择设备型号进行快速添加及管理。

图 2-111　完成设备组创建

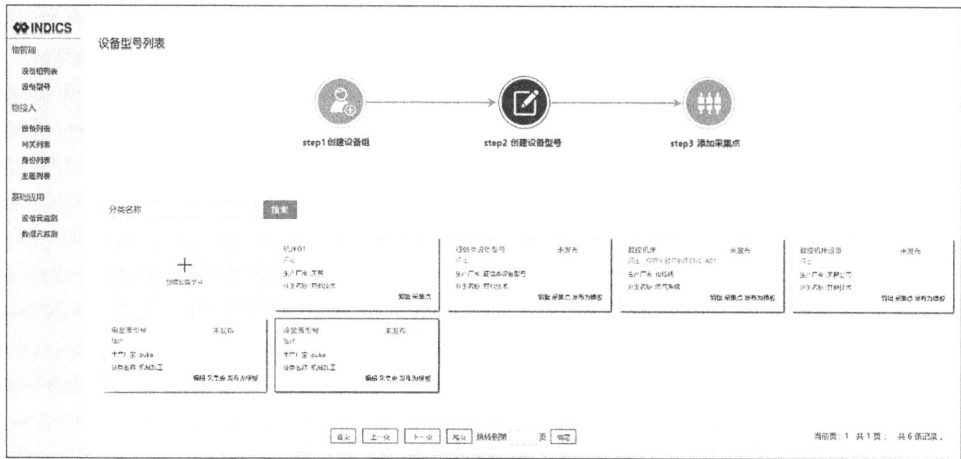

图 2-112　创建设备型号

093

③ 在弹出框中选择设备型号分类，如图 2-113 所示。

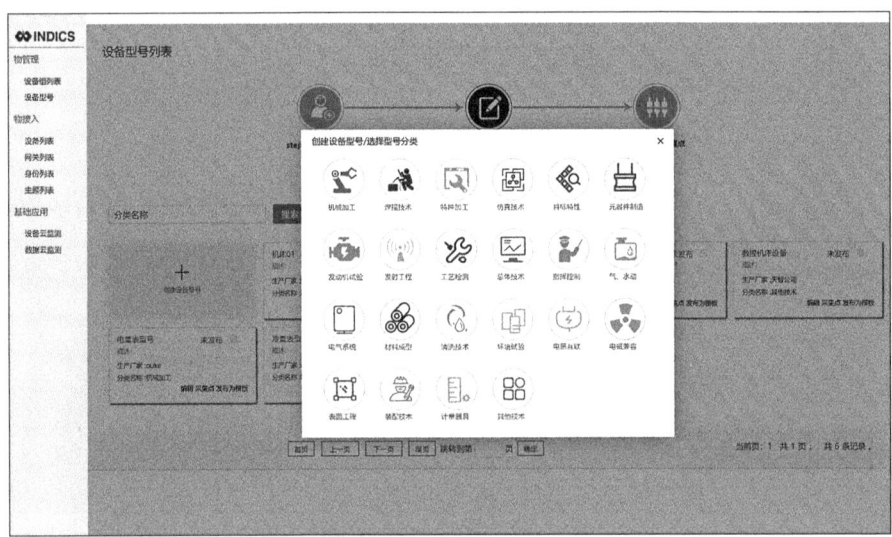

图 2-113　选择设备类型

④ 选择型号模板，输入型号名称、生产厂家及描述，如图 2-114 所示。

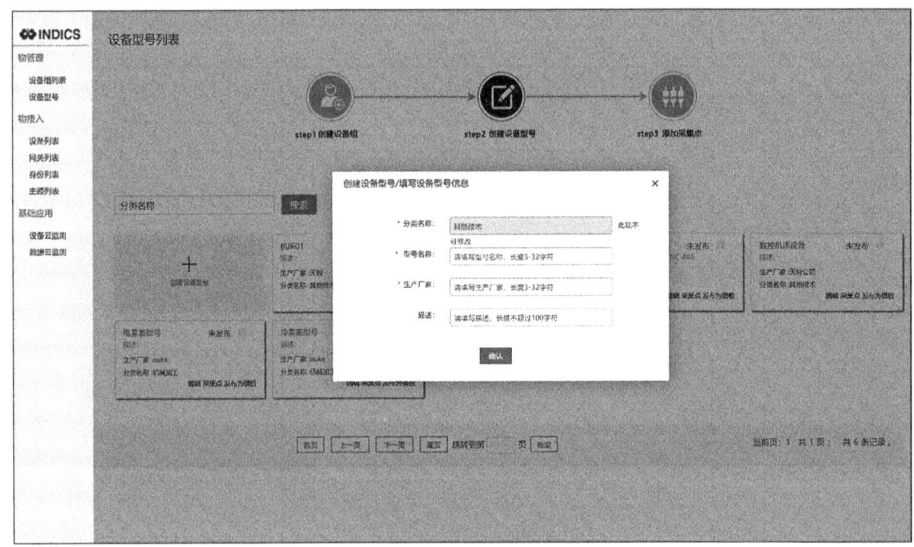

图 2-114　输入设备信息

⑤ 执行以上步骤后即完成设备型号的创建。

3）添加采集点。

① 在物联网接入工具菜单中，单击"物管理→设备型号"，在设备型号中单击"采集点"，如图 2-115 所示。

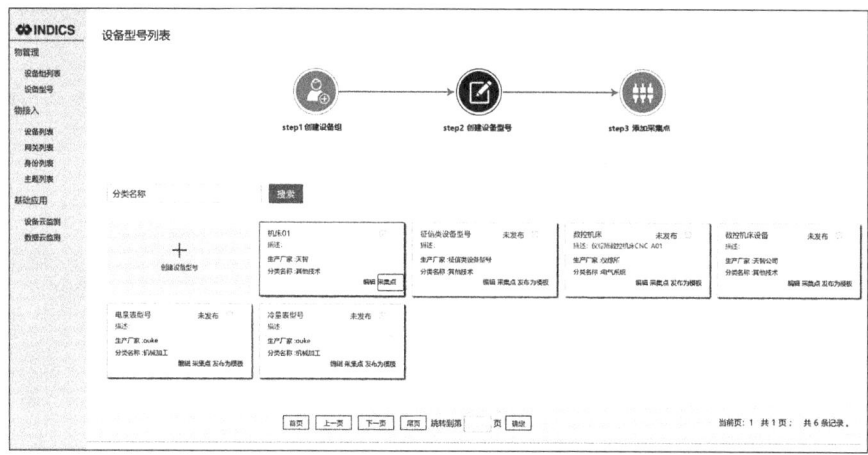

图 2-115　添加采集点

② 在弹出的页面中，单击"添加采集点"。注意，默认采集点"state"不可编辑或删除，如图 2-116 和图 2-117 所示。

图 2-116　添加采集点时的注意事项

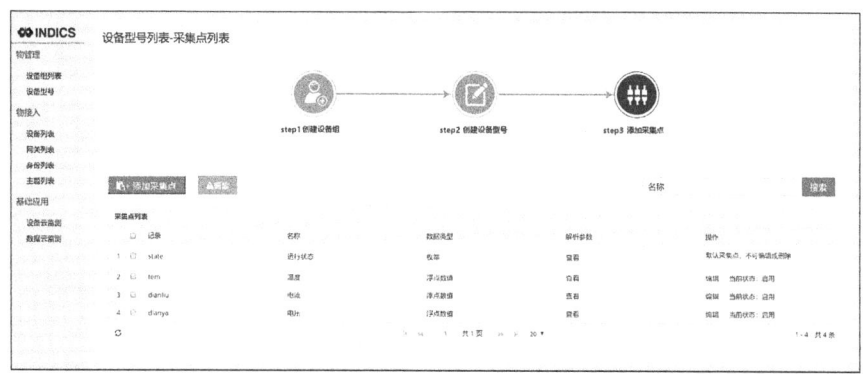

图 2-117　选择"添加采集点"按钮

③ 在弹出的"添加采集点"对话框中，配置采集点参数，如图2-118所示。

图2-118　配置采集点参数

④ 执行以上步骤后即完成采集点的创建。

（4）物接入

设备接入即根据设备的实际情况，归属到已经创建好的设备组与设备型号类目中，通过接入设备，使设备获得采集点数据需要的身份验证以及安全验证秘钥等内容。同时可以对网关类型进行选择，并对网关进一步设置，达到连接设备与平台的目的。

设备接入是由设备接入员进行操作的，需要登入设备接入员账号。

1）设备快速接入。

具体操作指导请参见2.2.3节的"快速接入设备"。

后续任务：此处系统自动完成的网关配置为平台侧的网关配置。关于企业端网关的配置，详见"创建网关"。

2）创建设备。

说明：创建设备是配置网关的前置任务，否则无法在创建网关的配置流程中挂载设备。

① 在物联网接入工具菜单中，选择"物接入→设备列表"。

② 单击"创建设备",如图 2-119 所示。

图 2-119　创建设备页面

③ 配置基本的设备信息,单击"下一步",如图 2-120 所示。

图 2-120　配置设备基本信息

④ 在"配置确认"界面确认配置信息,单击"保存",如图 2-121 所示。

⑤ 在弹出的对话框中,单击"提交"。

3)创建网关。

① 创建 HTTP 或 HTTPS 网关。

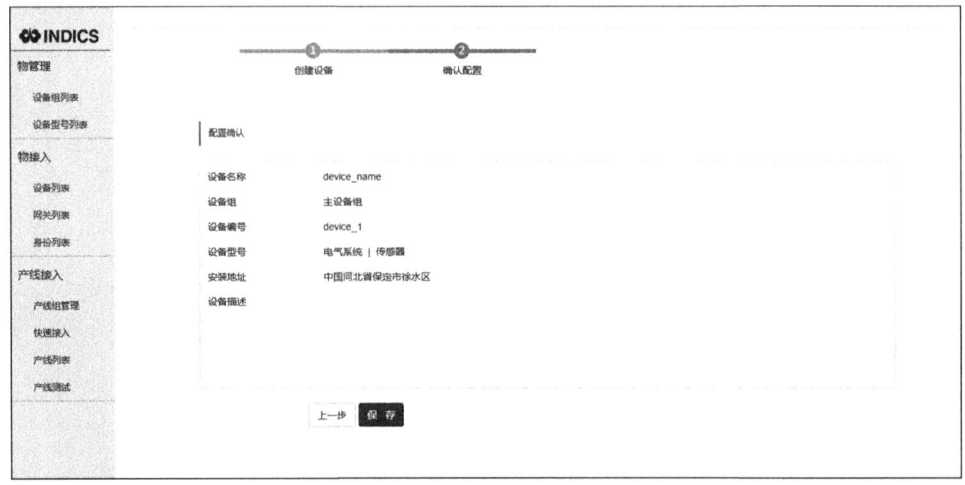

图 2-121　确认配置信息

操作步骤：

步骤 1：在物联网接入工具菜单中，选择"物接入→网关列表"。

步骤 2：单击"创建网关"，如图 2-122 所示。

图 2-122　确认配置信息

步骤 3：通信协议选择 HTTP 或 HTTPS，配置网关相关的参数，单击"下一步"，如图 2-123 所示。

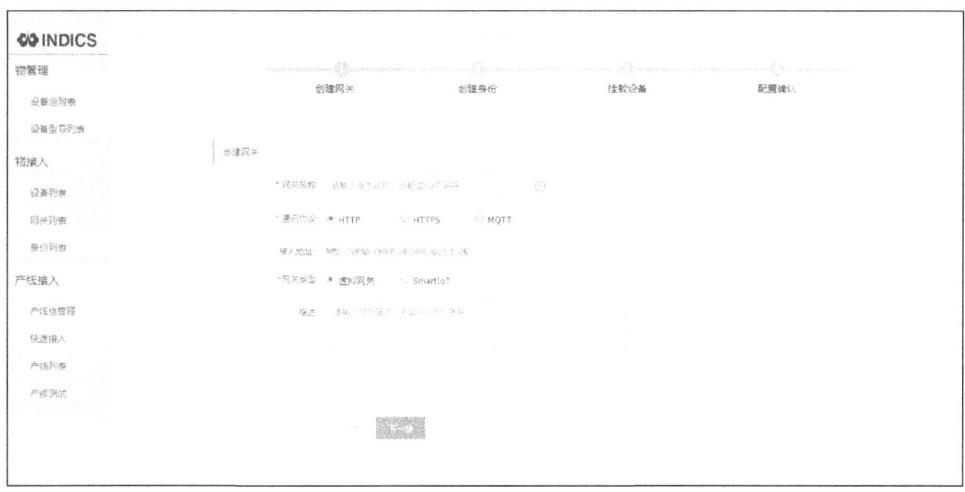

图 2-123　配置网关相关的参数

步骤 4：选择已有的身份或创建新的身份，单击"下一步"。

说明：创建 HTTP 或 HTTPS 身份时填写用户名即可，详见"创建身份"，如图 2-124 和图 2-125 所示。

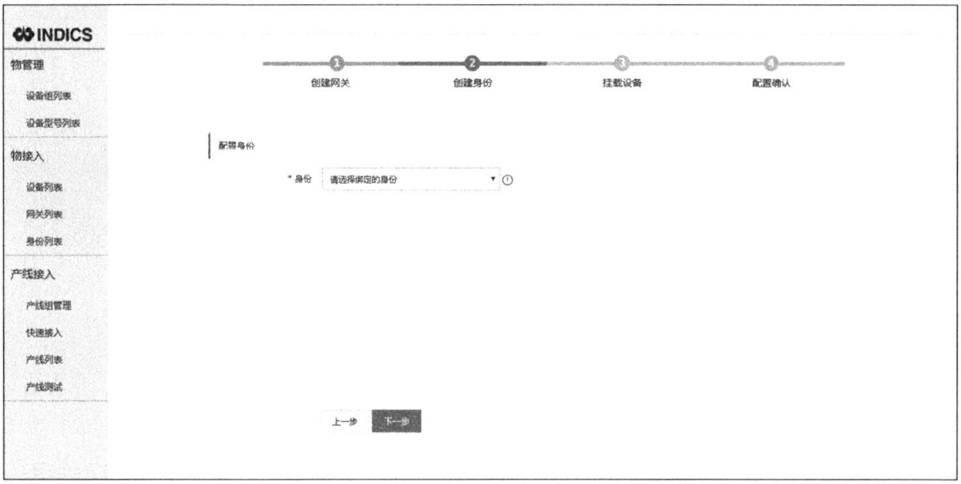

图 2-124　创建身份

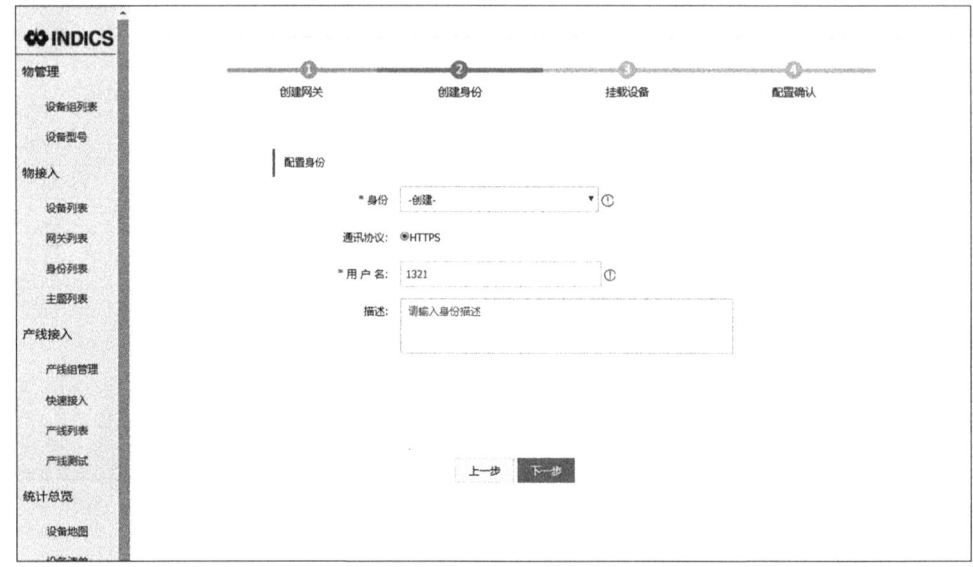

图 2-125　创建新的身份

步骤 5：选择设备并挂载设备到网关，单击"下一步"，如图 2-126 所示。

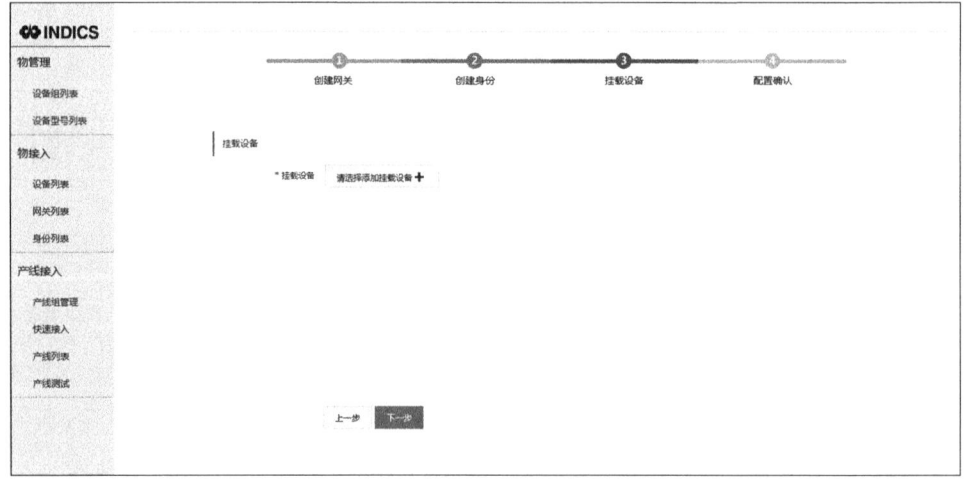

图 2-126　选择设备并挂载设备到网关

步骤 6：在"配置确认"界面确认配置信息，单击"保存"，如图 2-127 所示。

② 创建公有 MQTT 协议网关。

操作步骤：

步骤 1：在物联网接入工具菜单中，选择"物接入→网关列表"。

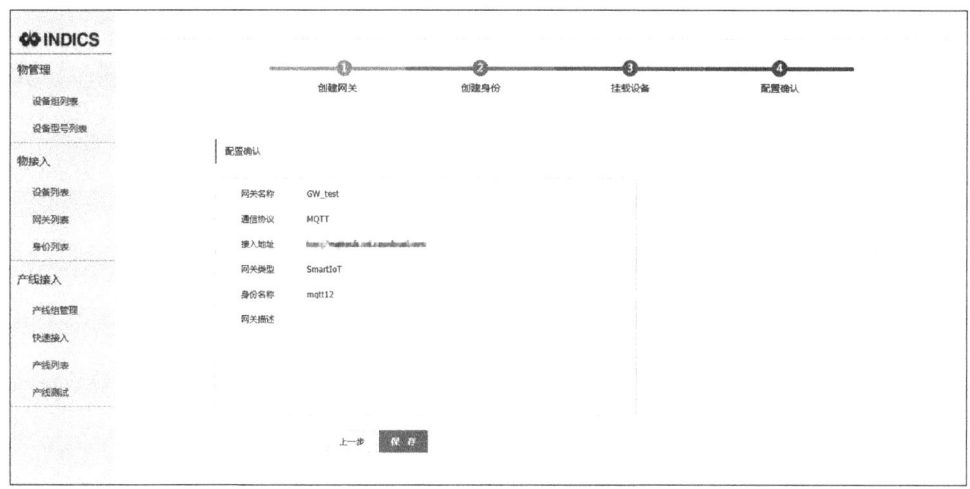

图 2-127 设备配置确认并挂载设备到网关

步骤 2：单击"创建网关"。

步骤 3：通信协议选择"MQTT→公有"，配置网关相关的参数，单击"下一步"，如图 2-128 所示。

图 2-128 创建公有 MQTT 协议网关

步骤 4：选择已有的身份或创建新的身份，单击"下一步"。

说明：创建公有 MQTT 身份需填写用户名和密码，详见"创建身份"，如图 2-129 和图 2-130 所示。

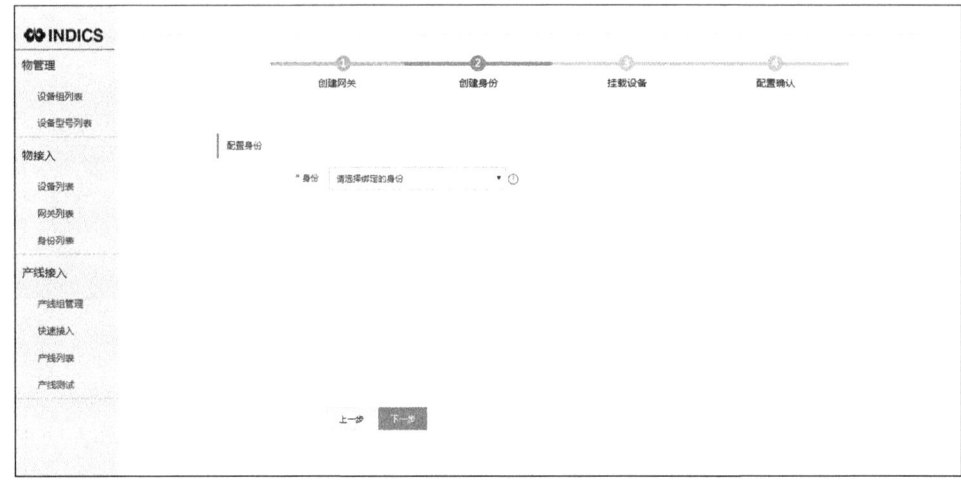

图 2-129　配置身份

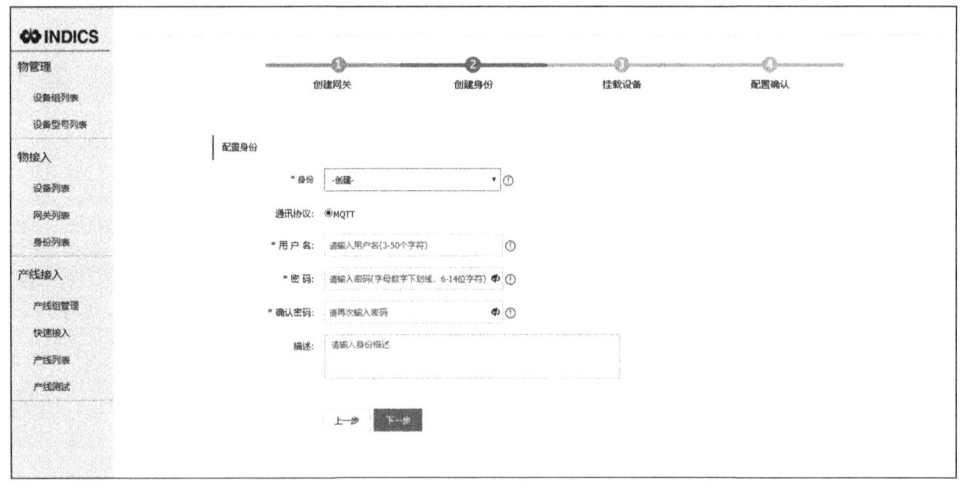

图 2-130　配置身份信息

步骤 5：选择设备并挂载设备到网关，单击"下一步"，如图 2-131 所示。

步骤 6：在"配置确认"界面确认配置信息，单击"保存"，如图 2-132 所示。

③ 创建私有 MQTT 协议网关。

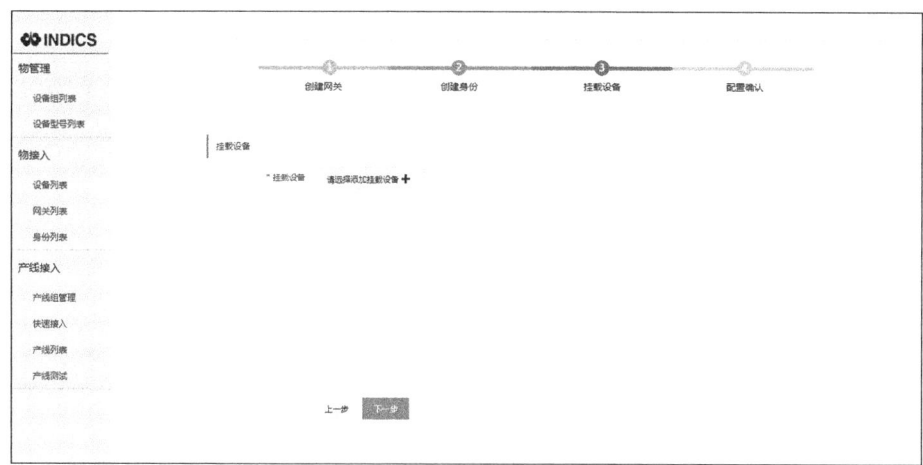

图 2-131　选择设备并挂载设备到网关

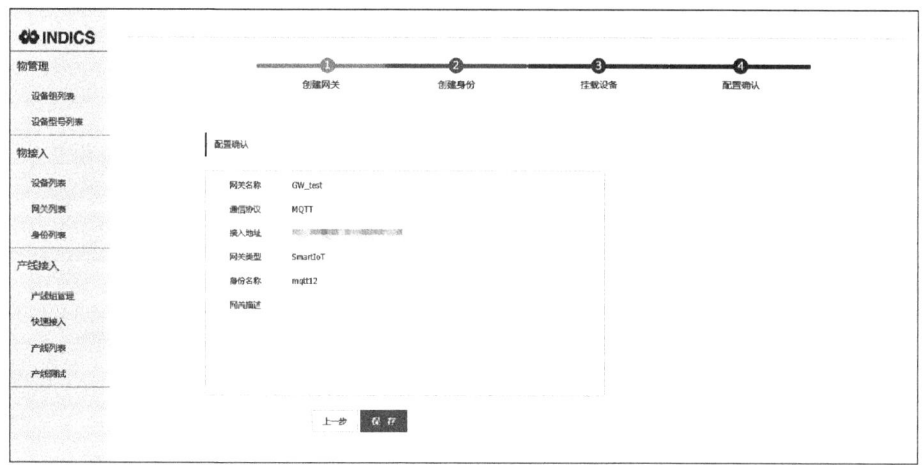

图 2-132　配置确认

操作步骤：

步骤 1：在物联网接入工具菜单中，选择"物接入→网关列表"。

步骤 2：单击"创建网关"。

步骤 3：配置网关相关的参数，单击"下一步"，如图 2-133 所示。

说明：网关创建当通信协议选择私有 MQTT 时，当前账号需通过开发者认证。如果之前已成功创建过私有 MQTT SERVER，可在接入地址处直接选择已有的 SERVER，也可重新创建。

图 2-133　创建私有 MQTT 协议网关界面

步骤 4：选择已有的身份或创建新的身份，单击"下一步"。

说明：创建私有 MQTT 身份需填写用户名和密码，详见"创建身份"。如图 2-134 和图 2-135 所示。

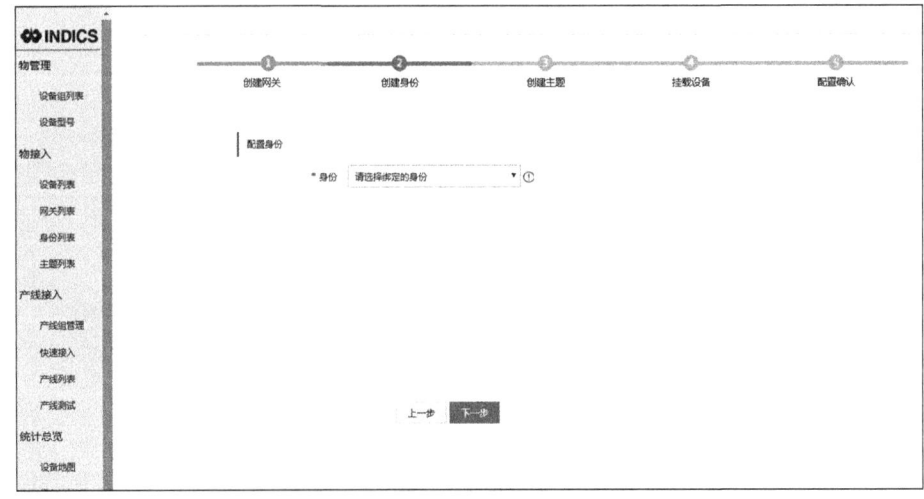

图 2-134　配置身份

104

图 2-135　配置身份信息

步骤 5：创建私有 MQTT 主题，填写主题名称、主题 topic、权限，详见"创建主题"，如图 2-136 所示。

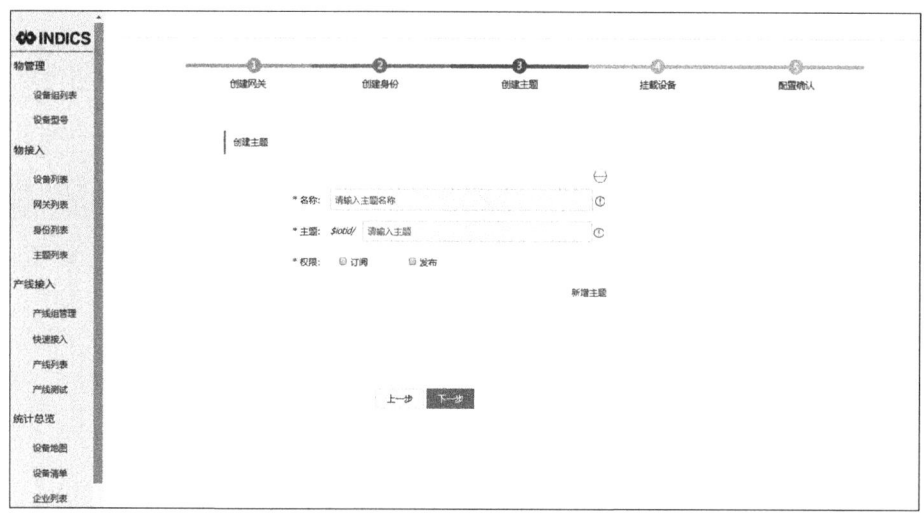

图 2-136　创建主题

步骤 6：选择设备并挂载设备到网关，单击"下一步"，如图 2-137 所示。

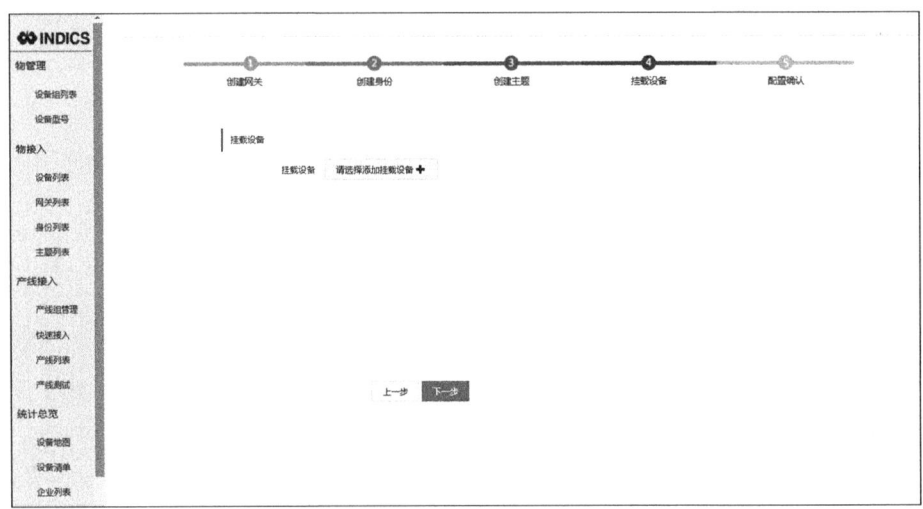

图 2-137 挂载设备

步骤7：在"配置确认"界面确认配置信息，单击"保存"，如图 2-138 所示。

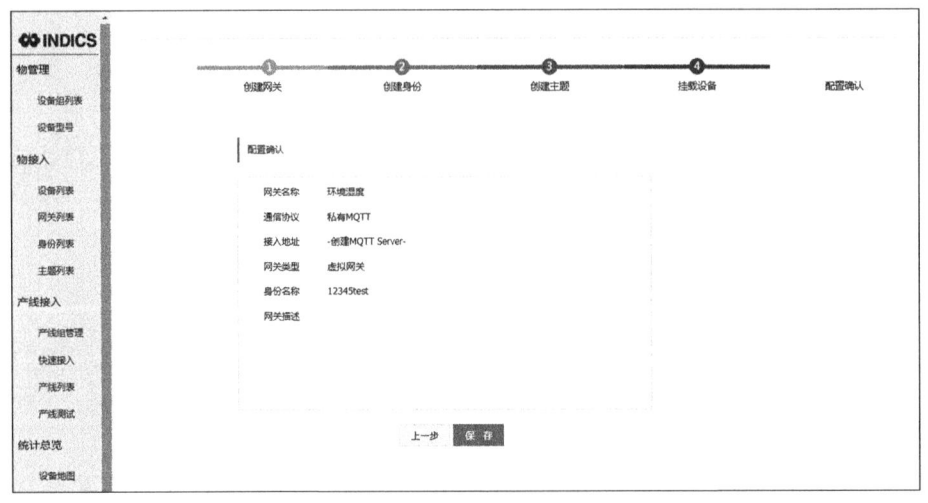

图 2-138 挂载设备信息

4）创建身份。

说明：通过设置身份为网关增加一层安全防护，HTTP 或 HTTPS 协议相关的身份将作为系统为网关生成 accessKey 时的一个必要条件，用户后续更改网关的关联身份，会重新生成 accessKey，接入项目中需同步更改 accessKey；MQTT

协议相关的身份会作为消息订阅发布主题时的身份认证凭证。

① 在物联网接入工具菜单中，选择"物接入→身份列表"。

② 单击"创建身份"，如图 2-139 所示。

图 2-139　创建身份

③ 配置身份相关的参数，单击"下一步"。

说明：

HTTP 或 HTTPS 协议身份需要填写用户名，公有 MQTT 和私有 MQTT 协议需要填写用户名和密码。MQTT 协议身份创建时请用户务必将密码保存好，重置密码需要确认旧密码。一个私有 MQTT 身份只能绑定一个私有 MQTT 网关，一个公有 MQTT 身份和 HTTP 或 HTTPS 身份可以绑定多个网关，如图 2-140 所示。

④ 在"配置确认"界面确认配置信息，单击"保存"，如图 2-141 所示。

⑤ 在弹出的对话框中，单击"确定"。

5）创建主题。

说明：私有 MQTT 使用时，可以通过创建主题模板更为方便地对主题进行编辑和修改。

① 在物联网接入工具菜单中，选择"物接入→主题列表"。

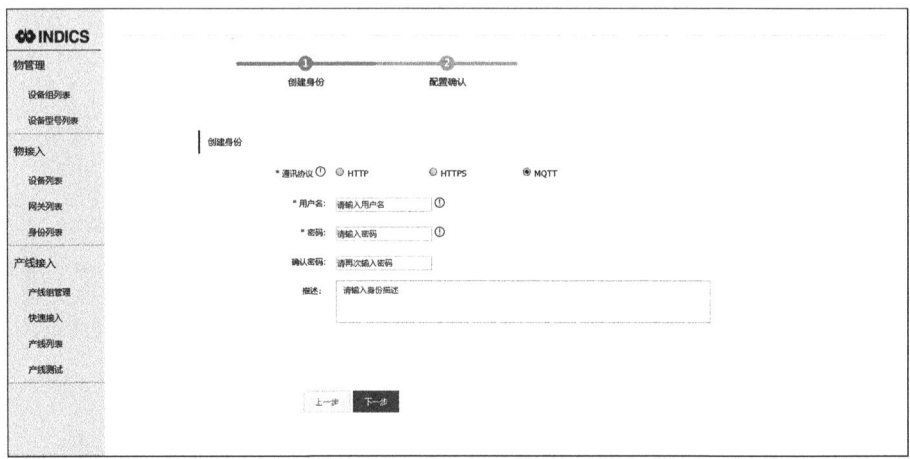

图 2-140　配置身份相关的参数

图 2-141　配置身份确认

② 单击"主题列表"下的"未绑定主题",单击"创建主题",如图 2-142 所示。

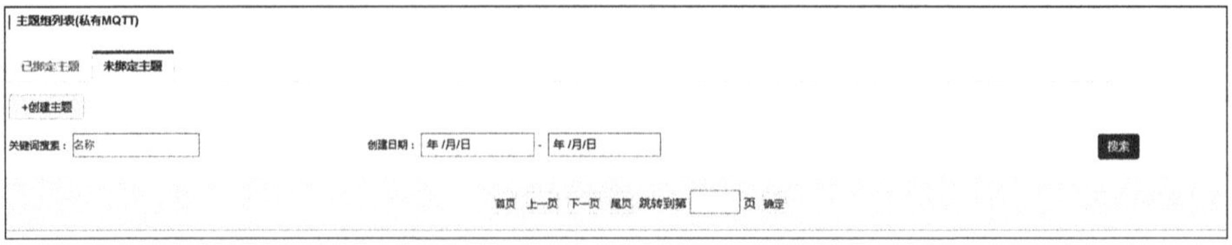

图 2-142　创建主题

③ 配置主题内容，如图 2-143 所示。

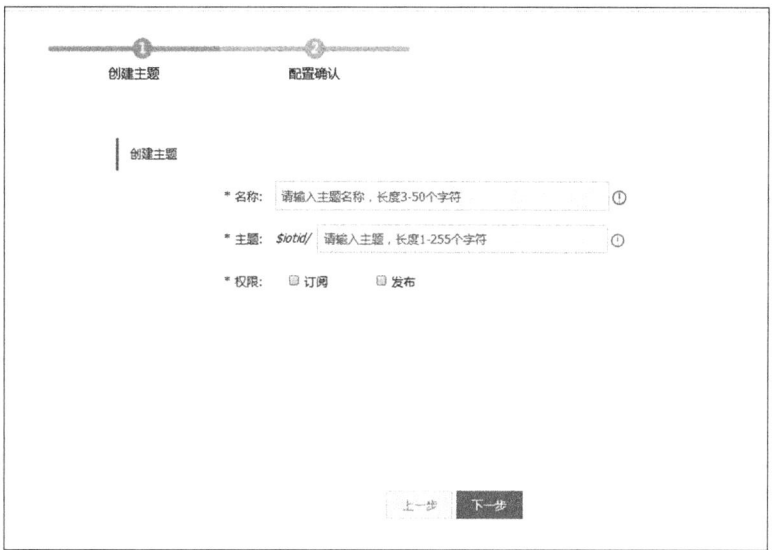

图 2-143　配置主题内容

④ 配置确认，如图 2-144 所示。

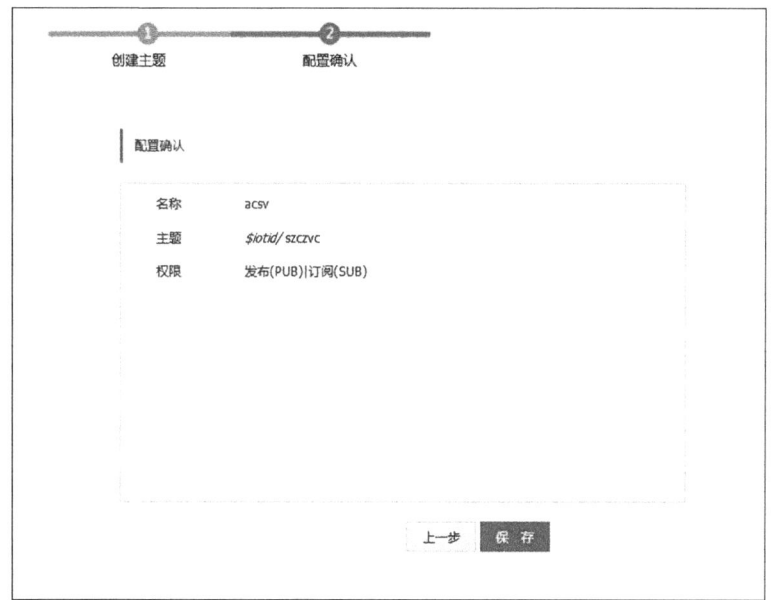

图 2-144　确认配置主题

6)配置网关。

网关是连接设备和云平台的中间设备,可以是 INDICS EDGE 智能数据采集网关、其他具备网络请求的硬件数据采集设备和虚拟网关(SCADA、ERP 等系统对外数据上传接口)。设备必须通过网关上传数据。

网关分为虚拟网关与 INDICS EDGE 两种,根据设备接入的不同网关类型,进行不同的设置操作。

① 设置 INDICS EDGE。

当企业选择部署 INDICS EDGE 网关,将设备数据发送到物联网接入工具时,需要在物联网接入工具中继续配置 INDICS EDGE 网关。

说明:可以在设备列表的设备详情中查看设备挂载的网关。

当 IoT 网关是第三方网关时,请在"网关列表"中选择已完成网关配置的网关,单击"配置下载"。保存下载的 JSON 配置文件,用于企业侧 IoT 网关配置。

创建虚拟网关的详细操作请参加本节的"创建网关"。

说明:此时,必须配置"网关类型"为"虚拟网关"。

操作步骤:

步骤 1:在物联网接入工具菜单中,选择"物接入→网关列表"。

步骤 2:在网关列表中,选择需要进行配置的网关,单击"配置网关",如图 2-145 所示。

图 2-145　配置网关

步骤 3：配置网关端口，如图 2-146 所示。

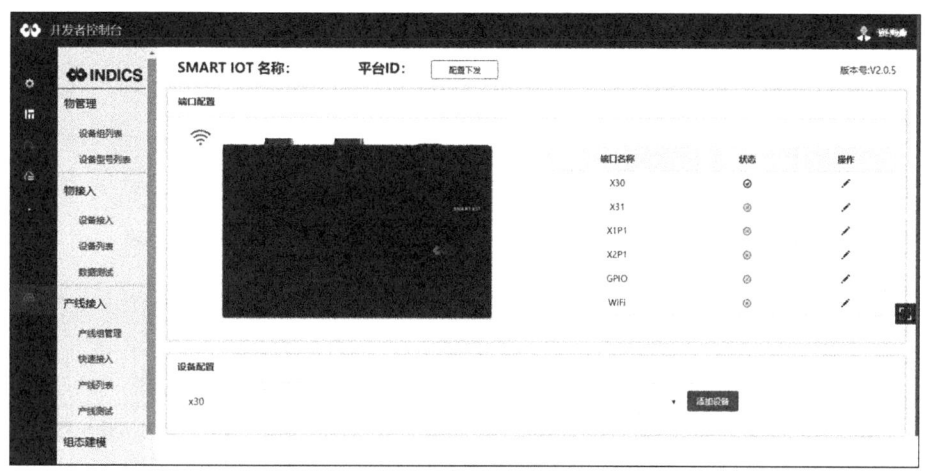

图 2-146　配置网关端口

在端口配置区域中，单击端口列表中需要挂载的端口后的"✎"。

说明：INDICS EDGE 网关共有 6 个端口，其中 X30/X31 端口为串口，X1P1/X2P1 为网口，GPIO 为通用输入输出接口（当传感器仅支持输出模拟量和数字量时选择此接口），Wi-Fi 为无线接口，如图 2-147～图 2-151 所示。

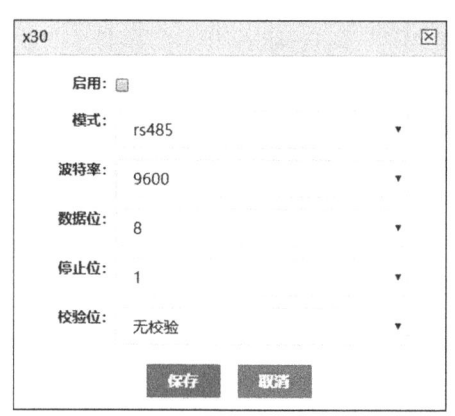

图 2-147　配置 X30/X31 端口参数

图 2-148　配置 X1P1/X2P1 网口参数 1

111

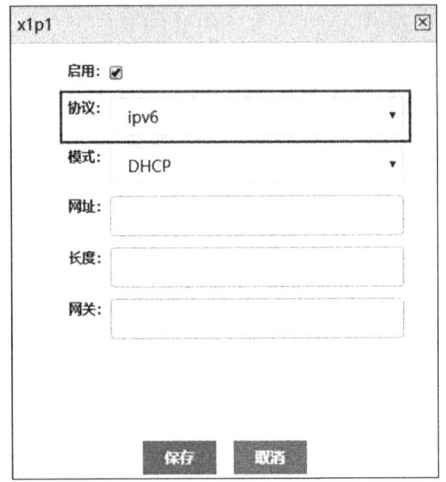

图 2-149 配置 X1P1/X2P1 网口参数 2

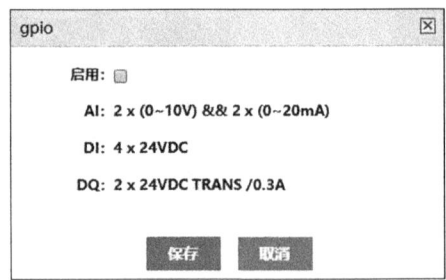

图 2-150 配置 GPIO 为通用输入输出接口

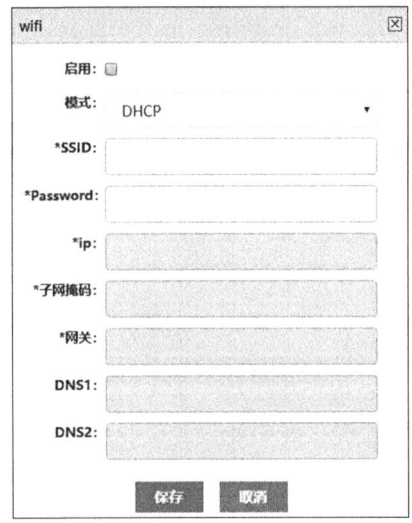

图 2-151 配置 Wi-Fi 为无线接口

启用并配置端口参数,单击"保存"。

步骤 4:在界面下方单击"添加设备",如图 2-152 所示。

图 2-152 添加设备

说明："添加设备"下拉列表框中显示的设备为上述"创建网关"中步骤 5 挂载的设备。通过配置设备挂载的接口，可以指定设备接入的网关接口。

步骤 5：配置设备挂载的端口，并指定设备接入网关的通信协议，单击"确定"，如图 2-153 所示。

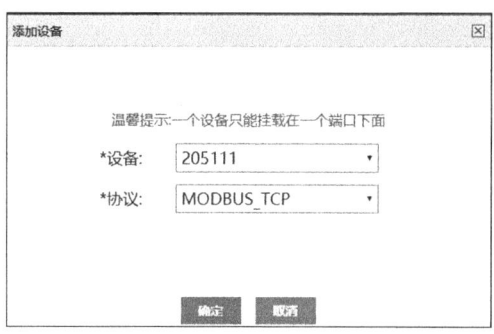

图 2-153　配置设备挂载的端口

步骤 6：配置 INDICS EDGE 网关下行通信协议解析设备的详细配置参数。配置 MODBUS RTU，如图 2-154～图 2-157 所示。

图 2-154　MODBUS RTU 配置 1

图 2-155　MODBUS RTU 配置 2

图 2-156　MODBUS RTU 配置 3

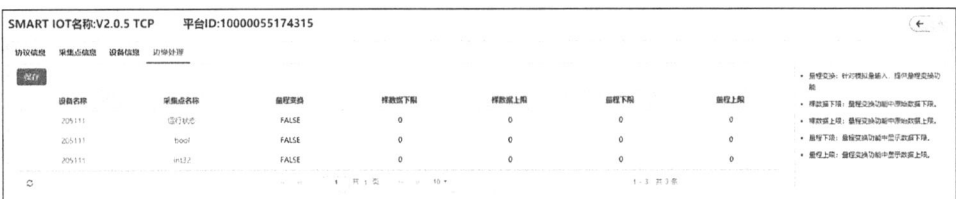

图 2-157　MODBUS RTU 配置 4

配置 MODBUS TCP，如图 2-158～图 2-161 所示。

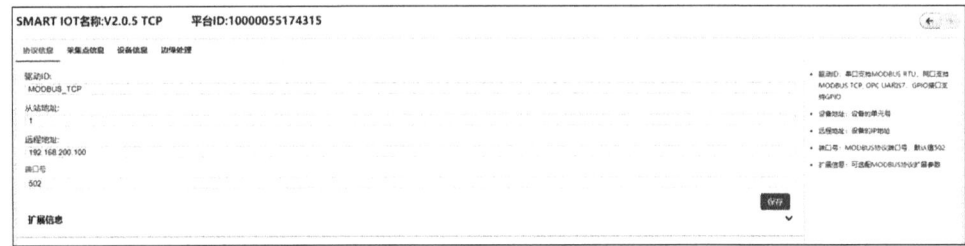

图 2-158　MODBUS TCP 配置 1

图 2-159　MODBUS TCP 配置 2

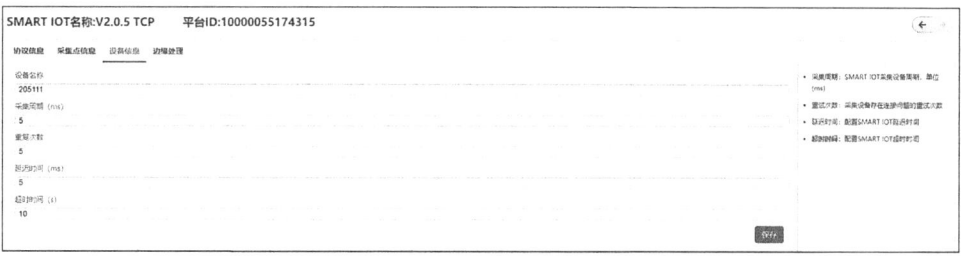

图 2-160 MODBUS TCP 配置 3

图 2-161 MODBUS TCP 配置 4

配置 OPCUA，如图 2-162 ～图 2-165 所示。

图 2-162 OPCUA 配置 1

图 2-163 OPCUA 配置 2

图 2-164　OPCUA 配置 3

图 2-165　OPCUA 配置 4

配置 S7，如图 2-166～图 2-169 所示。

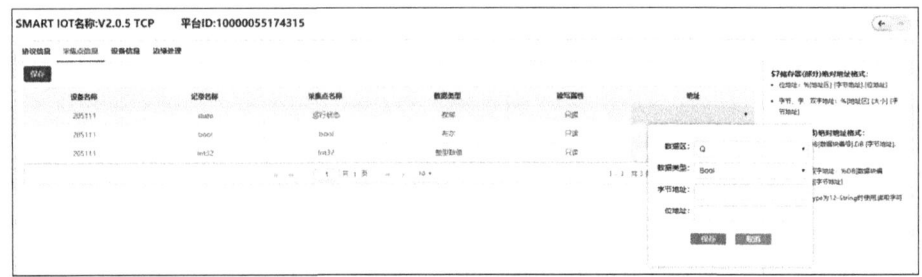

图 2-166　S7 配置 1

图 2-167　S7 配置 2

图 2-168 S7 配置 3

图 2-169 S7 配置 4

配置 GPIO，如图 2-170～图 2-172 所示。

图 2-170 GPIO 配置 1

图 2-171 GPIO 配置 2

图 2-172 GPIO 配置 3

步骤 7：在界面上方单击"配置下发"，下发配置或保存 JSON 配置文件。

说明：当通信协议为 MQTT 时，配置直接下发到 INDICS EDGE；当通信协议为 HTTP 或 HTTPS 时，将会下载 JSON 文件。

步骤 8（可选）：参考保存下载的 JSON 配置文件，用于企业侧 IOT 网关配置。

说明：当通信协议为 MQTT 时无须配置此步。

② 虚拟网关。

当企业无法部署物理网关，需要通过软件系统将设备数据发送到物联网接入工具时，需要配置企业软件系统与虚拟网关对接。

创建虚拟网关的操作详见"创建网关"。

说明：此时必须配置"网关类型"为"虚拟网关"。可以在设备列表的设备详情中查看设备挂载的网关。

2.3 阿里云标志解析

配置云产品流转时，需要基于 Topic 编写 SQL 处理数据。AMQP、MNS 服务端订阅也基于 Topic 传递数据。自定义 Topic 中数据格式由自己定义，物联网平台不做处理。基础通信 Topic、物模型通信 Topic 中的数据格式由物联网平台定义，此时用户需要根据平台定义的数据格式处理数据。本节讲述了基础通信 Topic、物模型通信 Topic 中的数据格式。

1. 设备上下线状态

数据流转 Topic：/as/mqtt/status/{productKey}/{deviceName}

通过该 Topic 获取设备的上下线状态。数据格式如下。

```
{
"status":"online|offline",
"productKey":"al12345****",
"deviceName":" deviceName1234",
"time":"2018-08-31 15:32:28.205",
```

```
"utcTime":"2018-08-31T07:32:28.205Z",
"lastTime":"2018-08-31 15:32:28.195",
"utcLastTime":"2018-08-31T07:32:28.195Z",
"clientIp":"123.123.123.***"
}
```

参数说明如表 2-9 所示。

表2-9 设备上下线状态的参数说明

参数	类型	说明
status	String	设备状态 online：上线 offline：离线
productKey	String	设备所属产品的唯一标识
deviceName	String	设备名称
time	String	发送通知的时间点
utcTime	String	发送通知的 UTC 时间点
lastTime	String	状态变更前最后一次通信的时间 说明：为避免消息时序紊乱造成影响，建议根据 lastTime 来维护最终设备状态
utcLastTime	String	状态变更前最后一次通信的 UTC 时间
clientIp	String	设备公网出口 IP

2．设备属性上报

Topic:/sys/{productKey}/{deviceName}/thing/event/property/post

通过该 Topic 获取设备上报的属性信息。数据格式如下。

```
{
"iotId":"4z819VQHk6VSLmmBJfrf00107e****",
"productKey":"al12345****",
"deviceName":"deviceName1234",
"gmtCreate":1510799670074,
"deviceType":"Ammeter",
"items":{
    "Power":{
        "value":"on",
        "time":1510799670074
```

```
        },
        "Position":{
            "time":1510292697470,
            "value":{
                "latitude":39.9,
                "longitude":116.38
            }
        }
    }
}
```

设备属性上报的参数说明如表 2-10 所示。

表2-10 设备属性上报的参数说明

参数	类型	说明
iotId	String	设备在平台内的唯一标识
productKey	String	设备所属产品的唯一标识
deviceName	String	设备名称
deviceType	String	设备类型
items	Object	设备数据
Power	String	属性名称。产品所具有的属性名称请参见产品的 TSL 描述
Position	String	属性名称。产品所具有的属性名称请参见产品的 TSL 描述
value	根据 TSL 定义	属性值
time	Long	属性产生时间,如果设备没有上报数据,默认采用在云端生成的时间
gmtCreate	Long	数据流转消息产生时间

3. 设备事件上报

Topic:/sys/{productKey}/{deviceName}/thing/event/{tsl.event.identifier}/post

通过该 topic 获取设备上报的事件信息。数据格式如下。

```
{
"identifier":"BrokenInfo",
"name":" 损坏率上报 ",
"type":"info",
"iotId":"4z819VQHk6VSLmmBJfrf00107e****",
"productKey":"X5eCzh6****",
"deviceName":"5gJtxDVeGAkaEztpisjX",
```

```
"gmtCreate":1510799670074,
"value":{
    "Power":"on",
    "Position":{
        "latitude":39.9,
        "longitude":116.38
        }
    },
"time":1510799670074
}
```

设备事件上报的参数说明如表 2-11 所示。

表2-11　设备事件上报的参数说明

参数	类型	说明
iotId	String	设备在平台内的唯一标识
productKey	String	设备所属产品的唯一标识
deviceName	String	设备名称
type	String	事件类型，事件类型参见产品的 TSL 描述
value	Object	事件的参数
Power	String	事件参数名称
Position	String	事件参数名称
time	Long	事件产生时间，如果设备没有上报数据，默认采用云端生成的时间
gmtCrcatc	Long	数据流转消息产生时间

4．设备生命周期变更

Topic:/sys/{productKey}/{deviceName}/thing/lifecycle

通过该 Topic 获得设备创建、删除、禁用、启用等消息。数据格式如下。

```
{
"action" : "create|delete|enable|disable",
"iotId" : "4z819VQHk6VSLmmBJfrf00107e****",
"productKey" : "al5eCzh****",
"deviceName" : "5gJtxDVeGAkaEztpisjX",
"deviceSecret" : "",
"messageCreateTime": 1510292739881
}
```

设备生命周期变更的参数说明如表 2-12 所示。

表2-12 设备生命周期变更的参数说明

参数	类型	说明
action	String	create：创建设备 delete：删除设备 enable：启用设备 disable：禁用设备
iotId	String	设备在平台内的唯一标识
productKey	String	产品的唯一标识
deviceName	String	设备名称
deviceSecret	String	设备密钥，仅在 action 为 create 时包含
messageCreateTime	Integer	消息产生时间戳，单位为毫秒

5．设备拓扑关系变更

Topic:/sys/{productKey}/{deviceName}/thing/topo/lifecycle

通过该 Topic 获得子设备和网关之间拓扑关系建立和解除信息。数据格式如下。

```
{
"action" : "create|delete|enable|disable",
"gwIotId": "dfaejVQHk6VSLmmBJfrf00107e****",
"gwProductKey": "al5eCzh****",
"gwDeviceName": "deviceName1234",
"devices": [
    {
      "iotId": "4z819VQHk6VSLmmBJfrf00107e****",
      "productKey": "ala4Czh****",
      "deviceName": "deviceName1234"
    }
      ],
"messageCreateTime": 1510292739881
}
```

设备拓扑关系变更的参数说明如表 2-13 所示。

表2-13 设备拓扑关系变更的参数说明

参数	类型	说明
action	String	create：新增拓扑关系 delete：移除拓扑关系 enable：启用拓扑关系 disable：禁用拓扑关系

续表

参数	类型	说明
gwIotId	String	网关设备在平台内的唯一标识
gwProductKey	String	网关产品的唯一标识
gwDeviceName	String	网关设备名称
devices	Object	变更的子设备列表
iotId	String	子设备在平台内的唯一标识
productKey	String	子设备产品的唯一标识
deviceName	String	子设备名称
messageCreateTime	Integer	消息产生时间戳，单位毫秒

6．网关发现子设备

Topic:/sys/{productKey}/{deviceName}/thing/list/found

在一些场景中，网关能够检测到子设备，并将检测到的子设备信息上报。此时可以通过该 Topic 获取到上报的信息。数据格式如下。

```
{
"gwIotId":"dfaew9VQHk6VSLmmBJfrf00107e****",
"gwProductKey":"al12345****",
"gwDeviceName":"deviceName1234",
"devices":[
    {
        "iotId":"4z819VQHk6VSLmmBJfrf00107e****",
        "productKey":"alr56g9****",
        "deviceName":"deviceName1234"
    }
    ]
}
```

网关发现子设备的参数说明如表 2-14 所示。

表2-14　网关发现子设备的参数说明

参数	类型	说明
gwIotId	String	网关设备在平台内的唯一标识
gwProductKey	String	网关产品的唯一标识
gwDeviceName	String	网关设备名称
devices	Object	发现的子设备列表

续表

参数	类型	说明
iotId	String	子设备在平台内的唯一标识
productKey	String	子设备所属产品的唯一标识
deviceName	String	子设备名称

7．设备下行指令结果

Topic:/sys/{productKey}/{deviceName}/thing/downlink/reply/message

通过该 Topic 可以获取以异步方式下发指令给设备，设备进行处理后返回的结果信息。如果下发指令过程中出现错误，也可以通过该 Topic 得到指令下发的错误信息。数据格式如下。

```
{
"gmtCreate":1510292739881,
"iotId":"4z819VQHk6VSLmmBJfrf00107e****",
"productKey":"al12355****",
"deviceName":"deviceName1234",
"requestId":1234,
"code":200,
"message":"success",
"topic":"/sys/al12355****/deviceName1234/thing/service/property/set",
"data":{
        }
}
```

设备下行指令结果的参数说明如表 2-15 所示。

表2-15　设备下行指令结果的参数说明

参数	类型	说明
gmtCreate	Long	UTC 时间戳
iotId	String	设备在平台内的唯一标识
productKey	String	设备所属产品的唯一标识
deviceName	String	设备名称
requestId	Long	阿里云为该下行指令生成的唯一标识符
code	Integer	结果状态码结果，说明参见下表"结果状态码"
message	String	结果状态码信息，说明参见下表"结果状态码"
data	Object	设备返回的结果。Alink 格式数据直接返回设备处理结果，透传格式数据则需要经过脚本转换

设备下行指令结果状态码的参数说明如表 2-16 所示。

表2-16 设备下行指令结果状态码的参数说明

Code	Message	说明
200	success	请求成功
400	request error	内部服务错误，处理时发生内部错误
460	request parameter error	请求参数错误，设备入参校验失败
429	too many requests	请求过于频繁
9200	device not actived	设备没有激活
9201	device offline	设备不在线
403	request forbidden	由于欠费导致请求被禁止

错误码相应解决办法请参见设备端错误码。

8．历史属性上报

Topic:/sys/{productKey}/{deviceName}/thing/event/property/history/post

通过该 Topic 获取设备上报的物模型历史数据。数据格式如下。

```
{
"iotId":"4z819VQHk6VSLmmBJfrf00107e****",
"productKey":"12345****",
"deviceName":"deviceName1234",
"gmtCreate":1510799670074,
"deviceType":"Ammeter",
"items":{
    "Power":{
        "value":"on",
        "time":1510799670074
    },
    "Position":{
        "time":1510292697470,
        "value":{
            "latitude":39.9,
            "longitude":116.38
            }
        }
    }
}
```

历史属性上报的参数说明如表 2-17 所示。

表2-17 历史属性上报的参数说明

参数	类型	说明
iotId	String	设备在平台内的唯一标识
productKey	String	设备所属产品的唯一标识
deviceName	String	设备名称
gmtCreate	Long	数据流转消息产生的时间
deviceType	String	物模型类型，详情参见产品的 TSL 描述
items	Object	设备数据
Power	String	属性名称。产品所具有的属性名称请参见产品的 TSL 描述
Position	String	属性名称。产品所具有的属性名称请参见产品的 TSL 描述
value	根据 TSL 定义	属性值
time	Long	属性产生时间，如果设备没有上报数据，默认采用云端生成的时间

9. 历史事件上报

Topic:/sys/{productKey}/{deviceName}/thing/event/{tsl.event.identifier}/history/post

通过该 Topic 获取设备上报的历史事件数据。数据格式如下。

```
{
"identifier":"BrokenInfo",
"name":" 损坏率上报 ",
"type":"info",
"iotId":"4z819VQHk6VSLmmBJfrf00107e****",
"productKey":"X5eCzh6****",
"deviceName":"5gJtxDVeGAkaEztpisjX",
"gmtCreate":1510799670074,
"value":{
    "Power":"on",
    "Position":{
        "latitude":39.9,
        "longitude":116.38
            }
        },
"time":1510799670074
}
```

历史事件上报的参数说明如表 2-18 所示。

表2-18　历史事件上报的参数说明

参数	类型	说明
identifier	String	事件的标识符
name	String	事件的名称
type	String	事件类型，事件类型参见产品的 TSL 描述
iotId	String	设备在平台内的唯一标识
productKey	String	设备所属产品的唯一标识
deviceName	String	设备名称
gmtCreate	Long	数据流转消息产生时间
value	Object	事件的参数
Power	String	事件参数名称
Position	String	事件参数名称
time	Long	事件产生时间，如果设备没有上报数据，默认采用云端生成的时间

10．固件升级状态通知

Topic:/sys/${productKey}/${deviceName}/ota/upgrade

通过该 Topic 获得设备升级状态消息，即设备固件升级成功或失败的消息。

说明：如果设备有未完成的升级任务，又对该设备发起批量升级任务，后发起的升级任务将升级失败。这种情况下，物联网平台不流转升级失败消息。数据格式如下。

```
{
"iotId": "4z819VQHk6VSLmmBJfrf00107e****",
"productKey": "X5eCzh6****",
"deviceName": "deviceName1234",
"status": "SUCCEEDED|FAILED",
"messageCreateTime": 1571323748000,
"srcVersion": "1.0.1",
"destVersion": "1.0.2",
"desc": "success",
"jobId": "wahVIzGkCMuAUE2gDERM02****",
"taskId": "y3tOmCDNgpR8F9jnVEzC01****"
}
```

固件升级状态通知的参数说明如表 2-19 所示。

表2-19 固件升级状态通知的参数说明

参数	类型	说明
iotId	String	设备ID，设备的唯一标识符
productKey	String	设备所属产品的唯一标识ProductKey
deviceName	String	设备名称
status	String	升级状态 SUCCEEDED：升级成功；FAILED：升级失败
messageCreateTime	Long	消息产生时间戳，单位毫秒
srcVersion	String	升级前的原固件版本
destVersion	String	升级目标固件版本
desc	String	升级状态描述信息
jobId	String	升级批次ID，升级批次的唯一标识符
taskId	String	设备升级记录的唯一标识符

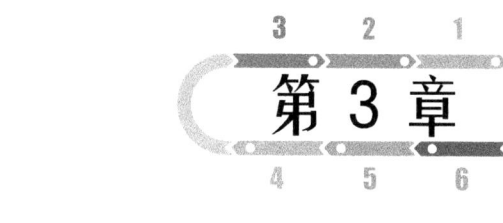

第 3 章

工业互联网平台

工业互联网平台针对具体的接入设备及控制系统，结合各种工业环境和企业需求，采用网关或采集器接入设备及控制系统。

通过工业互联网平台的工业物联网网关，平台提供采集、转换、处理和传输不同厂商品牌工业设备数据、工厂OT组网和通信协议转化等功能模块，并将工业数据与云制造应用、工业大数据应用无缝集成，为生产制造企业提供了工业设备连接和使用云平台服务的便捷方式。

工业互联网平台的建立通常分为3个步骤：首先根据企业的数据采集需求分析，结合管理价值体现，制定初步的数据采集实现方案。通过对企业的设备监测需求的调研和交流，制定出标准的设备监测指标。结合监测指标及企业现场环境，选定最优的监测方式，并制定成标准的监测表，按照采集标准接入设备，实现数据采集。其次，进行数据存储及分析。数据的存储及分析跟数据采集点接入是同步的。采集器将采集到的数据通过有线或者无线的传送方式将数据传输至工业互联网云服务器，平台通过云计算进行数据分析，根据数据类型进行数据封装、建模。再次，进行数据展现。经过存储、分析和封装好的数据，结合平台的数据展现功能，通过标准API接口上行输出，以直观的数据展现形式或标准服务App展现出来。

3.1 数据采集

数据采集系统一般包含3个部分：数据采集与控制端（应用现场）、存储端（云数据中心）、监控端（数据展示）。针对采集控制端，有两种情况及两种采集方式。一种是企业设备没有控制系统，也没有其他方式采集数据，对于这种情况，工业互联网平台一般采用安装传感器和采集器的措施来采集设备数据，这些设备不会影响企业设备的正常使用及现场安全；另一种是设备自身有控制系统，但还没将数据抓取上来，对于这种情况，工业互联网平台通过采集器对接设备的控制系统，将企业所需数据采集上来。

数据采集上来后传至云端，通过平台云数据中心进行数据分析和建模，通过数据脱敏将企业所需数据上传至展示端并展现。通过标准组件及微服务封装，针对具体的展现需求以标准服务 App 输出。因此，数据采集基本原理就是基于用户价值需求将采集的数据以价值呈现的方式表示出来，供企业分析。

3.1.1 阿里云

本操作讲述 MQTT.fx 客户端软件。通过阿里云物联网平台远程控制 ESP8266 点亮/熄灭 LED 的过程。MQTT.fx 客户端软件与 ESP8266 云下设备的关系如图 3-1 所示，MQTT.fx 客户端通过 TCP 连接到阿里云物联网平台，将控制信息通过阿里云物联网平台的云端设备传送至 ESP8266 云下设备，实现对设备的控制。

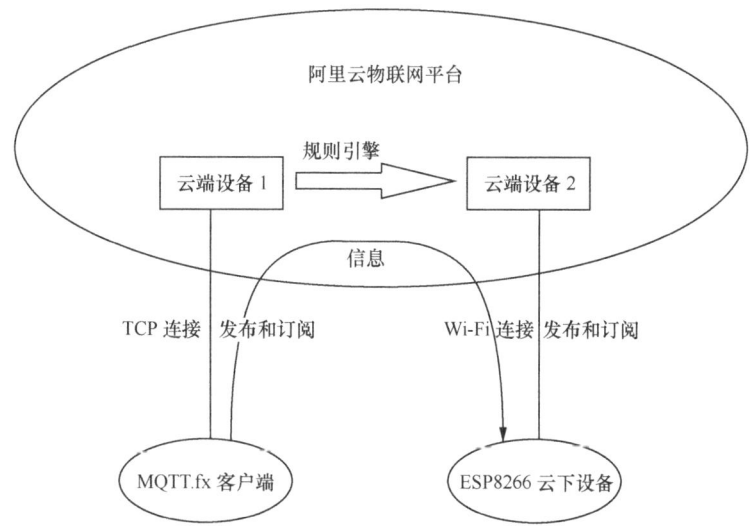

图 3-1 阿里云 MQTT.fx 客户端软件与 ESP8266 云下设备的关系

1. 阿里云物联网平台配置

（1）在阿里云物联网平台中选择"设备管理→产品"，单击"创建产品"，如图 3-2 所示。

（2）在"设备管理→设备"下，单击"添加设备"，产品选择刚刚创建的 TEST，设备名称选择 MQTT@Ali_CloudEndDevice，如图 3-3 所示。

单击"确认"，会弹出三元素设备证书，可先将三元素一键复制到 TXT 文件中，如图 3-4 所示。

图 3-2 创建产品

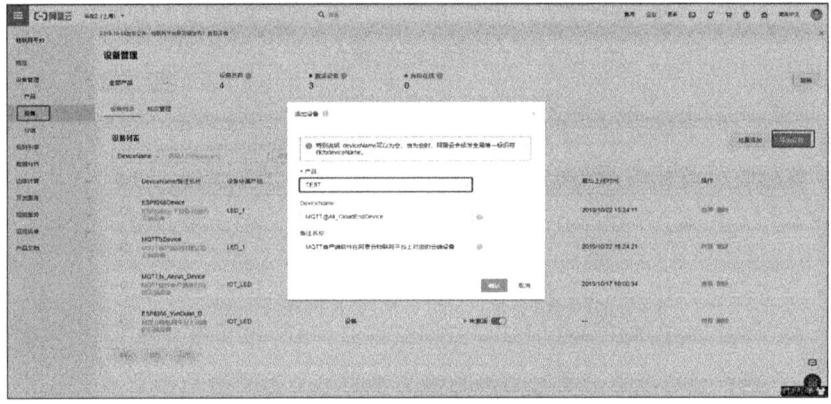

图 3-3 添加设备

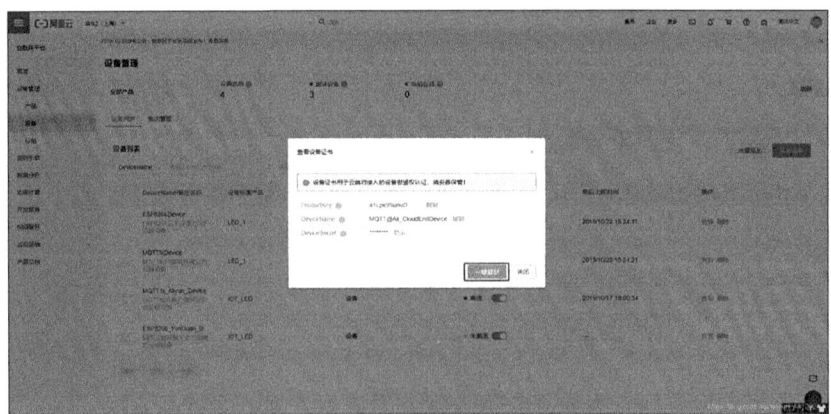

图 3-4 设备证书

此时，新添加的设备显示未激活。

（3）重复步骤（2），再添加一个新设备 ESP8266@Ali_cloudEndDevice，如图 3-5 所示。

图 3-5 添加新设备与设备证书

在设备列表中可以看到，添加的两个新设备都未激活，如图 3-6 所示。

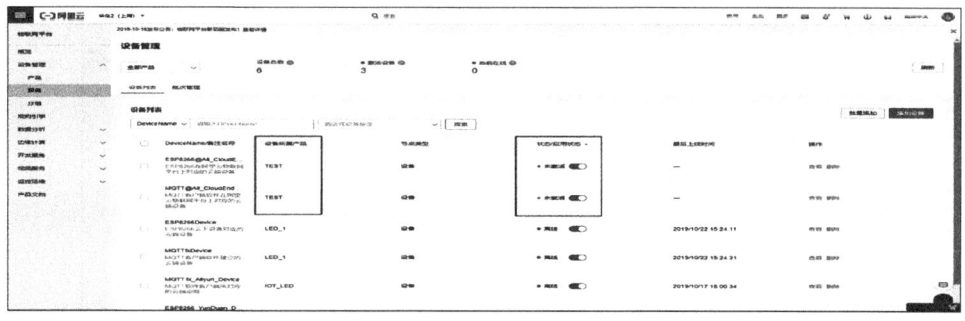

图 3-6 设备列表

（4）单击"产品"栏，双击选择 TEST 产品，可以看到产品信息，选择 Topic 类列表，单击定义 Topic 类为"Button"，设备操作权限选择发布和订阅，如图 3-7 所示。

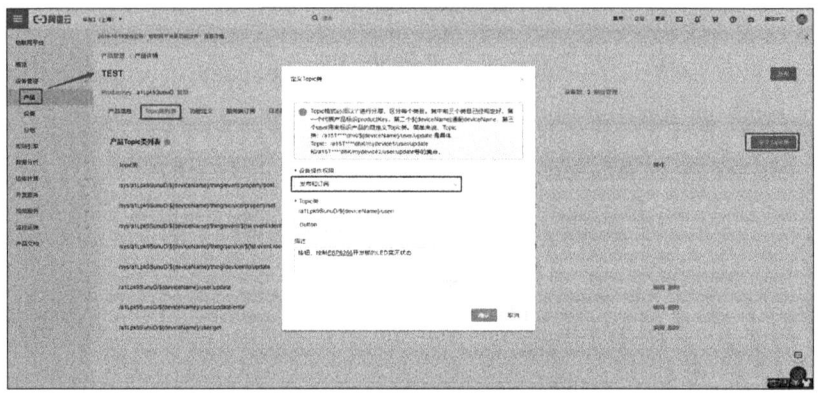

图 3-7　设置设备操作权限

之后用户可以在图 3-8 两个新添设备的 Topic 列表中看到"设备具有的权限"栏中多出了发布和订阅的权限。

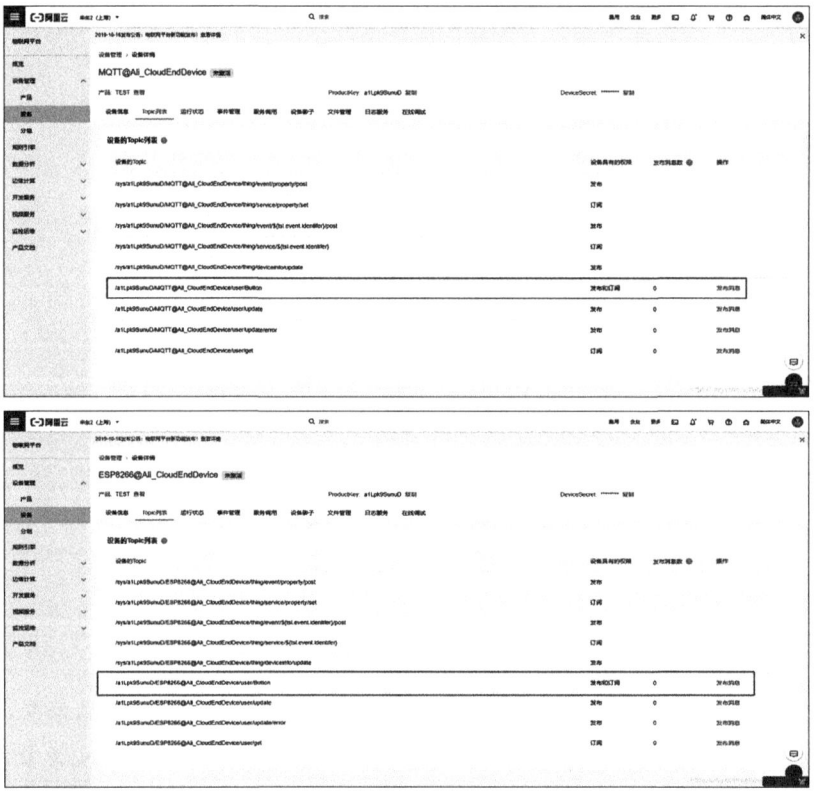

图 3-8　设备 Topic 列表

2. MQTT.fx客户端软件接入阿里云物联网平台

（1）如图3-9所示，打开MQTT单片机编程工具，输入SN/MAC，一般是填写设备序列号或者MAC地址，粘贴步骤1中创建的两个云端设备的设备证书中对应的product_key、device_name和device_secret三元素。输入完三元素后单击"生成基本信息"按钮，生成MQTT域名、ClientID、UserName和Password信息。把两个设备的这些基本信息也保存到前面的TXT文件中，以备后用。

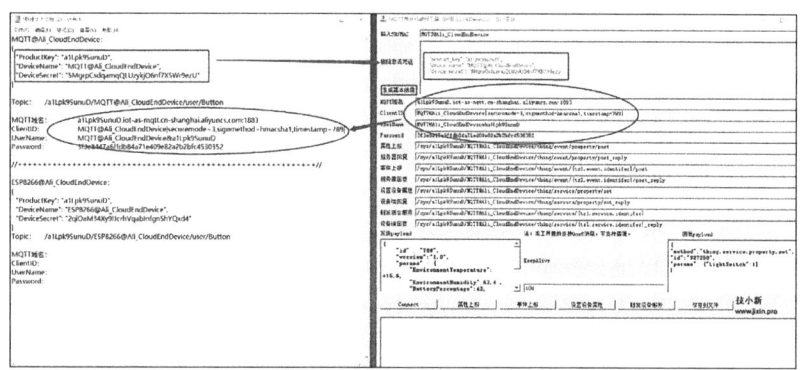

图3-9 MQTT单片机编程工具

（2）打开MQTT.fx软件客户端，选择New Profile，单击右侧设置按钮，然后单击左下角的"+"，进行Profile的各项配置，如图3-10和图3-11所示。

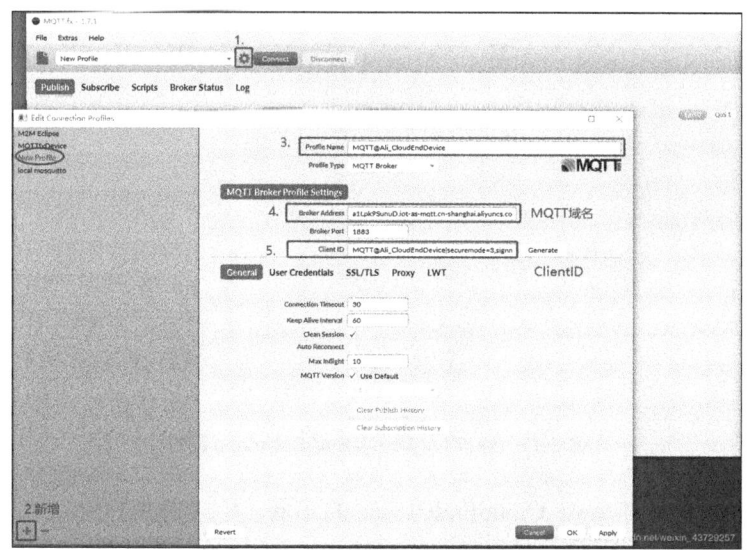

图3-10 MQTT.fx软件客户端Profile配置-General

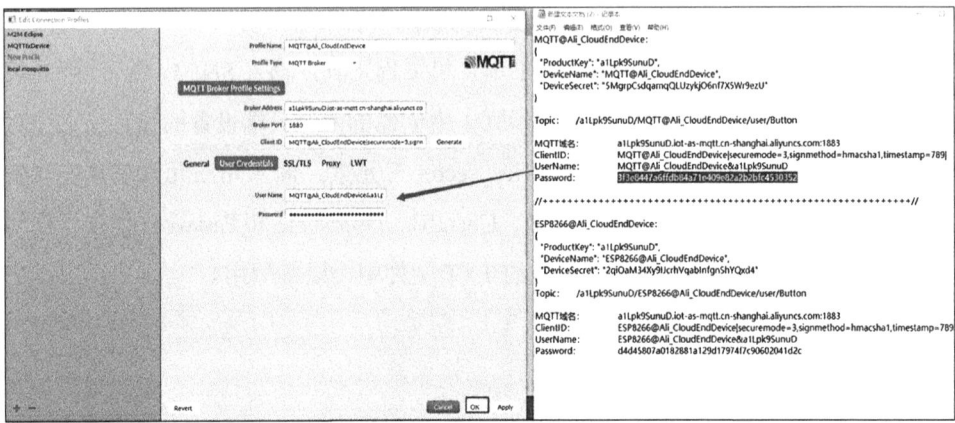

图 3-11　MQTT.fx 软件客户端 Profile 配置 -User Credentials

配置完成后单击"OK"。单击"Connect",右侧绿灯显示 MQTT.fx 客户端软件已经连接上了阿里云物联网平台。

(3)单击"Subscribe",将 MQTT@Ali_CloudEndDevice 的 Topic 复制到 Subscribe,单击"Subscribe"订阅主题,如图 3-12 所示。

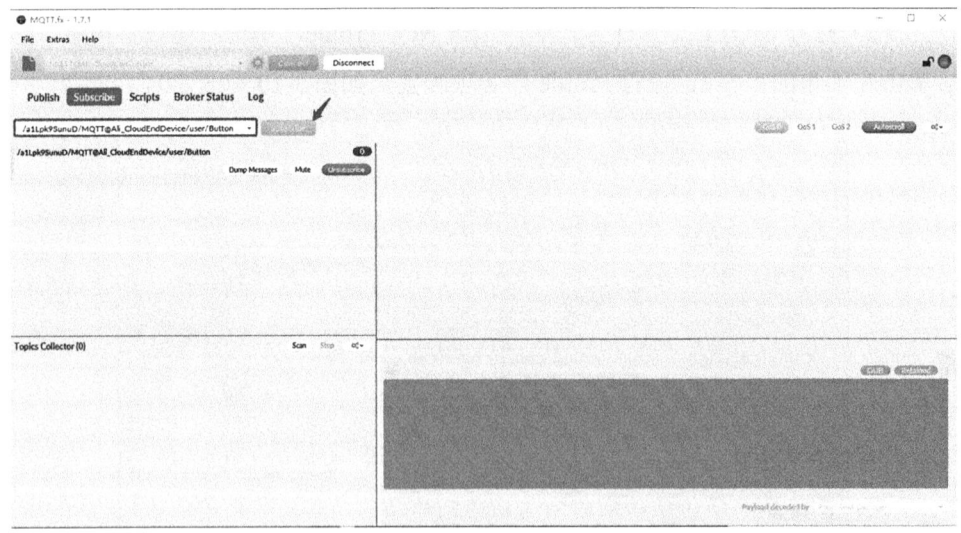

图 3-12　MQTT.fx 软件客户端 Subscribe 配置

(4)将 MQTT@Ali_CloudEndDevice 的 Topic 复制到 Publish,在输入框中输入"hello world",单击"Publish",发布主题,如图 3-13 所示。

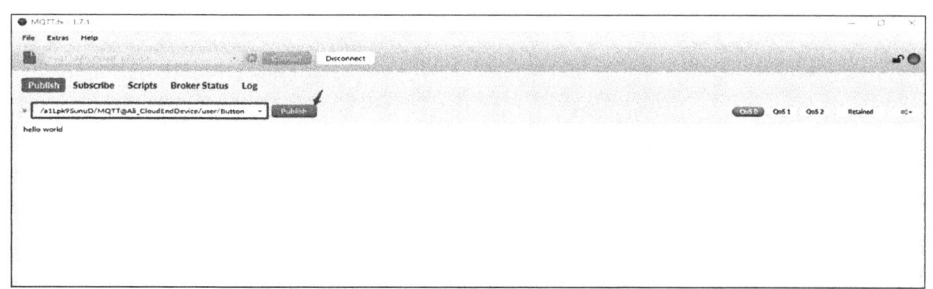

图 3-13　MQTT.fx 软件客户端 Publish 配置

（5）单击"Subscribe"，在 Subscribe 中可以看到，MQTT.fx 订阅消息成功，如图 3-14 所示。

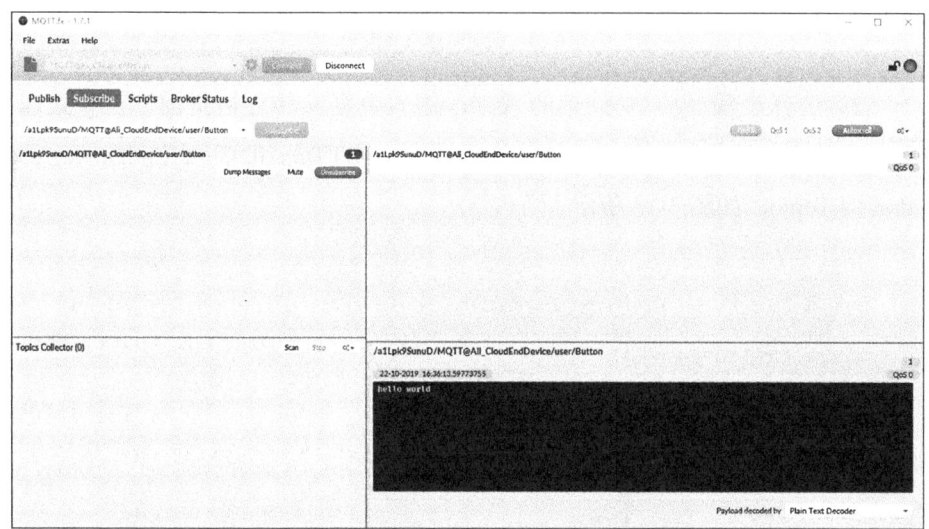

图 3-14　MQTT.fx 订阅消息成功页面

这个过程是 MQTT.fx 客户端软件与阿里云物联网平台建立 TCP 连接后，通过 MQTT.fx 发布消息向阿里云物联网平台传输"hello world"，然后 MQTT.fx 又从阿里云物联网平台订阅消息获取"hello world"。

3．ESP8266接入阿里云物联网平台

（1）在阿里云物联网平台上选择"规则引擎→数据流转→创建规则"。数据流转类型的规则开始对设备上报的数据进行简单处理，并将处理后的数据流转到其他 Topic 或阿里云产品，支持 JSON 和二进制两种数据格式，如图 3-15 所示。

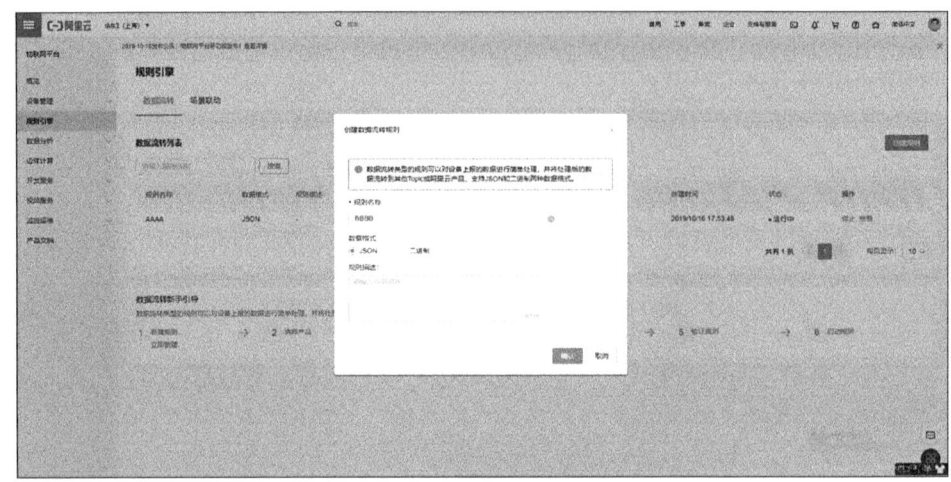

图 3-15 创建数据流转规则

（2）选择步骤（1）中创建的规则，进入数据流转详情页面，在"处理数据"栏中单击"编写 SQL"，选择 1 中建立的 MQTT@Ali_CloudEndDevice/user/Button 的 Topic，如图 3-16 所示。

图 3-16 数据处理——编写 SQL

（3）在"转发数据"栏中单击"添加操作"，选择"发布到另一个 Topic"操作，选择 1 中建立的 ESP8266@Ali_CloudEndDevice/user/Button 的 Topic，如图 3-17 所示。

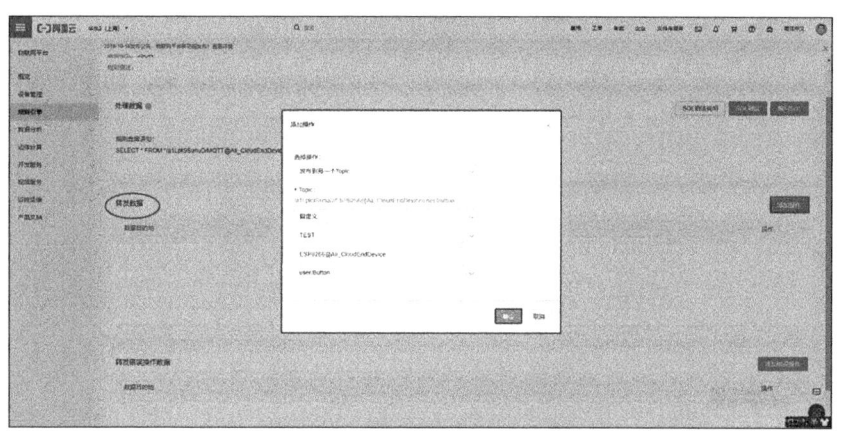

图 3-17　添加操作——数据转发

单击"确定",创建的数据流转规则详情页面如图 3-18 所示。

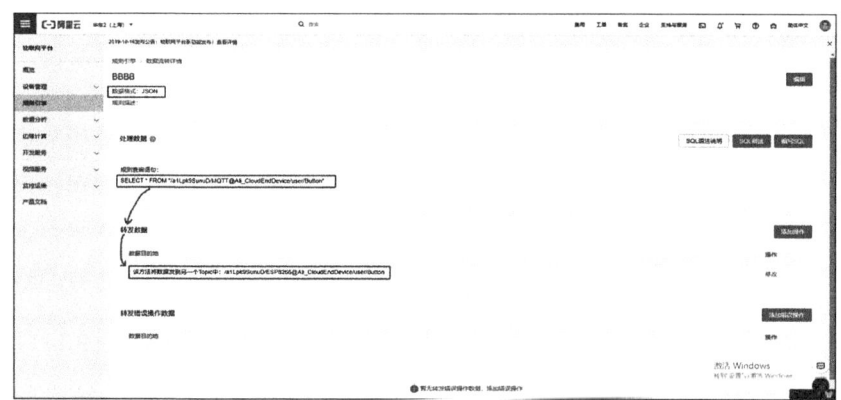

图 3-18　数据流转规则详情页面

返回数据流转列表页面,如图 3-19 所示,可以看到刚才创建的规则状态显示"未启动",需要在操作栏单击"启动"运行规则。

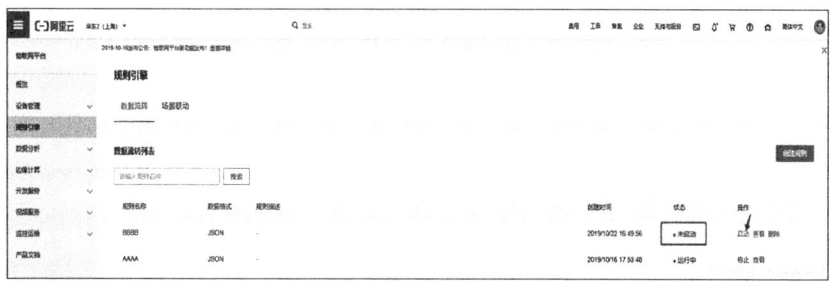

图 3-19　启动数据流转规则

4. 修改ESP8266接入阿里云物联网平台的测试代码

只需要在mqtt_config.h和user_main.c文件中更改相应参数即可，如图3-20所示。

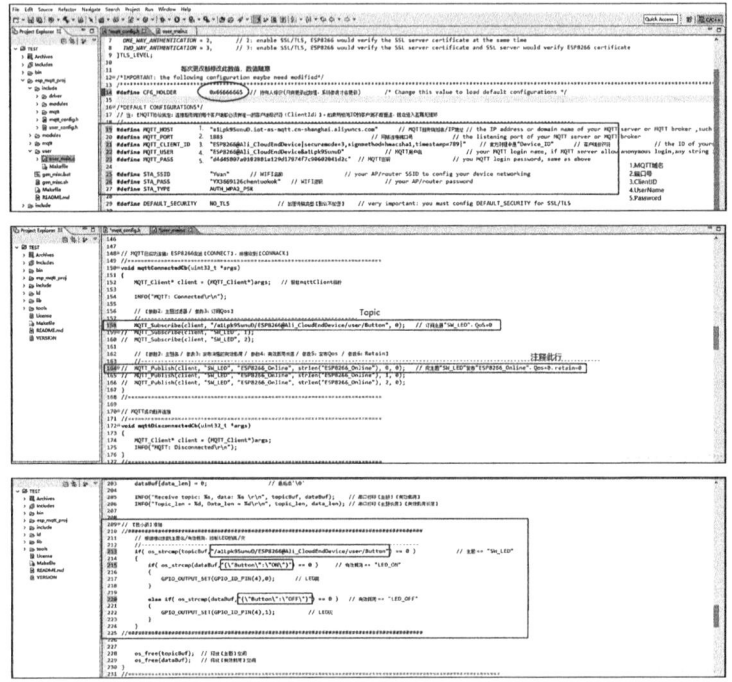

图 3-20　更改参数

修改好后点击"保存"，重新编译代码，下载到ESP8266开发板，如图3-21所示。

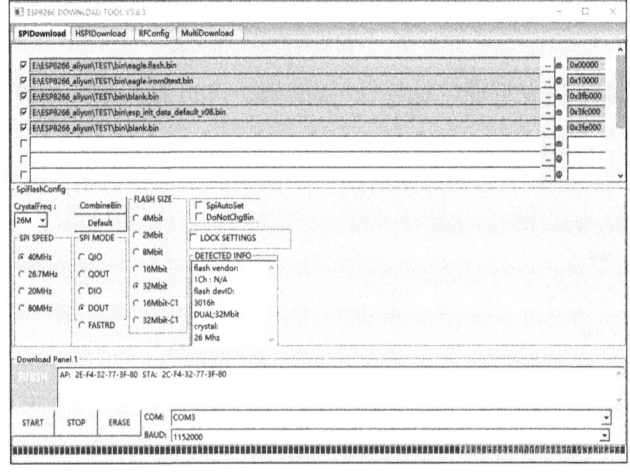

图 3-21　ESP8266 开发板下载页面

5. 测试运行

（1）按下开发板的 reset，等待一会（等待 ESP8266 与阿里云物联网平台建立 TCP 连接成功）。

（2）打开 MQTT.fx 软件客户端，在 Publish 页面选择之前创建的设备 MQTT@Ali_CloudEndDevice/user/Button，输入

{
  "Button":"ON"
}

点击"Publish"按钮，如图 3-22 所示。

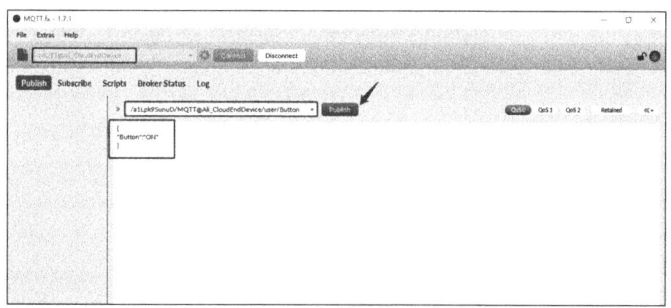

图 3-22　发布"Button ON"命令

（3）在 Subscribe 页面单击"Subscribe"按钮，可以从图 3-23 看到 MQTT.fx 从阿里云物联网平台订阅获取了""Button":"ON""的消息。

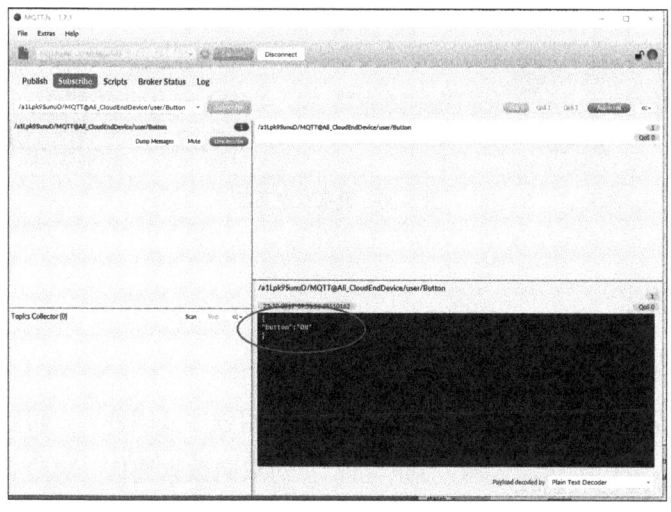

图 3-23　订阅获取"Button ON"消息

（4）单击"Publish"按钮后，可以看到ESP8266开发板上的LED点亮，如图3-24所示。

若 Publish
{
    "Button":"OFF"
}
则LED熄灭。

图 3-24　ESP8266 开发板 LED 被点亮

在阿里云物联网平台上可以看到，此时MQTT.fx对应的云端设备和ESP8266对应的云端设备都已经被激活，如图3-25所示。

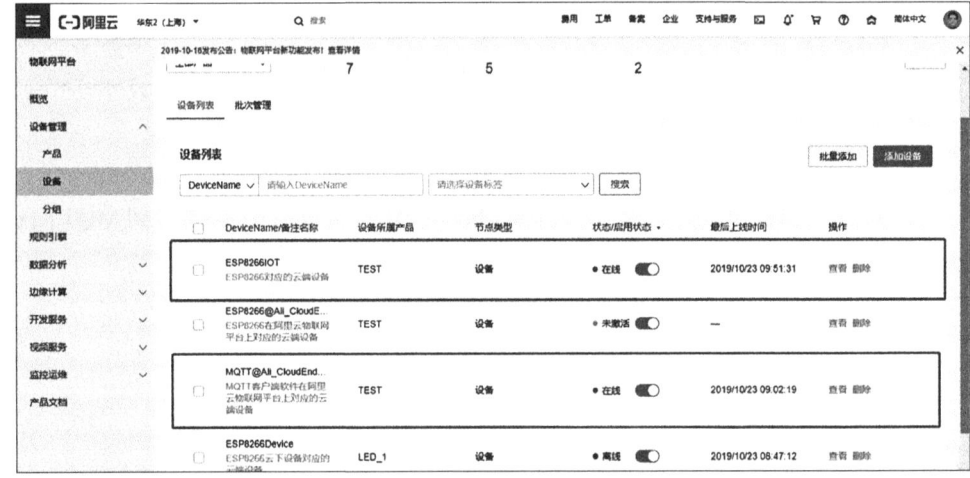

图 3-25　设备状态页面

3.1.2　机智云

1．串口通信协议GAgent

GAgent是运行在各种通信模组上的一款应用程序（固件），可以提供上层应用（手机App等控制端、云端）到产品设备的双向数据通信、对设备配置入网、发现绑定、程序升级等功能。GAgent 实现数据转发，是设备数据、机智云、应用端（App）的数据交互桥梁，如图 3-26 所示，可将 GAgent 移植到 Wi-Fi 模组、GPRS 模组、PC 端等。

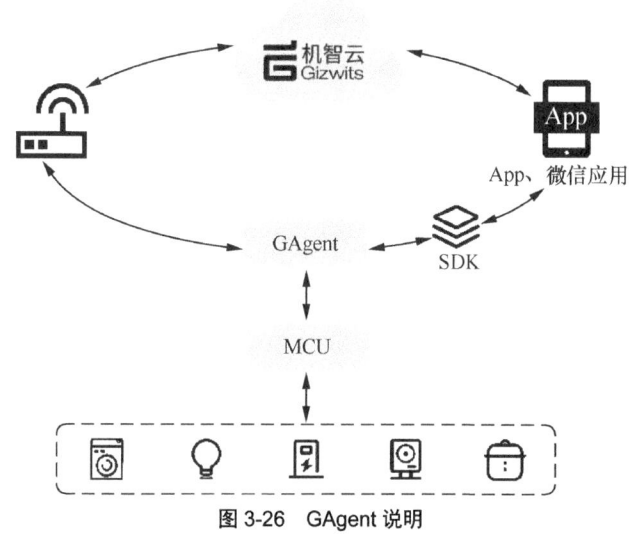

图 3-26　GAgent 说明

产品开发者使用 GAgent 后，只需要关心产品的业务逻辑开发，不用关心数据的通信功能开发，大大降低了开发的难度。目前机智云提供由机智云移植的 Wi-Fi 模组对应的固件有：汉枫 LPB100/LPB120/LPT120/ LPT220、乐鑫 8266、高通 4004、RealTek 8711AM、联盛德 TLN13SP01、锐凌微 TinyCon3350-M26、庆科 3162 等；GPRS 模组对应的固件有：广和通 G510。

将传统设备进行智能化改造，通常要解决以下问题：如何将传统硬件连接互联网？如何实现云端与硬件通信？如何实现应用端（App、微信）与硬件通信？GAgent 方便了传统硬件连接互联网和通信，接下来我们将讲述如何快速实现应用端与硬件通信。

2．创建产品

进入机智云（Gizwits）官网，单击"开发者中心"，这时网页会跳转到开发者中心,首次登录时需要用户注册账号,注册完登录后会进入开发者类型选择页面,选择进入个人开发者,跳转到个人项目的页面,如图 3-27 所示。

图 3-27　机智云实验室

在个人项目页面,单击"创建新产品",这时页面会转到个人产品上的定义,可以根据产品进行分类、命名,以及产品技术方案的选择。这里需要设置"智能家居→配件→灯"的产品类型,名称为"智能 LED",在 Wi-Fi/ 移动网络方案页面中,通信方式选择 Wi-Fi,如图 3-28 所示,最后单击"保存",网页会跳转到产品的开发向导,如图 3-29 所示。

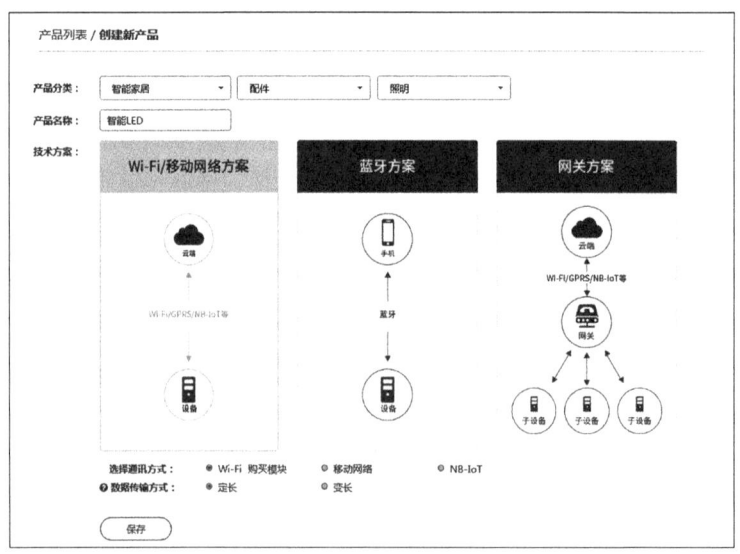

图 3-28　创建新产品

第 3 章
工业互联网平台

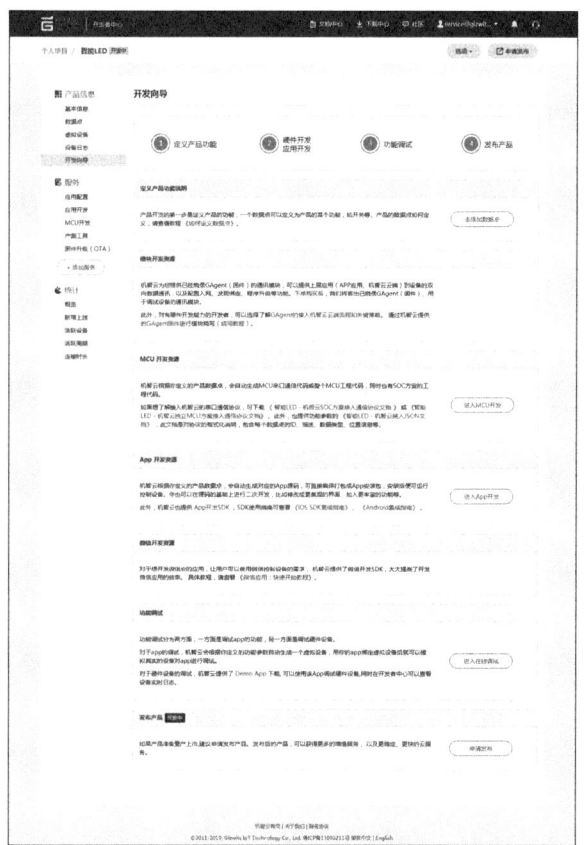

图 3-29　产品开发向导

在这个页面上,可以看到在开发产品中用到的一些功能和资源,如 MCU 开发、产测工具、固件升级 OTA 和统计产品活跃周期等。而在基本信息栏中主要列出了关于产品的一些信息、ProductKey 和 ProductSecret。ProductKey 和 ProductSecret 码是创建新产品时系统自动生成的识别码,如图 3-30 所示,ProductKey 为 32 字节产品标识码,标识码代表着产品的唯一性,相当于代表一个人的身份证。ProductSecret 为产品授权的证明,用以确认用户的身份和使用权限,这个在 App 开发或服务器对接时才会用到。

3．创建数据点

数据点是设备产品的功能的抽象描述,用于描述产品功能及其参数。创建数据点后,设备与云端通信的数据格式即可确定,设备、机智云可以相互识别设备与机智云互联互通的数据，如图 3-31 所示直观表达数据的互联互通性。

图 3-30　产品基本信息

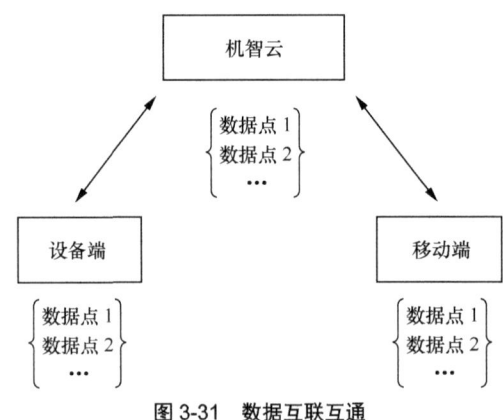

图 3-31　数据互联互通

接下来讲解数据点的定义，以及数据点的创建。

（1）数据点的定义

在个人项目页面左侧栏上，单击"数据点"，然后单击"新建数据点"，会弹出一个配置小页面，如图3-32所示，数据点定义的基本内容可分为标识名、读写类型、数据类型及备注。

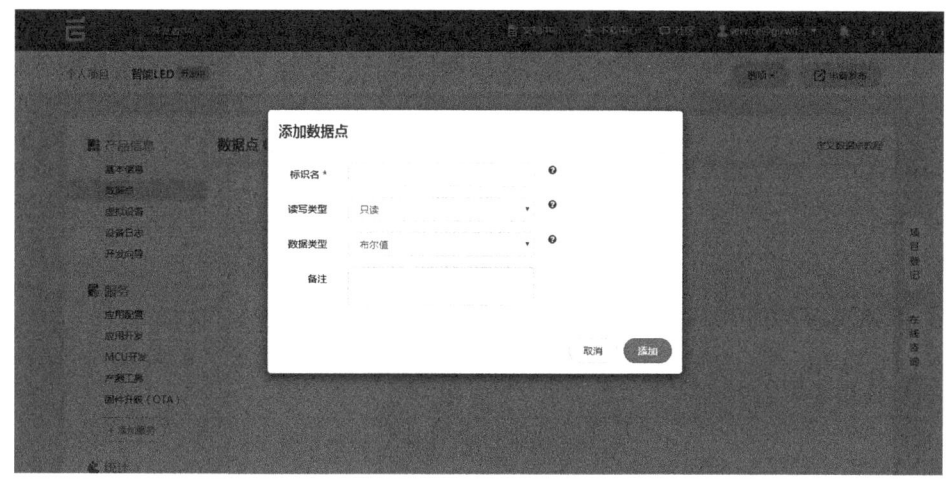

图3-32 数据点定义

1）标识名：数据点名称，在应用层传输、客户端或业务开发时使用。命名的规则需遵循标准的开发语言变量名命名规范，支持英文字母、数字和下画线，以英文字母开头。

2）读写类型：定义数据点的作用范围，包含只读、可写、报警、故障4种类型，以下是官方对读写类型的介绍。

① 只读：表示该数据点为非控制，数据只支持从设备（设备端）上报。

② 可写：表示该数据点可控制。设备端可上报数据点数据，云端/客户端（移动端）可对该数据点数据做出下发控制。

③ 报警：表示该数据点非控制，数据只支持从设备（设备端）上报，数据类型需为布尔值。

④ 故障：表示该数据点非控制，数据只支持从设备（设备端）上报，数据类型需为布尔值。

云端对设备上报的该数据点做统计，可在"运行状态"查看。

3）数据类型：定义数据点数据类型，包含布尔值、枚举、数值，以及扩展，以下是官方对数据类型的介绍。

① 布尔值：表示两个状态 0 或 1。如开关状态等，建议使用布尔数据类型。

② 枚举：可定义一个有限的取值集合。当定义的某个功能（元器件）有固定的若干个值，如"设定 LED 组合颜色"，该数据点的枚举定义值为"自定义，黄色，紫色，粉色"。

③ 数值：填写数值范围，数值可为负数/小数，机智云自动将数值转换为正数。

④ 扩展：填写数据长度，数据内容由用户自定义。对于上述功能点无法满足的复杂功能可采用此类型，机智云不建议使用此类型数据，因为上报该数据点的数据时，机智云无法识别。

4）备注：选填，用一段文本描述当前数据点的功能及定义方法，对字符格式不做限制。只用于数据点的易读性。

若想实现控制 LED 灯，数据点可以设置为可写、布尔值类型，若想实现监控室内温湿度，可以增加一个只读、数值类型的数据点，温度和湿度就可以推送到手机或云端上了。在检测时，若想实现当温度达到一个上限值或下限值给手机发送一个实时信息，那么在设备端增加一个报警属性数据点就可以了。

（2）数据点的创建

在这里创建一个数据点，标识名为 **LEDonoff**、读写类型选择可写、数据类型选择布尔、备注为控制 LED 灯，如图 3-33 所示，单击"添加"，这时页面显示红色框的内容，提示数据点已被修改，单击"应用"，数据点就创建成功了，如图 3-34 所示。

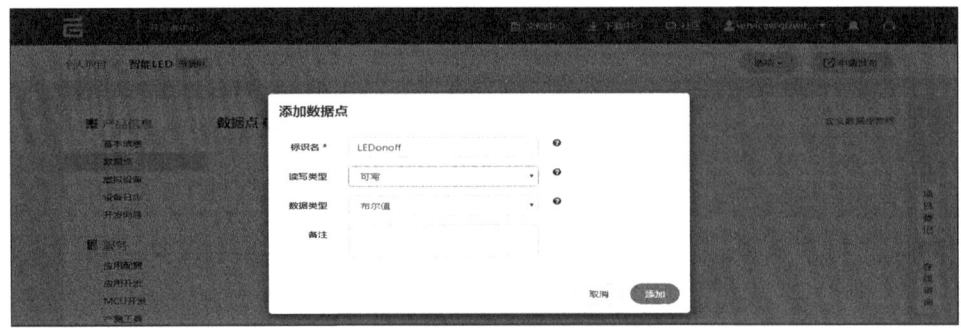

图 3-33 创建数据点

图 3-34　数据点创建成功

4．虚拟设备

在左侧栏的产品信息，可以看到虚拟设备功能，虚拟设备能模拟真实设备的上传数据行为，快速地验证接口功能的开发。如果终端设备没做好，但是又想验证功能逻辑，那么这时虚拟设备功能就可以派上用场了，它在产品开发前会显得尤其重要，如图 3-35 所示。

图 3-35　虚拟设备

3.1.3　航天云网

1．航天云数据采集器介绍

航天云网针对具体的接入设备及控制系统，结合各种工业环境和企业需求，自主研发了多种采集器和网关，具体采用何种网关或采集器视现场具体接入设备及控制系统、企业实际工作环境及具体需求，衡量各种因素最终确定。下面以 INDICS EDGE 网关为例做介绍。

INDICS EDGE 产品是一款航天云网自主研发，连接 INDICS 工业互联网平台的工业物联网网关，提供采集、转换、处理和传输不同厂商品牌工业设备数据、工厂 OT 组网和通信协议转化等功能模块，并将工业数据与云制造应用、工业大数据应用无缝集成，为生产制造企业提供了工业设备连接并使用 INDICS 云平台服务的便捷方式。该产品具备良好的通用性和扩展性，经过工业级验证，适用于恶劣的工业环境（IP65 以上），通过丰富的接口和可配置的软件功能，支持多种通信协议和串口、网口接入，为设备及机器数据采集提供了载体。

2. 采集点接入

根据企业的数据采集需求分析，结合管理价值体现，制定初步的数据采集实现方案。首先，通过对企业的设备监测需求的调研和交流，制定出标准的设备监测指标。这些监测指标符合企业的需求，更能通过这些监测指标给企业带来监测价值，达成数据采集的目标。其次，基于数据采集基本原理，结合监测指标及企业现场环境，选定最优的监测方式，并制定成标准的监测表，按照采集标准接入设备，实现数据采集。

3. 数据存储及分析

数据的存储及分析跟数据采集点接入是同步的。采集器将采集到的数据通过有线或者无线的传送方式传输至 INDICS 平台云服务器，安全等级为最高级，确保数据的保密性及完整性，且数据传输实时精准。平台通过云计算进行数据分析，根据数据类型进行数据封装、建模，通过封装形成标准组件或微服务框架，通过标准 API 接口上行输出，以直观的数据展现形式或标准服务 App 展现出来。

4. 数据展现

通过数据的存储分析，结合平台的数据展现功能，数据最终是以直观的方式展现出来。设备数据展现形式有两种：设备实时数据和设备历史数据。实时数据与采集现场同步，对于关键指标的了解有一定的直观性。历史数据可以通过平台的查询功能进行查询，可追溯近 3 年的历史数据，包括阶段性数据、统计数据、异常统计等。实时数据和历史数据展现如图 3-36 和图 3-37 所示。

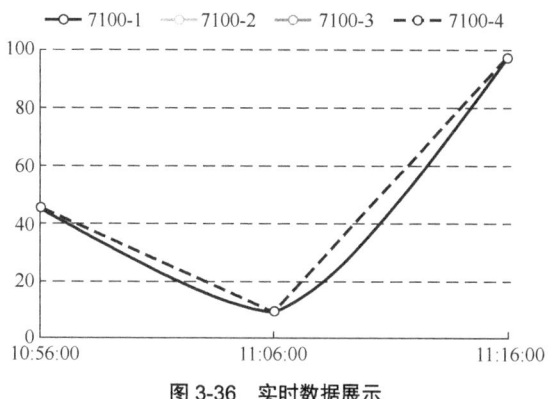

图 3-36 实时数据展示

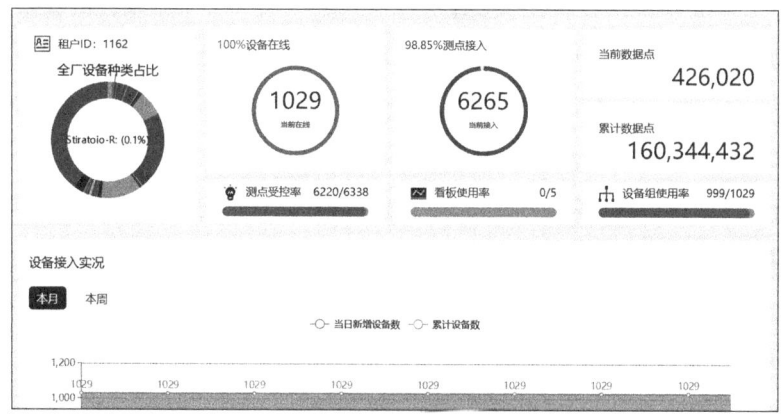

图 3-37 历史数据展示

3.1.4 盛原成

盛云平台中的数据采集平台，负责与现场设备通信，采集设备的实时参数，同时可将参数上传至云端盛云平台。工业互联网中数据采集结合用户所处的场景和现场条件，可以采用不同的数据采集方案，通过多种方式实现。

1．syc 智能网关

盛原成 S202 物联网智能网关（见图 3-38）是广州盛原成科技有限公司出品的一款基于工业物联网架构设计的工业级嵌入式软硬一体设备，具有丰富的通信 IO 接口和高性能的运算处理能力，可以实现多种数据采集、通信规约转换、远程调试、智能监测管理和远程运维等多种应用。网关在可靠性、稳定性、EMC

防护能力等方面采用了成熟的专业设计，在物联网领域有广泛的应用前景。

- 支持多平台：支持公有云物联网平台及私有云物联网平台的数据对接，工业物联网网关从工业设备或系统采集相关数据，支持MQTT等主流的传输协议。
- 边缘计算：盛原成物联网智能网关具备边缘计算功能，能实现工业现场数据的基本处理。能在生产环境的边缘部署，可以保证数据不受远程网络可靠性的制约，提供低时延的边缘分析能力，同时降低远程数据上传的流量。

图 3-38　盛原成 S202 物联网智能网关

- 远程运维：具备远程协助功能，可对现场的网关进行实时诊断，只要现场具备能上网的计算机，简单配置上远程协助软件即可实现实时数据监测、通信报文诊断、设备日志分析等功能，并可实现对设备控制系统的远程调试、编程等操作。
- 接口：支持多种通信链路，如RS232/485、以太网等；支持采集工业现场的多种工业设备协议，并以多种工业设备协议向其他系统或设备提供数据分发服务，如OPC、OPCUA、Modbus、IEC61850、IEC60870、DNP3、BACnet、PLC、继电保护、测控装置、各种智能仪表等，网关需自带4G、WiFi、以太网等接口。
- 安全管理：网关具备严格的用户权限管理、日志管理、记录用户执行的敏感性操作行为，确保网关的安全，并能实现跟公有云平台对接的安全管理，确保工业企业的数据安全和设备安全。

2. 软网关

盛云圈 CMS 软件是盛原成自主研发，专为装备制造业提供设备/产线智能化的软件解决方案，同时也是为中小工业企业提供快速实现工厂数字化的解决方案，其中的软网关是 CMS 盛云圈软件中的数据采集驱动模块（IOService），允许独立部署和运行。使用软网关，用户可以通过更低的硬件成本实现对设备或本地部署的第三方系统的数据采集。

CMS 采集驱动具备以下特点。

（1）支持多设备、多 IP 同时接入。

（2）支持断点重连、续传。

（3）支持设备参数可配置。

（4）支持数据点可配置。

（5）支持分布式部署。

（6）支持多数据类型、不连续的数据点实时读取及写入。

CMS 支持多种工控通用标准及设备专用底层通信协议。

（1）S7：西门子 PLC 系列 S7200smart、S7300、S7400、S71200、S71500。

（2）OPC_DA/OPC_UA：所有能配置相应地址接入 OPC 服务器的设备。

（3）Modbus：支持 Modbus 通信协议的网关、PLC 等。

（4）FINS TCP：欧姆龙系列 PLC。

（5）MELSEC：三菱系列 PLC。

（6）MQTT：数据可上传华为云、NC-LINK 机床云、阿里云等，支持数据同步云端。

（7）WebService：支持 WebService 和 WebAPI 接口，数据传输给工厂第三方 MES、ERP 等系统。

CMS 支持的通信接口：

支持以太网 TCP/IP 及 UDP 数据读写操作。

3．SIOT

云萃 SIOT 是盛原成自主研发的数据采集软硬件产品，在软网关 IoService 的基础上，用 C++ 代码进行重构，拥有数据采集性能更高、占用资源更少的优点，兼容性强，软件可单独部署于 Windows 系统或者容器化部署于 LINUX 系统，使用网页进行 IDE 的组态。

云萃 SIOT 具有以下特点。

（1）边云结合，与 SLM 配合可实现工艺优化控制、预测性维护等边缘计算场景。

（2）支持多设备、多 IP 同时接入。

（3）支持 VPN 反向代理远程运维，远程修改控制器 PLC 程序。

（4）支持断点重连、续传。

（5）支持设备参数可配置。

（6）支持数据点可配置。

（7）支持分布式部署与负载均衡。

（8）支持多数据类型、不连续的数据点实时读取及写入。

云萃 SIOT 支持多种工控通用标准及设备专用底层通讯协议。

（1）S7：西门子 PLC 系列：S7200smart、S7300、S7400、S71200、S71500。

（2）OPC_DA/OPC_UA：所有能配置相应地址接入 OPC 服务器的设备。

（3）Modbus：支持 Modbus 通信协议的网关、PLC 等。

（4）FoCAS：支持发那科 FANUC 数控系统的数据采集。

（5）FINS TCP：欧姆龙系列 PLC。

（6）MELSEC：三菱系列 PLC。

（7）MQTT：数据可上传盛云平台、华为云、NC-LINK 机床云、阿里云等，支持数据同步云端。

（8）WebService：支持 WebService 和 WebAPI 接口，数据传输给工厂第三方 MES、ERP 等系统。

云萃 SIOT 分布式部署与负载均衡。

（1）通过分布式架构采集更多的点数，突破单个 SIOT 的性能瓶颈，从而能够完成更大的项目。

（2）通过负载均衡达到防灾的作用，在单个 SIOT 故障时将其负载转移到其余节点进行采集，合理利用单个 SIOT 的性能。

（3）通过拖拉拽的网络架构组态方式，快速组建车间/产线管控系统及各工作站操作台的 CS 架构。

（4）通过可视化界面配置，将 CMS 二次开发的页面轻松分发到指定的轻量化 SIOT 智能站点。

（5）SIOT 可用作 CMS 的客户端站点，快速实现工位扫码防呆、工位报工、SOP 指引呈现等。

4. 二维码

除了智能网关和软网关的数据采集方式，盛云平台还提供二维码接入的功能，通过建立设备唯一的二维码建立设备用户、设备基础资料、设备监控画面看板、配件资料、设备运维知识库等信息关联，实现设备数据的接入并通过微信、小程序、手机 App 的扫码功能查看关联设备数据。

5．盛云平台数据采集实践

（1）软网关数据采集配置

软网关包括配置管理工具（CMSExplorer）、后台数采服务（IOService）。通过软网关实现数据采集，需要先配置设备采集点信息，下面以 Modbus-TCP 为例，配置过程如下。

1）打开配置管理工具，新建工程项目，自定义项目名称。

2）右键"变量管理"中的子项"IO 变量"，选择新建协议，然后选择其中一个设备厂家的驱动，比如选择施耐德的 Modbus TCP 驱动（可重复创建多个通信驱动协议），如图 3-39 所示。

3）选中 Modbus TCP，右键新建设备（可重复创建多个设备），填入设备的名称及描述，单击"下一步"，如图 3-40 所示。

图 3-39　新建采集协议

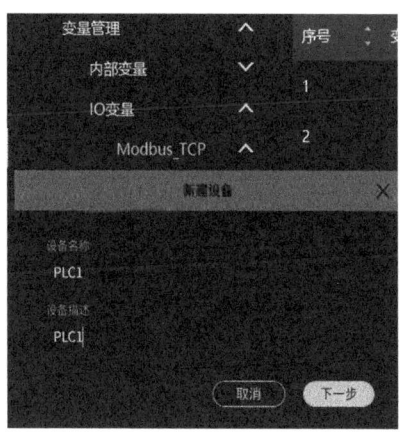

图 3-40　新建设备

4）填写通信协议参数，包括 IP 地址、端口号、设备 ID 号、32 位字节顺序等，如图 3-41 所示。

① IP 地址：设备 IP 地址或域名。

② 端口号：设备 IP 地址端口，默认为 502。

③ 设备 ID：设备地址，以 Modbus 服务端设置为准。

④ 32 位字节顺序：32 位变量的字节高低位顺序，以 Modbus 服务端设置为准。

⑤ 超时时间：网络超时（默认 1 秒）。

5）为了方便用户管理，软件提供了自定义变量分组管理功能，变量组是管理从设备采集上来的数据的一个小模块，采集上来的数据统称变量。选中 PLC1，右键新建变量组，填入自定义组名，如图 3-42 所示。

图 3-41　填写通信协议参数

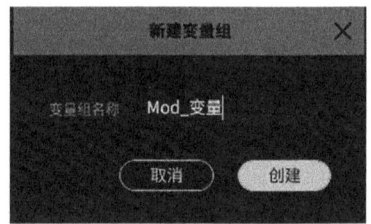
图 3-42　新建变量组

6）点击变量组，进入变量创建页面，即可在当前所选变量组内新建和管理变量，如图 3-43 所示。

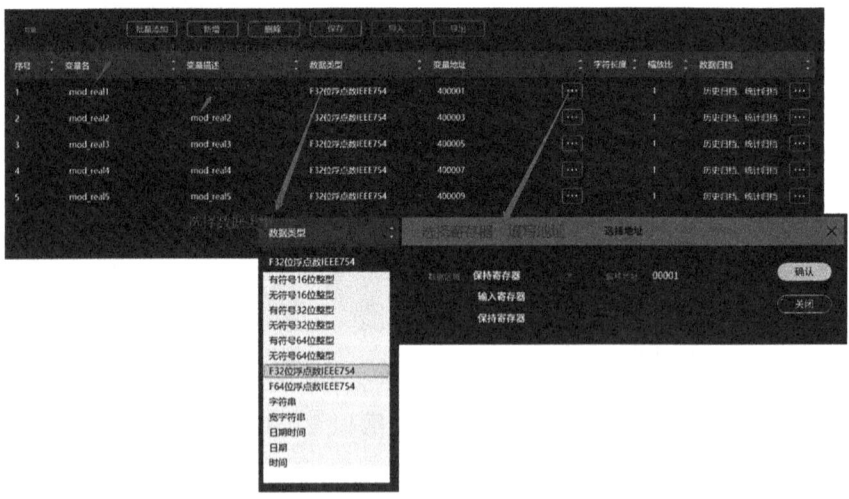
图 3-43　变量创建

变量的配置信息一般由 PLC 工程师通过变量点表（包括变量地址、数据类型、长度、变量描述等）提供，用户再结合对应的变量点表进行配置。

① 变量名：只能输入字母（区分大小写）、数字、下画线、点，且只能以字母或下画线开头。变量名作为系统全局变量的唯一标识，系统可自动检测防止在工程中出现内外部变量重名。

② 变量描述：可以输入任意字符串，辅助理解变量含义，是选填项。

③ 可配置变量的数据归档，类型包括历史归档和统计归档，用于后期数据管理。

④ 数据类型：不同数据类型填写的字段项有所区别，有效填写均为整数，变量信息如表3-1所示。

表3-1 变量信息

数据类型	变量地址	字符长度	缩放比	小数点保留位数
二进制变量	必填，遵循格式	无	无	无
有符号8位整型	必填，遵循格式	无	不填默认为1	选填
无符号8位整型	必填，遵循格式	无	不填默认为1	选填
有符号16位整型	必填，遵循格式	无	不填默认为1	选填
无符号16位整型	必填，遵循格式	无	不填默认为1	选填
有符号32位整型	必填，遵循格式	无	不填默认为1	选填
无符号32位整型	必填，遵循格式	无	不填默认为1	选填
有符号64位整型	必填，遵循格式	无	不填默认为1	选填
无符号64位整型	必填，遵循格式	无	不填默认为1	选填
F32位浮点数 IEEE754	必填，遵循格式	无	不填默认为1	选填
F64位浮点数 IEEE754	必填，遵循格式	无	不填默认为1	选填
文本变量8位字符集	必填，遵循格式	必填	无	无
文本变量16位字符集	必填，遵循格式	必填	无	无
字符串	必填，遵循格式	必填	无	无
日期	必填，遵循格式	无	无	无
时间	必填，遵循格式	无	无	无

7）如果要做数据归档及统计归档，需点击历史归档、统计归档选项，会弹出配置窗口，配置过程如图3-44所示。

（2）数据上云配置

系统提供MQTT、HTTPS协议，支持将采集到的数据上传至云平台。用户可以通过自定义配置，来根据自身需求选择需要上传到云平台的数据。具体配置过程如下。

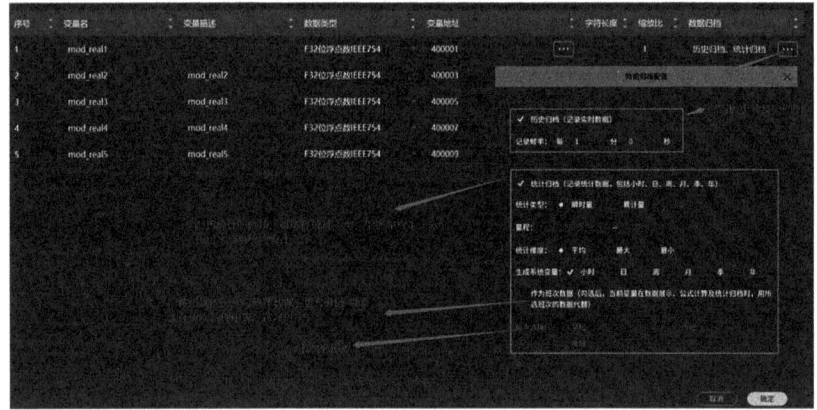

图 3-44　数据归档配置

用户可以配置需要上传数据至云端的变量，在盛云平台查看，盛云平台同样支持画面组态。

1）右键单击左侧树状菜单的"上云配置"，选择新建上云项目，如图 3-45 所示。

2）填写项目名称、域名（由云平台运营商提供）、云网关、上传频率，然后勾选是否激活（激活项目才可上传数据），单击"创建"。右键单击项目名称可以修改配置。

3）右键单击项目，选择新建设备，填写设备名称、云设备 ID（上云设备唯一标识符，由云平台运营商提供），单击"创建"新建设备，如图 3-46 所示。

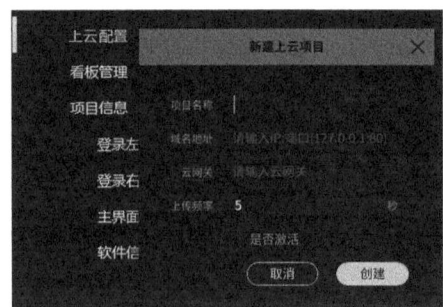

图 3-45　上云配置

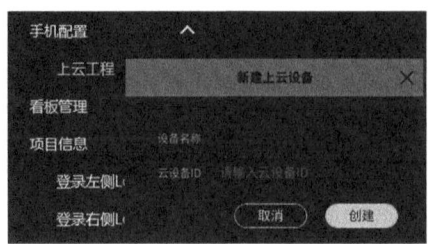

图 3-46　新建上云设备

4）上云变量配置界面，包括新增、删除、保存、导入、导出功能，支持点表全局导入导出，如图 3-47 所示。

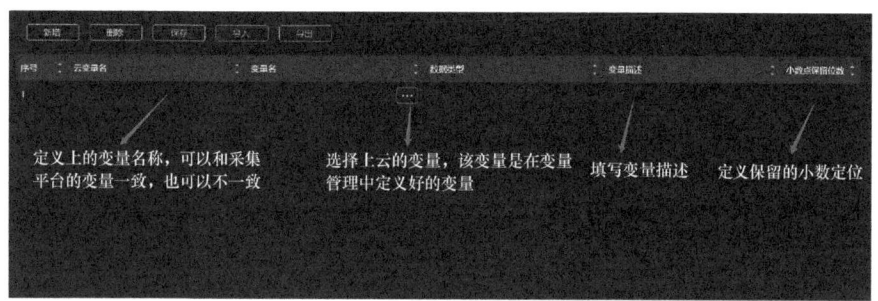

图 3-47　上云变量设置

单击"变量名"下的"选择"按钮，会弹出当前系统中所有的内外部变量的选择窗口，从中选择需要上云的变量并确认选择后，其他字段会自动填充，保存后即完成上云配置。当系统启动运行时，软网关则会自动启动服务，实现实时上传数据。

3.2　数据管理与分析

3.2.1　阿里云

用户可以使用该功能存储设备运行时的数据。物联网平台免费提供 30 天的存储时间，若用户需要存储更久，可以使用 IoT 数据存储功能，新建数据存储并设置期望存储时长。用户可以使用分析透视功能对存储下来的数据进行分析。

说明：

未设置物模型的设备数据不会在此存储。

数据分析产品尚在公测期间，公测期内可免费使用。

设备数据源中默认为物联网平台的所有产品配置了免费存储的产品列表，详细内容请参见"免费存储的产品列表"。

1. 操作步骤

（1）登录物联网平台控制台，在左侧的导航栏选择"数据分析"。

（2）在数据分析页面上方导航栏中，选择"数据源"。

（3）在设备数据源页面，单击添加设备数据源，如图3-48所示。

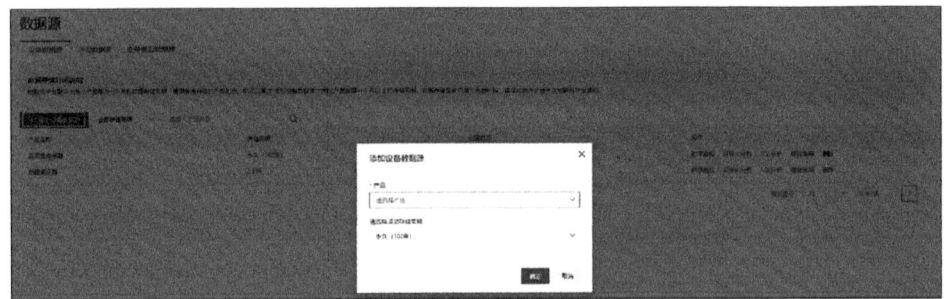

图3-48　添加设备数据源

（4）选择产品和滚动时间周期。

滚动时间周期可以月（30天）、年（365天）为单位设置，也可以选择永久。

如果在2019年3月1日选择存储两个月的数据（60天），那么数据存储周期为2019年3月1日至2019年4月29日。

数据列表中会显示新建完成的数据存储任务。用户可以编辑或删除该任务。

2. 免费存储的产品列表

在设备数据源页面，单击数据源列表上方数据存储时间说明中的免费存储的产品列表，如图3-49所示。

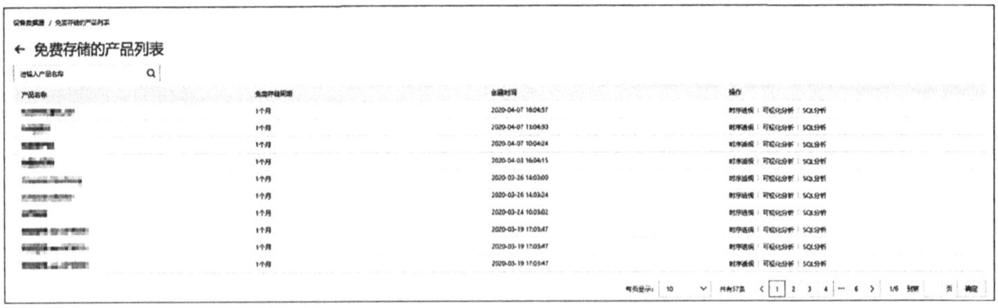

图3-49　免费存储的产品列表

用户可以通过产品名称模糊搜索定位到目标产品后，对设备数据进行分析透视。

3．后续步骤

用户可对设备数据源进行分析透视。

（1）时序透视

时序透视能够对连接到物联网平台上的设备时序数据进行任意历史时间段的查询、分析。使用时序透视功能，用户无须做其他额外的复杂操作，就可以全面了解和观察设备的属性、事件数据。

1）前提条件

已在物联网平台上创建好产品和设备。详细操作指导请参见"创建产品"和"单个创建设备"。

已根据物模型完成功能定义。详细操作指导请参见"单个添加物模型"。

2）创建时序透视

① 登录数据分析控制台，在顶部导航栏上选择分析透视，进入时序透视页签，如图3-50所示。

图3-50 时序透视页面

说明：上面时序透视的快照图，需要在时序透视工作台中保存后才会生成。

单击列表中时序分析卡片右上角的︙图标，可执行克隆、修改信息、删除操作。

② 单击新建时序透视，在新建时序透视弹框中配置参数，如图3-51所示。

③ 单击"确认"，进入时序透视工作台，如图3-52所示。

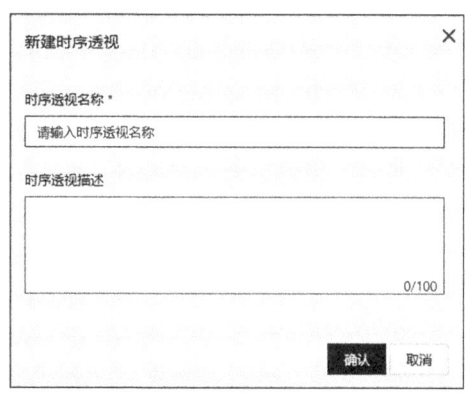

图3-51 新建时序透视

说明：本文图片所示为默认主题（亮色）。物联网数据分析支持设置工作台主题样式功能，用户可单击工作台右上角的设置按钮✿，修改主题为暗色主题。

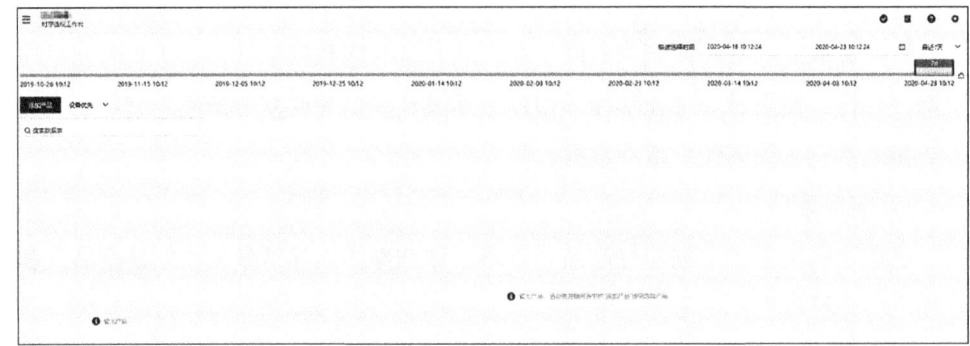

图 3-52　时序透视工作台

④ 单击"添加产品"，在添加产品对话框中选择需要添加的产品，如图 3-53 所示。

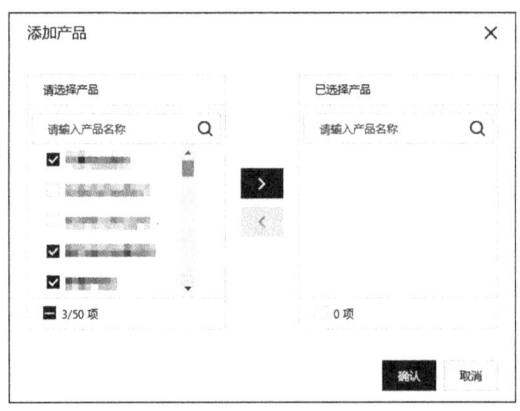

图 3-53　添加产品页面

说明：当前最多可以选择 20 个产品。产品下拉列表最多显示最近创建的 50 个产品，用户可以通过搜索产品名称，搜索到所有已创建的产品。

产品添加完成后，用户可以根据需要选择设备优先或属性优先的方式来显示已添加的产品。

选择设备优先，效果如图 3-54 所示。

选择属性优先，效果如图 3-55 所示。

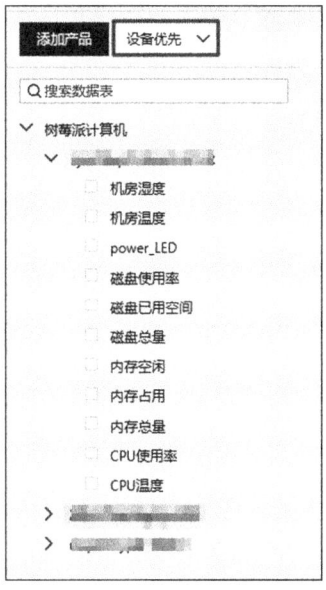
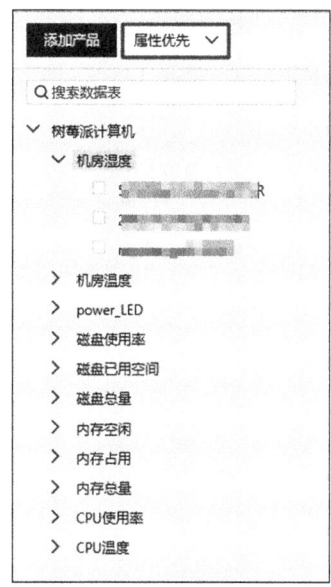

图 3-54 设备优先效果　　　　　图 3-55 属性优先效果

⑤ 在左侧的属性、事件标签选择区选择一个或多个属性标签后，右侧会出现折线时序图（见图 3-56）。

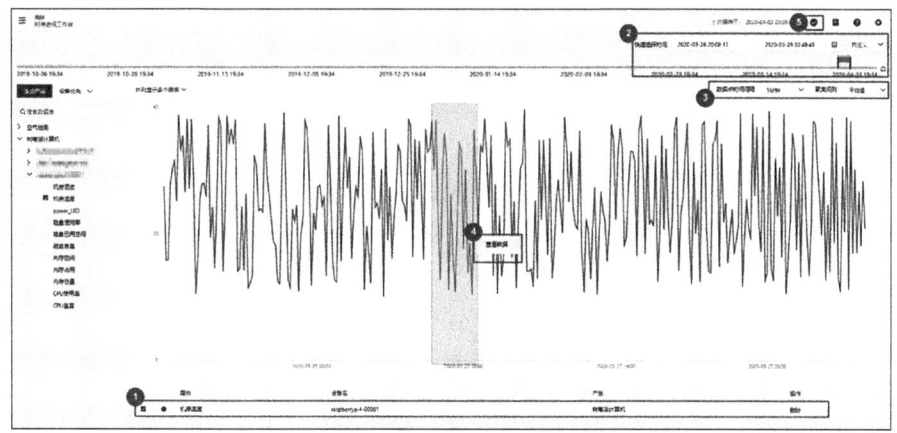

图 3-56 折线时序图

说明：属性、事件的数据类型必须是数值类型和布尔类型，非度量的属性、事件无法以时序分析。左侧的属性、事件标签选择区最多只能选择 5 个，选中的标签会同时展示在右侧。

用户可以通过以下一系列的操作，分析并保存单个设备时序数据的分析。

在图 3-56 中 ❶ 的位置，选中一个标签进行分析。

在图 3-56 中 ❷ 的位置，设置该标签时序图的时间区域。

在图 3-56 中 ❸ 的位置，设置时序图的数据点时间间隔和聚集规则。

在图 3-56 中 ❹ 的位置，在图表上框选某一时段的曲线区域，然后单击显示属性信息，可以查看该时间段所有设备属性的具体信息，如图 3-57 所示。

产品	设备	时间	标签	标签类型	值
树莓派计算机	raspberrypi4-00001	2020-03-27 08:25:00	机房温度	属性	36.52
树莓派计算机	raspberrypi4-00001	2020-03-27 08:20:00	机房温度	属性	10.34
树莓派计算机	raspberrypi4-00001	2020-03-27 08:15:00	机房温度	属性	18.57
树莓派计算机	raspberrypi4-00001	2020-03-27 08:10:00	机房温度	属性	13.78
树莓派计算机	raspberrypi4-00001	2020-03-27 08:05:00	机房温度	属性	30.21
树莓派计算机	raspberrypi4-00001	2020-03-27 08:00:00	机房温度	属性	17.61
树莓派计算机	raspberrypi4-00001	2020-03-27 07:55:00	机房温度	属性	33.29
树莓派计算机	raspberrypi4-00001	2020-03-27 07:50:00	机房温度	属性	34.43
树莓派计算机	raspberrypi4-00001	2020-03-27 07:45:00	机房温度	属性	20.9
树莓派计算机	raspberrypi4-00001	2020-03-27 07:40:00	机房温度	属性	10.82
树莓派计算机	raspberrypi4-00001	2020-03-27 07:35:00	机房温度	属性	16.62
树莓派计算机	raspberrypi4-00001	2020-03-27 07:30:00	机房温度	属性	26.35
树莓派计算机	raspberrypi4-00001	2020-03-27 07:25:00	机房温度	属性	11.12
树莓派计算机	raspberrypi4-00001	2020-03-27 07:20:00	机房温度	属性	32.02
树莓派计算机	raspberrypi4-00001	2020-03-27 07:15:00	机房温度	属性	36.02
树莓派计算机	raspberrypi4-00001	2020-03-27 07:10:00	机房温度	属性	29.47
树莓派计算机	raspberrypi4-00001	2020-03-27 07:05:00	机房温度	属性	12.66
树莓派计算机	raspberrypi4-00001	2020-03-27 07:00:00	机房温度	属性	21.54
树莓派计算机	raspberrypi4-00001	2020-03-27 06:55:00	机房温度	属性	38.05
树莓派计算机	raspberrypi4-00001	2020-03-27 06:50:00	机房温度	属性	30.1

图 3-57　设备属性列表

说明：如果需要取消曲线区域的选择，单击绘图区内即可。查看数据表时，既可以单击右上角 × 关闭弹窗，也可以按 Esc 键返回。

在图 3-56 中 ❺ 的位置，单击"保存"，即可完成一个属性的时序分析文档。

说明：完成一个标签分析并保存后，才能继续选择下一个标签进行分析。

关于时序透视的案例，可参见"时序透视应用"。

（2）可视化分析

物联网数据分析提供了可视化分析功能，支持分析产品数据（物标签）或数据表，将分析结果展示在可视化分析表格中。用户可通过表格的编辑功能（重命名、筛选、聚合、排序）进一步分析数据，并将分析结果封装成数据 API，方便开发者调用。

如果对产品和设备数据进行可视化分析，需完成以下操作步骤。

- 创建产品
- 单个创建设备
- 单个添加物模型

1）可视化数据分析

① 登录数据分析控制台，在顶部导航栏选择"分析透视"，单击"可视化分析"页签，如图 3-58 所示。

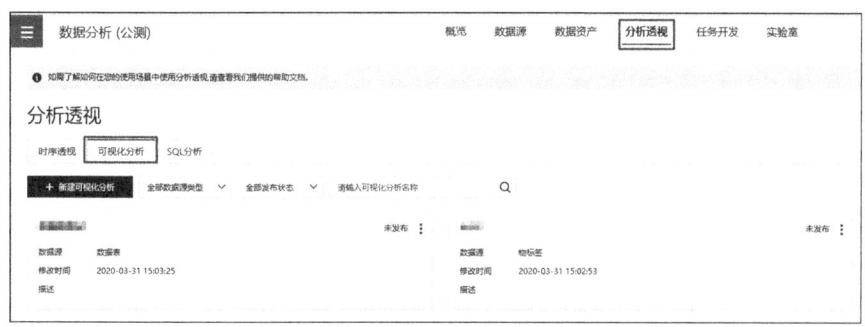

图 3-58 可视化分析页面

② 单击"新建可视化分析"，在弹出的对话框中配置参数，如图 3-59 所示。

其中，数据源类型可选：

物标签：物联网设备上报的属性、事件等数据。详细内容请参见"如何使用物标签"。

数据表：手动添加的设备数据源、外部数据源的数据表。详细内容请参见"如何使用数据表"。

下文以选择物标签为例。

③ 单击"确认"，进入可视化分析工作台。

说明：图 3-60 所示为默认主题（亮

图 3-59 可视化分析参数配置

色）。物联网数据分析支持设置工作台主题样式功能，用户可单击工作台右上角的设置按钮 ✿，修改主题为暗色主题。

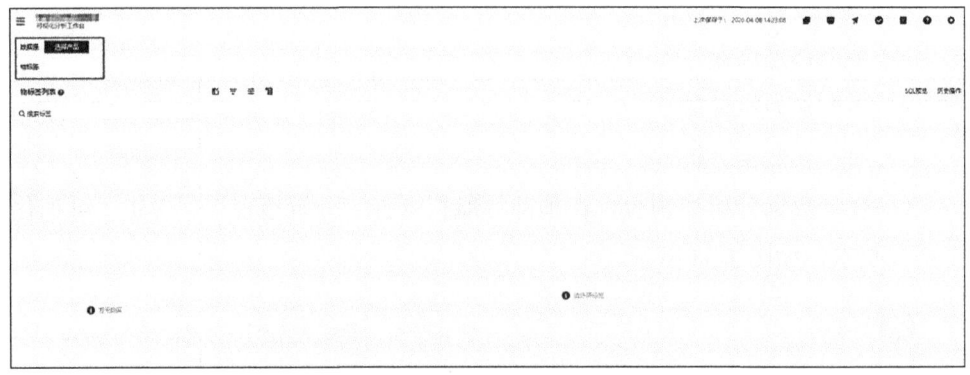

图 3-60　可视化分析工作台初始页面

④ 单击"选择产品"，选择要分析的产品，单击"确认"，如图 3-61 所示。

说明：产品下拉列表最多显示最近创建的 50 个产品。用户可直接输入产品名称，搜索到已创建的产品。

选择产品后，可视化分析工作台显示已选产品的物标签，如图 3-62 所示。

说明：基础标签（快照）、复合标签和基础标签（时序）是系统自带的物标签。

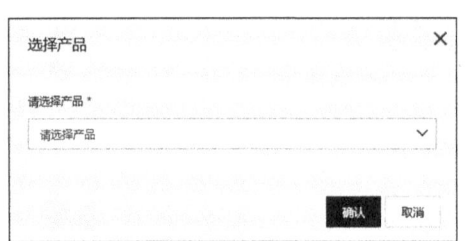

图 3-61　产品选择页

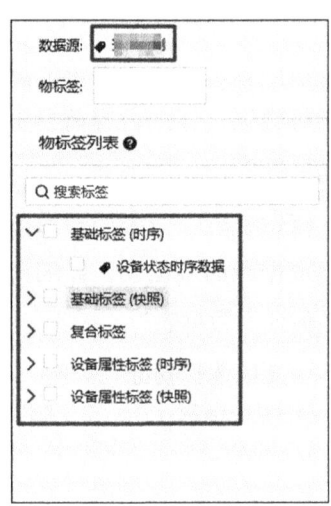

图 3-62　产品物标签

⑤ 在左侧的标签选择区中选中一个或多个物标签进行分析，如图 3-63 所示。

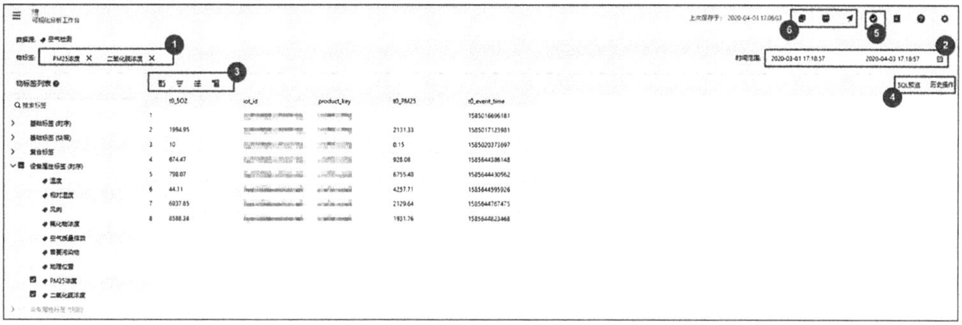

图 3-63　可视化分析工作台功能页面

说明：不支持同时选中设备属性标签（时序）和设备属性标签（快照）进行分析。选中标签越多，查询耗时越久。当分析任务超过 1 分钟未完成时将被结束。

上图各模块的功能按序号说明如表 3-2 所示。

表3-2　模块的功能说明

序号	说明
❶	显示已选中的物标签 在数据展示区显示物标签对应的数据表格，最多展示 200 条记录。更多数据记录的获取请参见 SQL 分析中的 CSV 下载功能
❷	显示表格数据所属的时间范围，可修改
❸	显示编辑表格的可操作按钮 📝：重命名指定列名称 支持中文、英文、数字、下画线（_）、连接符线（-）和英文圆括号（()），长度不超过 30 个字符。表格中列的名称不能重复 ▽：输入筛选条件，筛选指定数据 例如 where t0_PM25 > ${quest}，表示在该列（t0_PM25）中筛选出比请求参数（quest：可自定义设置）值大的所有数值。输入筛选条件后，单击配置参数，在对话框中设置参数类型及默认值（例如 INTEGER, 200），单击应用，可视化分析表格即可筛选出 PM 值大于 200 的所有数据 说明：筛选条件必须以 where 开头，添加动态请求参数时，参数名必须使用 ${} 包裹，例如 ${quest}。请求参数必须配置默认值，表格才能展示相应的数据。当用户将分析任务包装为数据 API 时，此处添加的动态请求参数即为 API 接口的请求参数。不支持添加相同的动态参数名。更多筛选操作表达式请参见 MySQL WHERE ∑：根据聚合维度和表达式计算指定列数据

续表

序号	说明
❸	选择聚合列：用以确定聚合的维度，支持多选 值：输入聚合表达式，表达式的括号内填写需要聚合的列名，表示对该列在同一维度上进行聚合计算。支持： sum（列名），求和 max（列名），求最大值 min（列名），求最小值 avg（列名），求平均值 列名：自定义聚合结果所在列的列名称。聚合后的表格仅展示聚合的维度列和结果列数据 说明：当用户将分析任务封装为数据 API 时，此处列名及对应值，为 API 接口的一个返回参数及对应数据 冒：指定表格中的某一列数据正序或倒序排列
❹	查看 ❸ 中操作的 SQL 语句或历史记录 说明：操作历史记录中支持编辑和删除功能，其中重命名的操作不支持修改和应用。重新选择或取消勾标签后，筛选、重命名、数据聚合或排序的历史操作记录将被清空
❺	保存当前操作结果
❻	生成数据 API。具体操作请参见下文的"生成一个数据 API"

2）生成一个数据 API

数据 API 即数据服务。用户可通过 SDK 调用数据 API，将数据嵌入到其他应用程序中进行可视化展示。更多信息请参见"如何使用数据服务"。

① 参见上文创建可视化物分析中的步骤，完成步骤 ❺ 中③下筛选示例的操作。

② 在页面右上角单击配置按钮，如图 3-64 所示。

图 3-64　选择配置按钮

③ 在右侧页面中，配置相关参数后单击"应用"，如图 3-65 所示。

④ 单击可视化分析工作台右上角的测试 API 按钮，在测试数据服务页面，输入请求参数的值，单击"开始测试"，如图 3-66 所示。

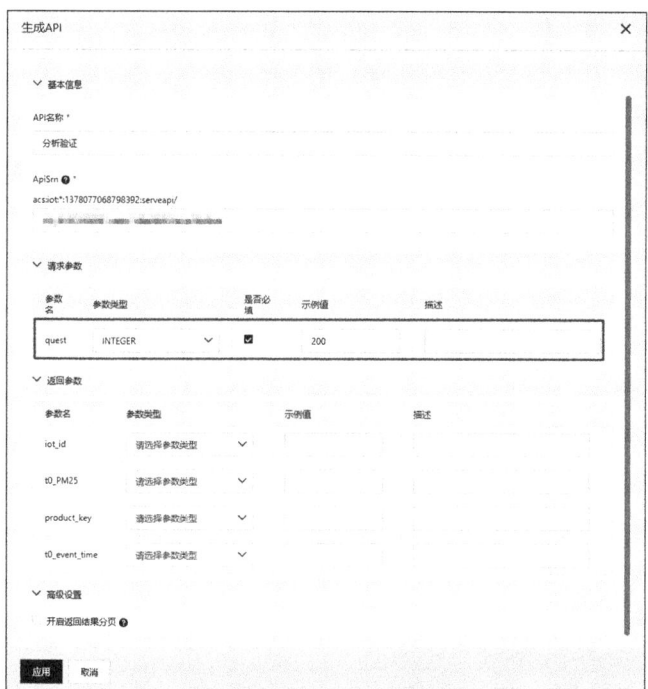

图 3-65 生成 API 参数配置

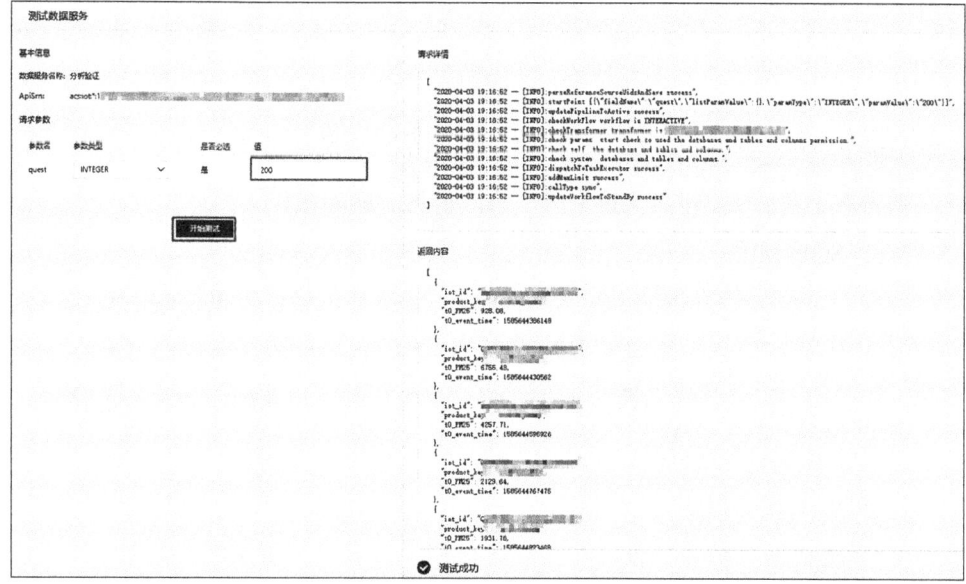

图 3-66 测试 API 页面

⑤ 单击右下角关闭，返回可视化分析工作台页面。

⑥ 单击页面右上角的发布按钮◢，单击"确定"。

⑦ 单击查看按钮◉，可在数据服务详情页查看 API 的具体信息。用户也可以单击"撤回发布"，重新编辑该可视化分析表格，如图 3-67 所示。

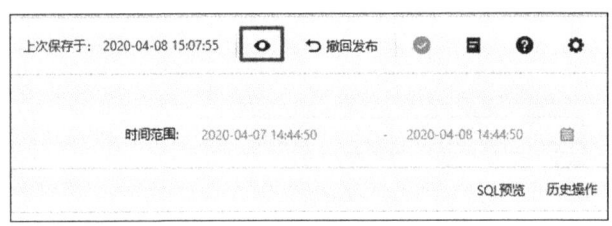

图 3-67　查看 API 页面

在可视化分析页签，该可视化分析的状态显示为已发布，如图 3-68 所示。

图 3-68　已发布可视化分析 API 页面

单击右上角的：按钮，支持克隆、修改信息、删除操作。

（3）SQL 分析

物联网数据分析提供的 SQL 分析功能，支持分析设备上报云端的数据，或通过 SQL 将分析后的决策结果下发至设备，进行远程控制。用户也可以将 SQL 数据分析任务封装成数据 API，方便开发者调用，既可直接响应设备端的请求，也可用来做服务端数据对接。

1）SQL 数据分析

① 登录数据分析控制台，在顶部导航栏上选择"分析透视"，单击"SQL 分析"页签，进入 SQL 分析列表页，如图 3-69 所示。

图 3-69　SQL 分析列表页

SQL 分析列表页的搜索功能，支持模糊搜索历史创建好的 SQL 分析。

单击列表中 SQL 分析卡片右上角的⋮图标，可执行克隆、修改信息、删除操作。

② 单击"新建 SQL 分析"，在新建 SQL 分析对话框输入分析名称和描述信息，如图 3-70 所示。

③ 单击确认。

用户可进入 SQL 数据分析工作台，默认选择数据表的设备数据源，可修改为外部数据源，如图 3-71 所示。

说明：图 3-71 所示为默认主题（亮色）。物联网数据分析支持设置工作台主题样式功能，用户可单击工作台右上角的设置按钮✿，修改主题为暗色主题。

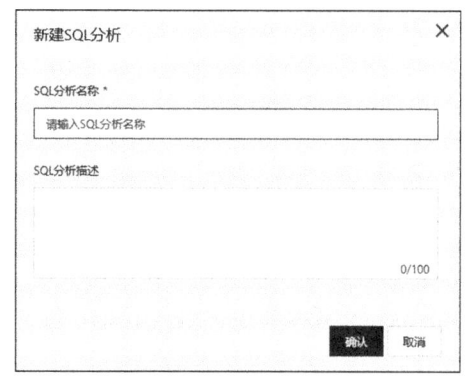

图 3-70　新建 SQL 分析

图 3-71　SQL 数据分析工作台

用户也可以单击物标签,选择目标产品后,根据物标签进行 SQL 数据分析。以数据表示例介绍 SQL 分析过程,如图 3-72 所示。

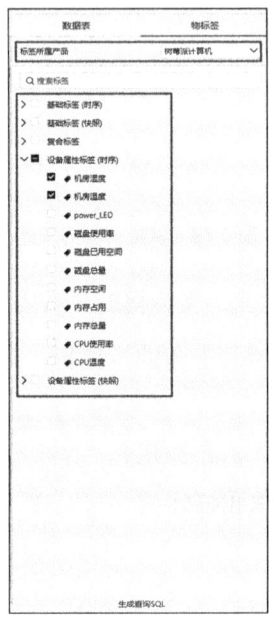

图 3-72 根据物标签进行 SQL 数据分析

④ 在 SQL 数据分析工作台,编写 SQL 语句,如图 3-73 所示。

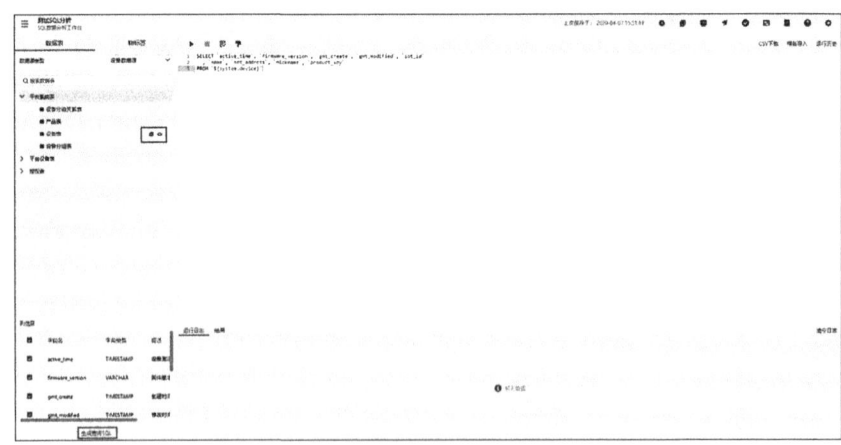

图 3-73 编写 SQL 语句

如果需要使用系统数据表(平台系统表、平台设备表)或外部数据源(用户数据）相关信息，用户可从相应表目录下找到并将鼠标移动到目标数据表，单击右侧的复制表名称或预览数据表图标，可获取表相应信息。

有关系统数据表和外部数据表详细说明，请参见"如何使用数据表"。

如果需要查询表数据，用户可选中目标数据表后，在页面左下方列信息表格中，选中需要查询的字段，单击下方的生成查询SQL，在右侧SQL编辑框中快速生成相应的SQL语句。

SQL数据分析工作台提供了多种SQL语句模板，单击SQL编辑框右上角的模板导入，可查看或导入SQL语句，如图3-74所示。

⑤ 编写完成SQL语句后，可根据需要对SQL语句执行如下操作（见表3-3）。

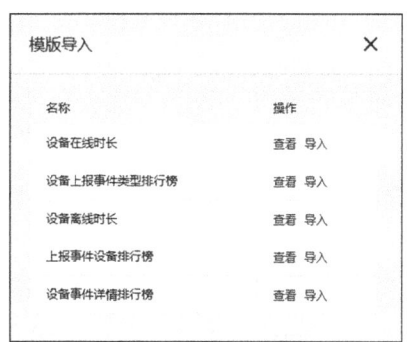

图 3-74　模版导入SQL语句

表3-3　SQL语句操作

操作	说明
保存	保存已编写的SQL语句。保存不检验语法错误，会直接保存内容
运行	运行已编写的SQL语句 说明保证语句成功运行，建议用户在运行语句前进行语法校验 如果SQL语法正确并且存在查询结果时，结果信息将会在结果框中展示，其中字段名会展示在第一行 如果SQL语法存在错误，则系统提示执行失败
停止	取消已运行的SQL语句。此按钮在运行SQL语句后可生效
定时任务	定时执行SQL，运行离线任务。单击"定时任务"图标后，在弹出窗口中打开定时开关 生效日期：定时运行的生效日期区间 调度周期：定时运行的调度周期，可以选择分钟、小时、周、月 用户可根据设置的周期单位，进行以下设置 指定时间：指定定时运行具体在哪个时间运行 具体时间：定时运行任务在指定时间的具体哪个时间段运行
SQL校验	对已编写的SQL语句进行语法校验

⑥ 执行SQL语句后：

可在运行日志页面查看SQL语句运行信息。

运行日志示例和每一行信息说明如下。

2019-04-30 17:59:23 -- startPoint:[]   # 执行参数信息

2019-04-30 17:59:23 -- updatePipelineToActive:success   #Pipeline 激活状态

2019-04-30 17:59:23 -- checkWorkFlow:workflow is INTERACTIVE   # 检查 WorkFlow 类型

2019-04-30 17:59:23 -- checkTransformer:transformer is 99d*****724b1a5   # 执行的 TransformerUid

2019-04-30 17:59:23 -- dispatchToTaskExecutor:success   # 获取对应计算平台的执行器

2019-04-30 17:59:23 -- addMaxLimit:success   # 补全分页限制

2019-04-30 17:59:23 -- callType:sync   # 同步执行 / 异步执行

2019-04-30 17:59:25 -- updateWorkflowToStandBy:success   # 成功后更新 WorkFlow 状态

若执行成功，可在结果页面查看语句执行结果。结果框中最多返回 200 条查询结果，如果用户有更多数据查询需求，请单击右侧 CSV 下载，可下载任务的 1 000 条查询结果。

说明：如果用户有更多的数据查询需求（超过 1 000 条查询结果），请提交工单申请需求。

若执行失败，可在错误日志页面查看错误信息。

错误日志示例和每一行信息说明如下。

2019-04-30 15:31:33 -- startPoint:[]   # 执行参数信息

2019-04-30 15:31:33 -- updatePipelineToActive:success   #Pipeline 激活状态

2019-04-30 15:31:33 -- checkWorkFlow:workflow is INTERACTIVE   # 检查 WorkFlow 类型

2019-04-30 15:31:33 -- checkTransformer:transformer is 426*****5286502   # 执行的 TransformerUid

2019-04-30 15:31:33 -- dispatchToTaskExecutor:success   # 获取对应计算平台的执行器

2019-04-30 15:31:33 -- addMaxLimit:success   # 补全分页限制

2019-04-30 15:31:33 -- callType:sync　＃同步执行 / 异步执行

2019-04-30 15:31:33 -- taskExecuted:engine error, traceId 644＊＊＊＊＊03d05dd ＃提示执行错误并输出了此次调用的 traceId

2019-04-30 15:31:33 -- taskExecuted:INSERT statement has mismatched column types　＃具体错误原因

2）生成一个数据 API

数据 API 即数据服务，通过 SDK 调用数据 API，可以方便地将数据嵌入到其他应用程序中进行可视化展现。关于更多数据 API 的信息请参见"如何使用数据服务"。

① 在 SQL 数据分析工作台完成 SQL 数据分析，详细内容请参见"数据分析"。

② 在页面右上角单击配置图标，如图 3-75 所示。

图 3-75　配置图标

③ 在右侧弹出框中，配置相关参数后单击"应用"，如图 3-76 所示。参数配置说明如表 3-4 所示。

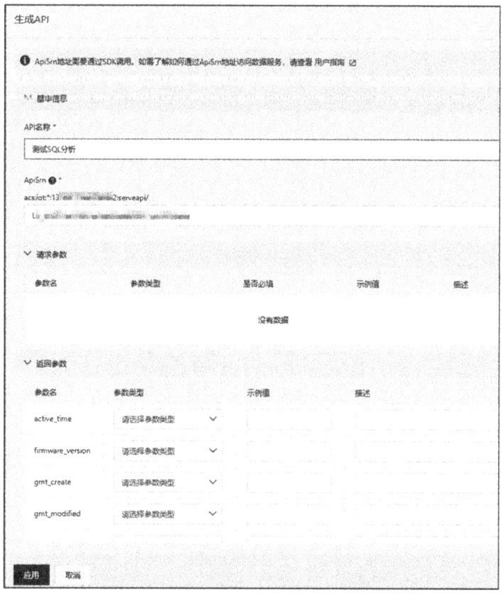

图 3-76　SQL 分析 API 参数配置

表3-4 参数配置说明

参数	说明
请求参数	
参数名	即在 SQL 分析时用户自己设定的请求参数
参数类型	筛选操作时设定的参数类型
是否必填	是,请勾选
示例值	筛选操作时设定的默认值
描述	可以描述该参数的作用,此项可填,也可不填
返回参数	
参数名	所有返回参数都可以在物分析工作台右上角 SQL 预览中看到
参数类型	根据返回值的类型,选填合适的数据类型
是否必填	可选,默认不勾选
示例值	可选,默认不需要设置
描述	以描述该参数的作用,此项可填,也可不填
高级设置	高级设置默认不展开。展开后,可选择是否开启返回结果分页 选中开启返回结果分页复选框,当数据量很大时,可以分页显示 清除开启返回结果分页复选框,则默认返回 2 000 条记录

④ 单击 SQL 数据分析工作台右上角的测试 API 图标，在测试数据服务页面配置请求参数的值后单击"开始测试"，测试成功后如图 3-77 所示。

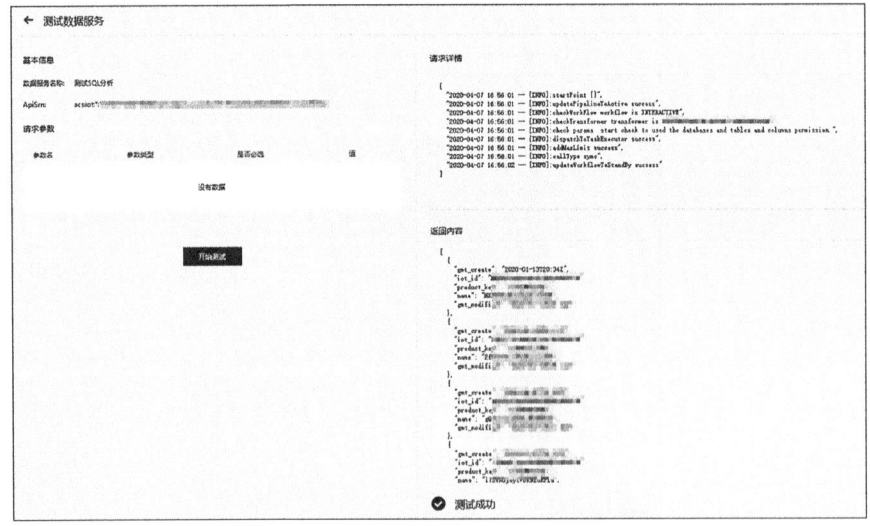

图 3-77 SQL 数据分析工作台 API 测试

⑤ 测试成功后，单击右下角关闭，返回 SQL 数据分析工作台页面。用户可以单击页面右上角的发布按钮◢，并单击"确定"，即可生成一个数据 API。发布成功后，SQL 数据分析工作台右上角显示如图 3-78 所示。

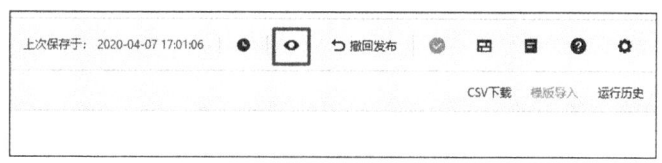

图 3-78 已发布 SQL 分析工作台

用户可以单击查看图标 ⊙，跳转到数据资产→数据服务→数据服务详情页查看具体的 API 信息。

说明：API 发布成功后，调用 API 的详细操作指导请参见 JAVA SDK 调用示例和 Python SDK 调用示例。

用户也可以单击"撤销发布"，重新编辑 SQL 语句。

发布成功后，在 SQL 数据分析列表页上，该 SQL 分析的状态变成已发布的状态，如图 3-79 所示。

图 3-79 已发布 SQL 分析 API 页面

3.2.2 根云物联网数据服务平台

根云物联网数据服务平台功能强大，为数据的处理提供了丰富的工具，可以支持多业务数据互联汇聚、清洗数据、数据呈现和进行数据建模分析等。

数据处理总体包括数据产生、数据收集与存储、数据处理与分析、数据展现与分享，如图 3-80 所示。其中：

- 数据产生

业务系统每天都会产生大量数据，这些数据存储在业务系统对应的数据库或文件系统中。

- 数据收集与存储

大数据工坊提供数据集功能，支持多种数据源类型。所谓的数据集（dataset），类似于数据库的表实体，是具有相同的元数据（metadata）的记录集合，可以按分区存放，可作为数据处理管道的输入或输出，也可以作为自定义报表的数据源。

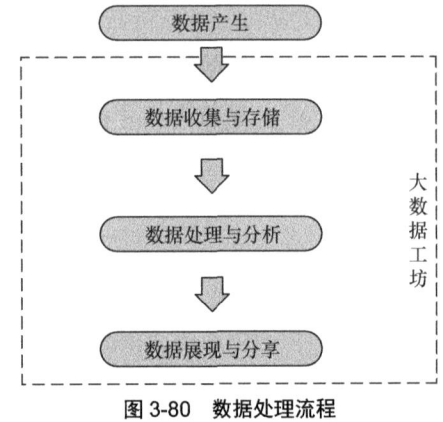

图 3-80　数据处理流程

- 数据处理与分析

通过对数据清洗、加工以及模型分析，发现数据价值，对预测提供数据支持。

- 数据展现与分享

通过报表等多种展现方式来展示与分享大数据分析、处理后的成果。

1．目标

希望通过本实践了解：

（1）根云物联网数据服务平台功能的功能

（2）主要功能的使用方法

2．相关概念

大数据工坊：物联网数据服务平台的另一个称呼

3．实施准备

取得账号、登录系统

4．操作步骤

（1）数据的收集和存储（数据管理）：主要是对数据集目录和数据集的管理，所有数据集都通过数据集目录进行管理。

1）数据集目录

目录为树形结构，可对其增加子目录、修改目录信息、删除目录、查看目录信息、添加数据集，见图 3-81 中的红圈标注。

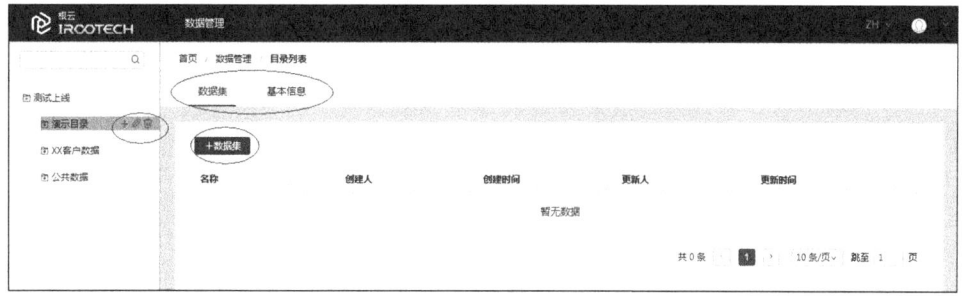

图 3-81　数据集目录

选中数据集目录后，在"数据集"页可查看目录下"上传的数据集"，单击"基本信息"页可查看目录的基本信息。

图 3-82～图 3-84 示例了如何在'演示目录'下建'演示目录_子目录'。

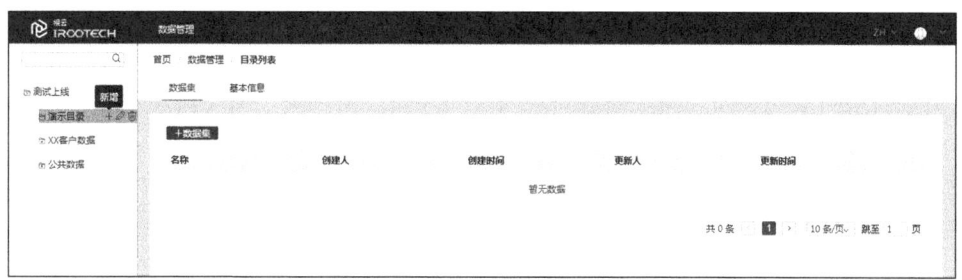

图 3-82　创建子目录

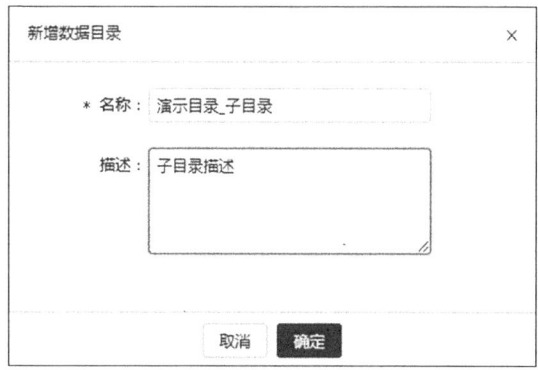

图 3-83　输入子目录资料

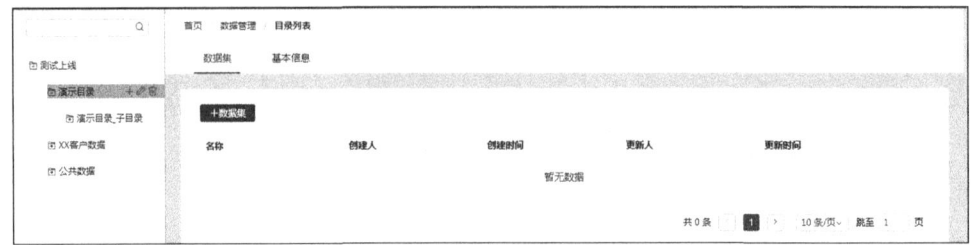

图 3-84 创建子目录的结果

2）数据集

新增数据集。进入数据集目录，点击"数据集"页下的新增按钮可以新增数据集，新增的数据集会在 mysql 数据库和 hdfs 中各存一份，如图 3-85 所示。

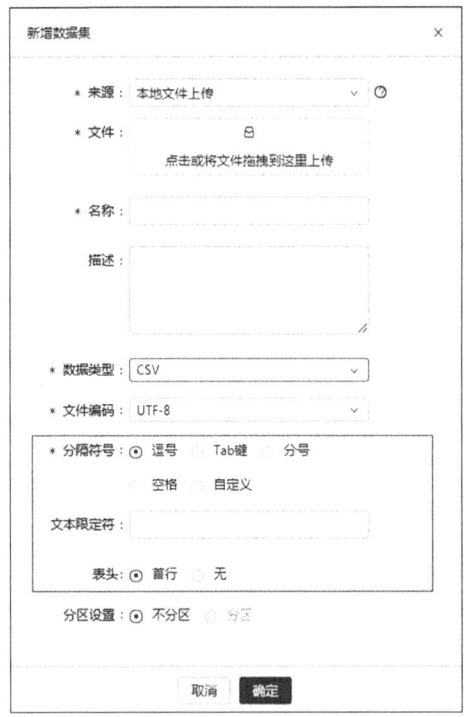

图 3-85 新增数据集

红色星号标识的为必填项。其中"来源"可以取值 0（本地文件上传）、1（hdfs 数据集），来源为 0 时才需要提供"分隔符号"和"文本限定符"；"文件"在来源为 0 时显示，为 1 时消失；"名称"指数据集的名称；"数据类型"

可以是 0（csv），1（avro）；"分隔符"是指 csv 文件的分隔符；"文件限定符"只能为一个字符；"表头"取值为"首行"时表示首行存放的是数据的字段名。

修改数据集。可重新设置数据集属性、重新分析数据集数据，如图 3-86 所示。

图 3-86　修改数据集

删除数据集：只删除数据库中存储的数据集，不删除新建时已经上传到 hdfs 的数据集。

概览、元数据、样例数据：在概览页面可查看数据的基本信息（见图 3-87），在元数据页面可查看数据字段的字段信息（见图 3-88），在样例数据页面可展示数据内容。

图 3-87　查看数据的基本信息

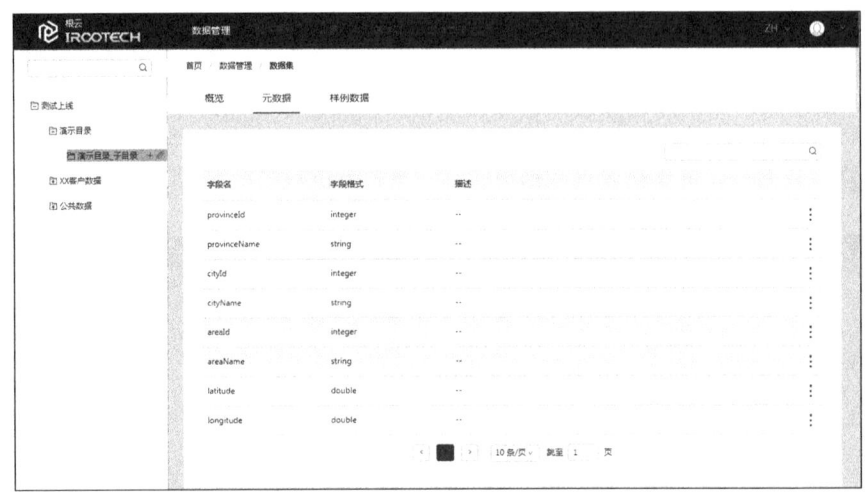

图 3-88　查看数据的元数据

（2）用"项目"管理数据处理任务（数据开发）。

数据处理时需要负责数据输入、对数据进行转换、聚合、连接、计算和输出数据，这些任务及其相关资源可用"项目"进行管理。根云目前支持 pipline、workflow、zeppelin 和 jupyter 等 4 种类型的任务，这些任务支持手工启动和定时启动。

系统为项目提供了编辑、发布、下线、删除等功能。

1）项目列表，如图 3-89 所示。

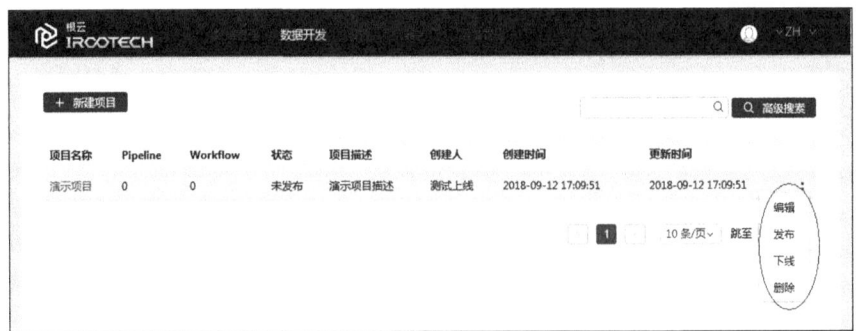

图 3-89　项目列表

2）新建项目，输入新项目资料，如图 3-90 和图 3-91 所示。

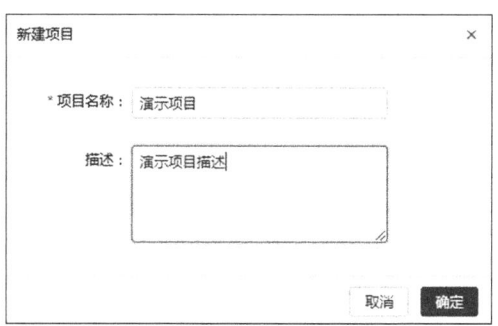

图 3-90 输入新项目资料

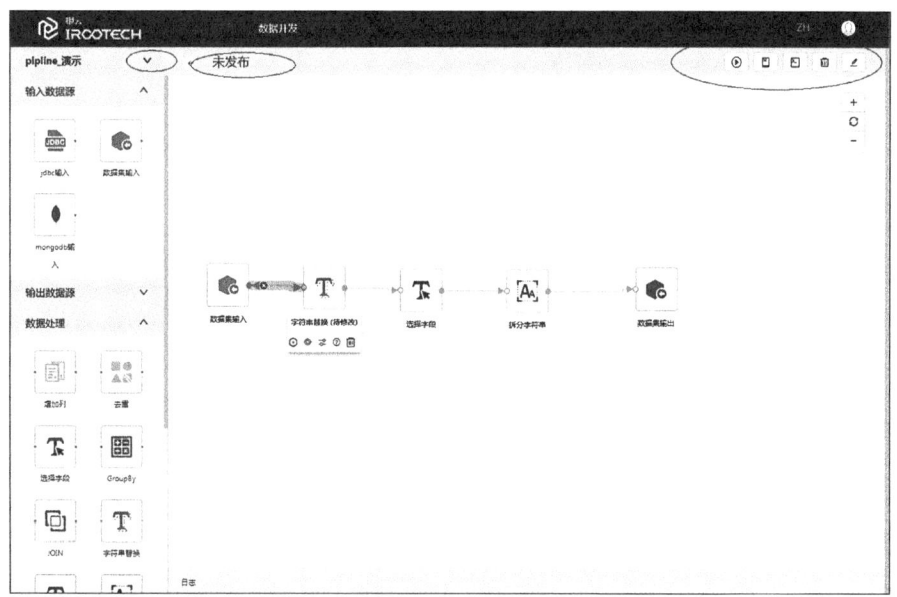

图 3-91 新建项目

左上角为任务下拉列表和任务状态，右上角的按钮依次为运行、保存、另存为、删除和编辑。

其中任务状态包括 0（未发布）、1（调试失败）、2（调试成功）、3（已发布）；点击"运行"按钮后，系统将按照执行顺序依次运行每一个任务（算子）。

① Pipline 算子介绍。

上图展示的是可用的 Pipline 算子。它分为输入数据集、数据处理、输出数据集几类。

其输入输出数据源是 mongodb［其 jdbc 数据表路径的设置见"连接管理（设置）"］。

Pipline 任务的发布必须有输入数据源和输出数据源，并且输出数据源只能有一个。

算子执行时，必须等待前面的算子全部执行完成后才能开始执行。已经运行失败的算子需要重新设置才能运行。

② Workflow 算子介绍，如图 3-92 所示。

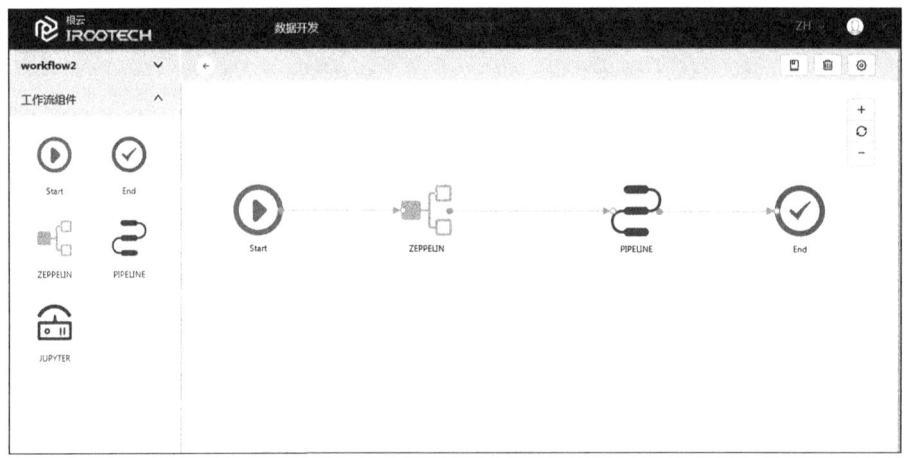

图 3-92 Workflow 算子

只能有一个 start 和 end 组件，点击组件可以进行编辑，如图 3-93 所示。

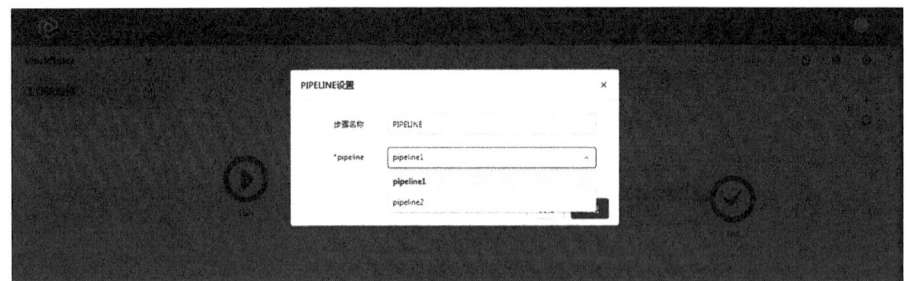

图 3-93 管道设置

③ Jupyter 算子介绍

Jupyter 任务分为 Python、R 两种类型。图 3-94 示例为 Python 类型。

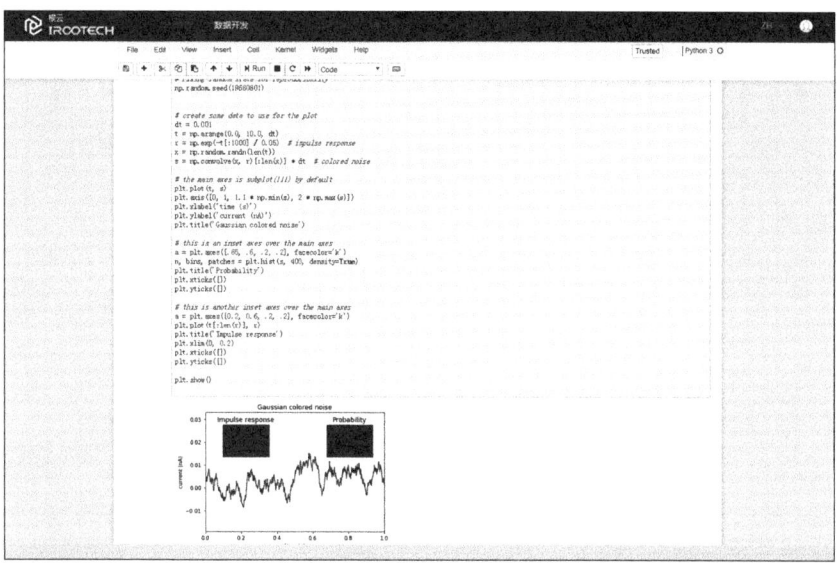

图 3-94　Jupyter 算子

④ Zeppelin 算子介绍，如图 3-95 所示。

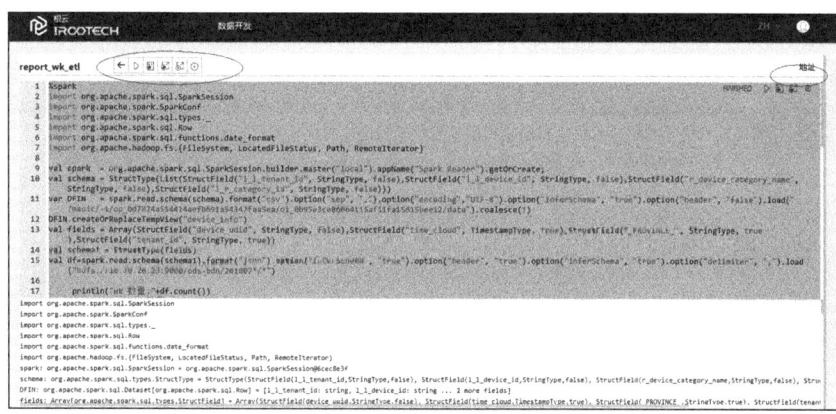

图 3-95　Zeppelin 算子

Zeppelin 页功能和 Zeppelin 的 notebook 功能相同。点击"地址"按钮可以查询数据集对应的 hdfs 地址，如图 3-96 和图 3-97 所示。

（3）数据库连接设置

设置 mysql、mongodb 数据库的连接属性，以便输入输出算子可以访问数据库，如图 3-98 所示。

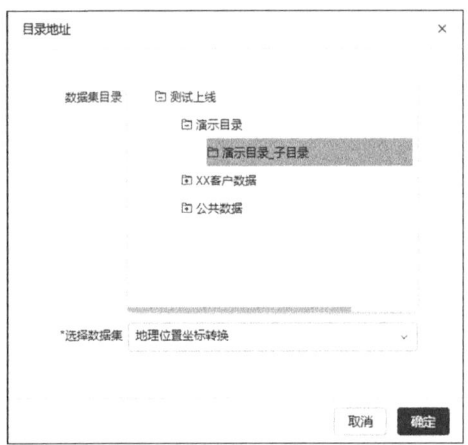

图 3-96　查看数据集对应的 hdfs 地址

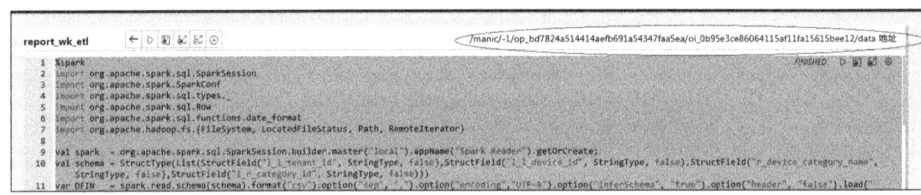

图 3-97　数据集对应的 hdfs 地址

图 3-98　连接管理列表

例如新建连接，如图 3-99 所示。

（4）机器学习

根云的机器学习模块采用 jupyter 工具进行数据分析和可视化展示。系统提供了基于 pandas 和 sckit-learn 的"机器学习算法"常用模板。通过选择模板，用户可以新建项目，如图 3-100 所示。

图 3-99　新建连接

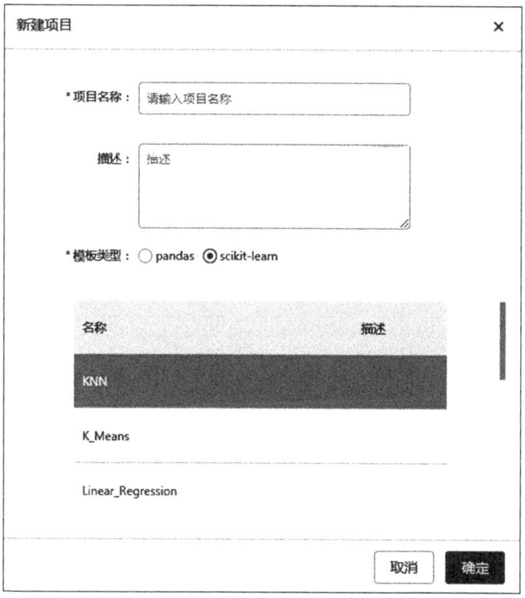

图 3-100　新建项目

单击"确定"后进入项目页，页面中已经按照模板创建了程序代码块，用户可以根据自身需求对程序进行修改，如图 3-101 所示。

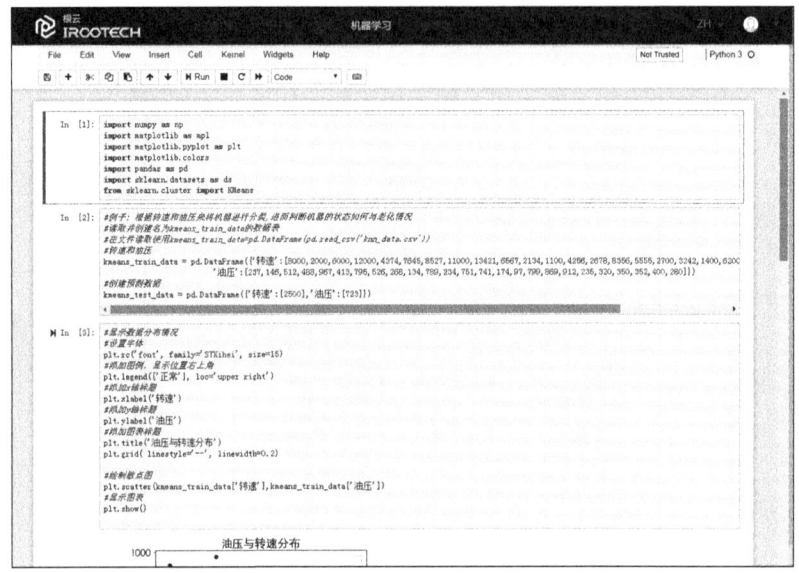

图 3-101　修改代码

用户也可以自建模板，如图 3-102 所示。填写好参数、输入代码后，单击"调试"按钮进行测试，调试成功的模板可以被发布。

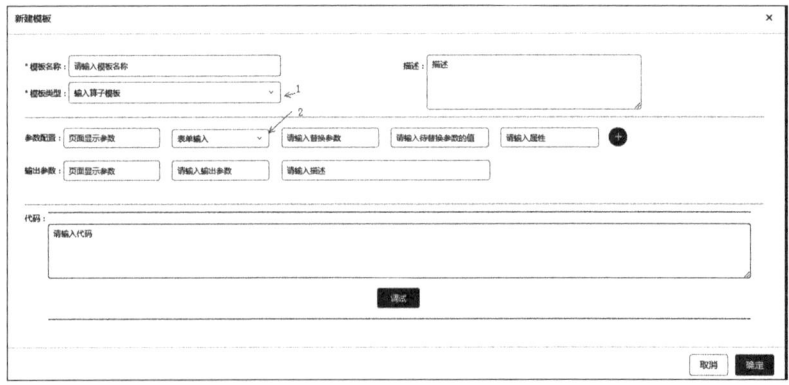

图 3-102　自建模板

其中"模板类型"默认为"输入算子模版"，表示这个模板定义的是 pipeline 任务中的哪类算子（输入算子、输出算子、数据处理算子以及机器学习算子）；

"参数配置"用于配置"用户自定义的输入参数",支持算子输入(应用某个算子的输出作为数据输入)、表单输入、数据集输入以及数据结构输入(用输入数据集的部分数据作为输入);"输出参数"为"用户自定义输出参数";在"代码"区进行编程。

调试成功的模板可发布,发布成功的模板可在 pipeline 任务列表中查看,若想对模板进行修改,需要先对模板进行下线处理。

(5)任务执行(运维管理)

1)查看调度的任务,如图 3-103 所示。

图 3-103　调度的任务

发布的任务都会展示在这里。在这里可以"调度/执行任务",可以单击"定时设置"设置"任务的执行周期、任务执行结果如何通知相关方"。

2)了解任务详情,如图 3-104 所示。

点击"任务名称"进入"任务详情页面"了解任务执行情况。下图为一个 worklow 任务详情,可见这个名为 workflow2 的任务执行过 3 次调度任务,并且全部计算正常。

3)查看任务执行详情。点击任务的执行 ID 可查看每次调度执行的情况,如图 3-105 所示。

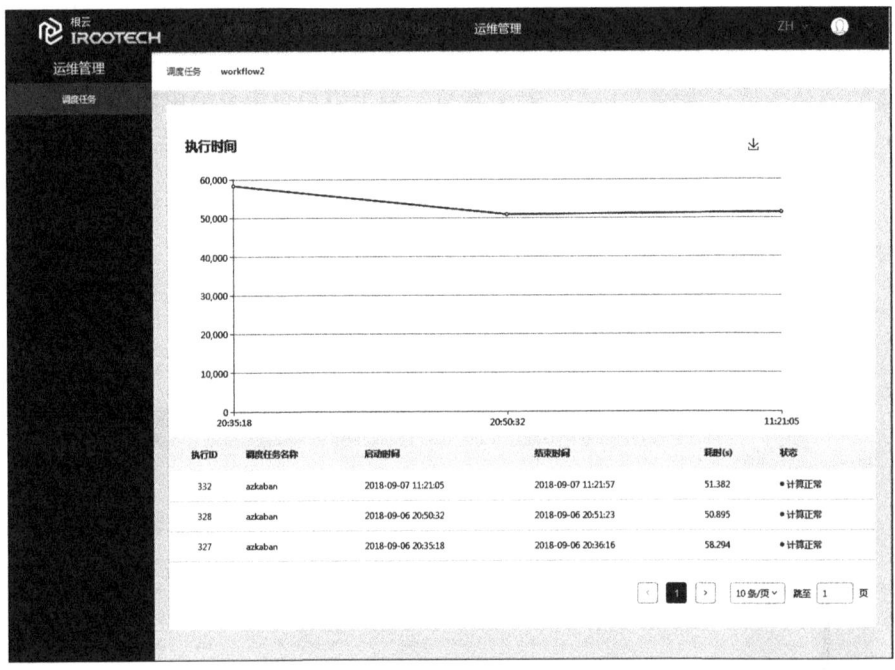

图 3-104　任务详情

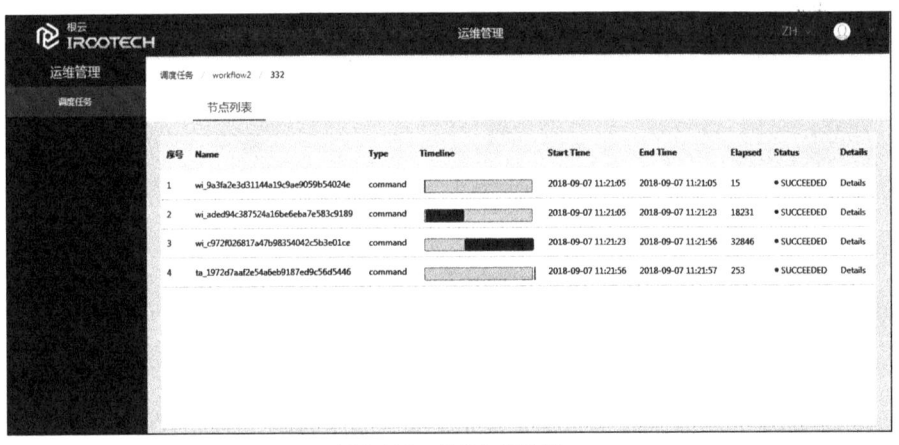

图 3-105　任务执行详情

workflow2 任务有 start、zeppelin、pipline、end 共 4 个工作流组件，因此在调度任务中共有 4 个节点。每个节点的"TimeLine"展示了节点的执行时机和所花费的时间，单击"Details"可查看节点的执行日志，如图 3-106 所示。

图 3-106　节点的执行日志

5. 总结与拓展

本节简要介绍了根云物联网数据处理服务。有关根云物联网数据处理服务深入的内容和详细参考，请参考根云的相关资料。

3.2.3　航天云网

1. 航天云网数据分析功能

采集器数据采集的最终目的是对所采集的数据进行分析和统计，得出对生产管理和设备管理有用的数据，如设备的开机时长和作业时长、产品合格率和产量等设备核心管理指标，并可以根据管理需求形成看板形式，使管理者可以很好地把控设备全局，为决策给予支持。

通过平台展示界面和设备管理功能，航天云网可以统计得出以下数据，如表 3-5 所示和图 3-107 所示。

表3-5　设备管理指标

设备管理指标			
指标	算法	基础数据	来源
设备利用率	设备负荷时间和应开动时间的比值	设备负荷时间，应开动时间	采集器，生产统计
设备故障率	指事故（故障）停机时间与设备应开动时间的百分比	设备故障停机时间，应开动时间	采集器，生产统计
平均故障时间间隔 MTBF	累计工作时间 / 期间故障次数	设备运行间，设备故障次数	采集器，生产统计
设备完好率	完好设备总台数 / 生产设备总台数 ×100%	正常运转设备数量统计，投用设备总数	采集器，生产统计

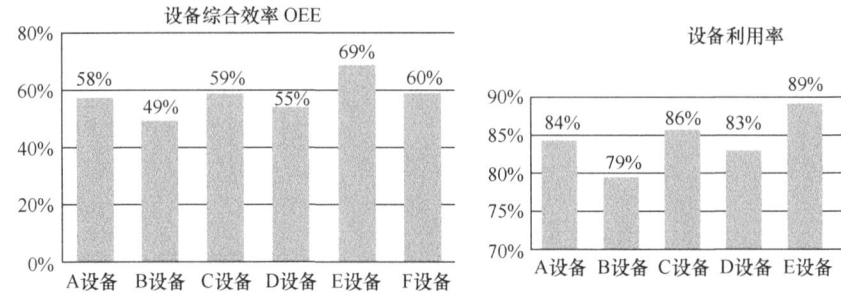

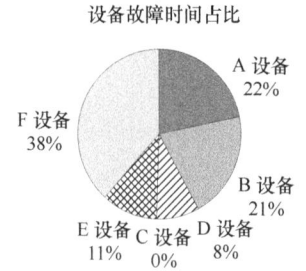
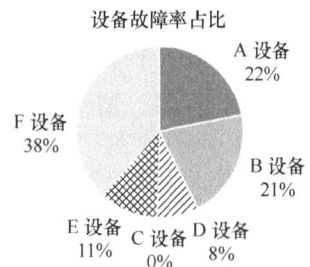

图 3-107 设备指标图

设备数据采集只是手段，大数据分析展现才是数据采集的价值所在。基于企业的实际数据采集需求，通过数据采集可以将有价值的数据展现出来，给企业的管理和决策提供依据，实现"小数据大价值"。具体价值展现分为以下几点。

（1）精准掌握设备实时运行状况，对生产计划任务进行合理分配。

（2）规范设备维护保养程序，减少设备突发故障，提高对生产的保障。

（3）预警设备故障，减少设备故障停机时间，提高生产效率。

（4）对数据统计分析，实现更好的生产调度、更好的运营决策。

（5）小投入大价值，通过数据的作用提升企业的运作效率，真正实现降本增效。

2. 数据采集分析案例

下面以某企业注塑机案例进行简单介绍。

（1）需求分析

1）设备管理人员能够远程掌控并分析注塑设备生产产量、各种运行状态参数，掌握维修人员的维保记录，提升设备管理水平，减少管理成本。

2）设备维修人员能够提前预知设备隐患，及时处理，减少维修成本。

3）设备管理人员能够获得注塑机的开机时长、设备利用率、有效作业率等关键统计数据，更好地为管理决策服务。

（2）制定标准解决方案

通过需求分析，结合现场调研交流，我们制定如下的标准解决方案及价值展现表格（见表3-6）。

表3-6 注塑机标准解决方案

序号	监测点	实现方式	价值体现
1	获取工控机数据	与工控机或PLC做通信接口（需提供标准PLC接口及开放通信协议）	1）提取各类工控机或PLC的生产数据并做统计分析； 2）无须安装任何监测传感器硬件即可监测设备运行及生产相关数据，并将数据上传到云端供管理者查看。需要工控机厂家开放通信协议和数据地址
2	设备状态	安装旋钮开关盒和声光指示灯	1）实时显示设备当前的状态（例如生产中、维修中、故障中、换模中、修模中等），现场指示灯通过不同颜色的灯指示设备状态； 2）后台展示系统统计各种状态的时刻时间，为管理决策做支持
3	合模次数	安装行程开关传感器	1）实时掌握注塑机生产产量； 2）通过与企业数据驾驶舱（中设智控企业主平台）模块相关联，为管理者提供实时的订单准时交货率、生产计划达成率、设备利用率等关键的具有决策参考价值的数据
4	润滑油加注状态	安装光电传感器	1）记录润滑油盖打开时刻，统计润滑油盖打开时长，为管理者提供机器内部维保情况； 2）根据在展示系统中设置的润滑油加注周期，结合润滑油盖打开时刻，为维保人员提供下次润滑油加注时间的预警
5	电机电流	安装电流传感器	1）实时掌握主电机电流值，超出时报警，应及时检查机器的运行情况，防止安全事故的发生； 2）通过预设的电流阈值，判断设备真实状态（作业、待机、停机）； 3）通过对电流历史值的统计，分析设备运行状态，做出相关设备维保决策

标准解决方案的制定也是基于管理价值体现而制定的。通过现场调研，结合客户需求和数采基础，以及平台展现功能，最终制定一套标准的解决方案，从生产、安全、设备三方面诠释方案的制定及过程。

（3）标准实施流程

根据企业现场工作环境及企业生产情况，我们制定了标准的实施流程及周期安排、人员配合安排，在不影响企业现场作业及生产的前提下完成整个项目实施，并由项目经理全程管控，及时向客户汇报项目最新进展，直至项目验收。

（4）数据展现

实时数据展现如图 3-108 所示。

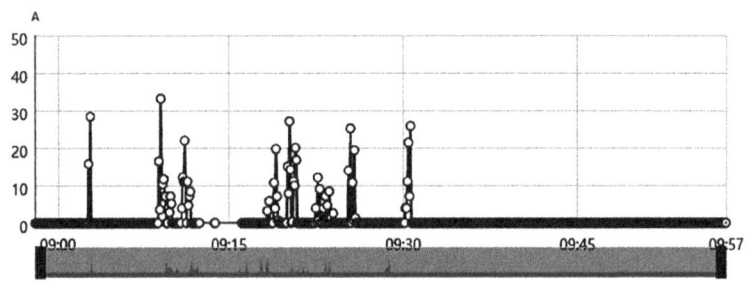

图 3-108　实时数据展现

数据统计展现如图 3-109 所示。

图 3-109　数据统计展现

3.2.4　盛原成

工业互联网平台的数据管理功能，主要包括对变量的历史归档、统计归档、时间统计、自定公式，自定义脚本等功能。

1. 历史归档

软网关配置中可以设定变量的历史归档或统计归档功能。历史归档是系统将采集到的实时数据,按照一定的存储周期进行存储,为后面的历史曲线、历史图表、历史报表提供数据源。历史归档的最小周期为 1 秒,如图 3-110 所示。

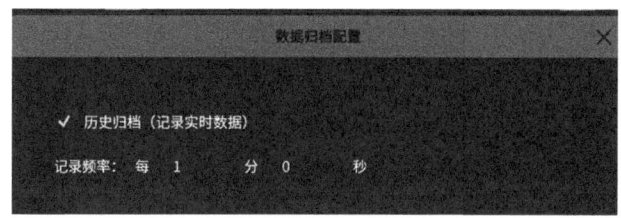

图 3-110　数据历史归档配置

2．统计分析

根据设置的数据类型和统计维度,对变量的实时数据进行统计并归档,存为统计数据,统计维度包括小时、日、周、月、季、年;瞬时类型为记录整点小时的采集值,累计类型为记录当前小时的累计量;当勾选"作为班次数据"时,在统计归档维度下,该变量的值为对应的班次数据(在班次配置模块可以定义班次的时间范围),如图 3-111 所示。

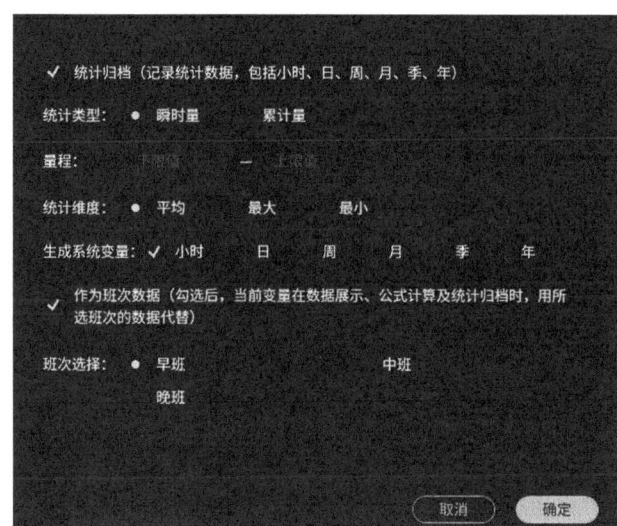

图 3-111　统计归档配置

3．时间统计

双击时间统计菜单,在时间统计窗口中点击"新增",添加时间统计项,如图 3-112 所示。

图 3-112 时间统计任务管理

时间统计项的配置如图 3-113 所示，可定义时间统计的任务名称，需选择一个内部的 64 位整型变量，触发变量是由 PLC 提供的开关量变量，触发条件可定义为 True 或者 False。

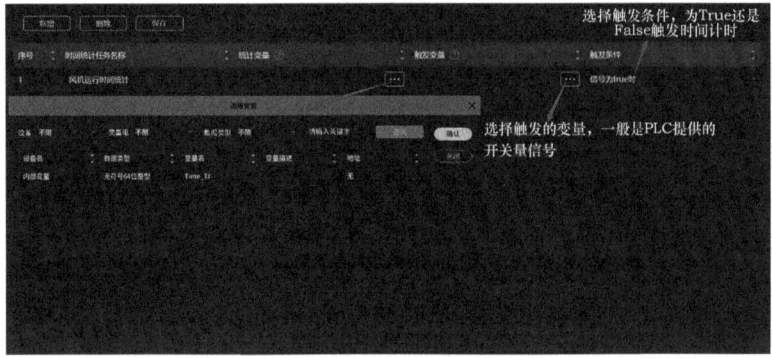

图 3-113 时间统计项的配置

4．自定义公式

数据采集平台除了支持 IO 变量，还支持内部变量。在变量管理菜单中的内部变量项，点击可新建内部变量组，建立变量组后，点击进入内部编辑界面，在界面中，变量名、变量描述、数据类型、数据归档都和 IO 变量的配置过程一样，如图 3-114 所示。

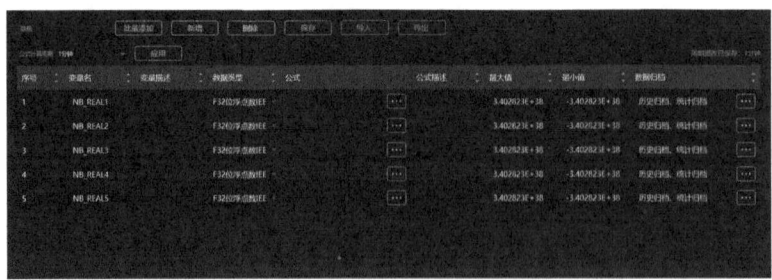

图 3-114 自定义公式管理

内部变量与IO变量的区别是，内部变量不直接定义底层设备的通信通道，多了自定义公式的功能，可配置变量最大值和最小值。可以根据自定义公式，将IO变量的值经过一系列的加减乘除公式运算后，结果赋值给内部变量，如图3-115所示。

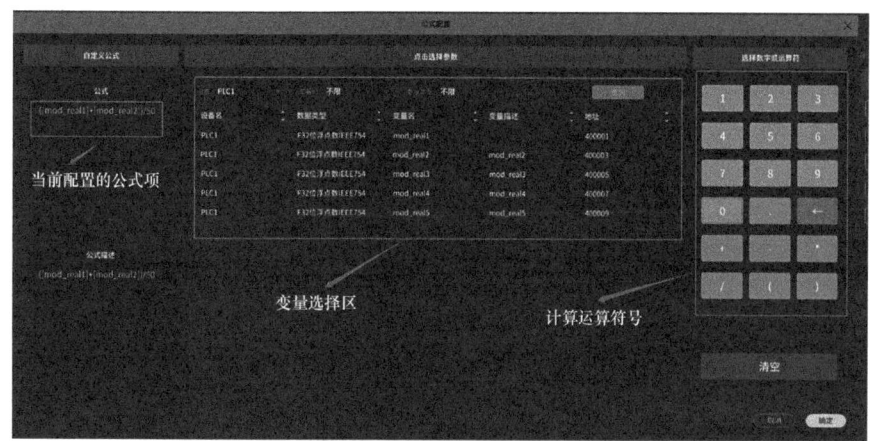

图3-115 公式设置

内部变量公式的执行周期可自定义，最小周期是每分钟执行一次，如图3-116所示。

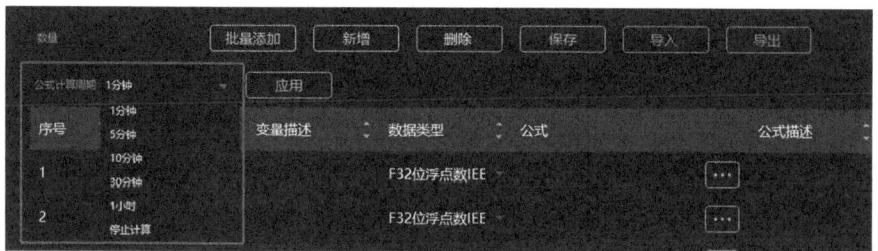

图3-116 公式周期计算

5. 自定义脚本

系统具备自定义脚本功能，可将采集的数据按自己的要求进行运算及赋值，大大提高了数据的可利用性。在菜单中的全局脚本项，右键新建全局脚本，如图3-117所示。

图3-117 新建全局脚本

进入全局脚本编辑界面，填写全局脚本的名称，选择触发类型，配置过程如图 3-118 所示。

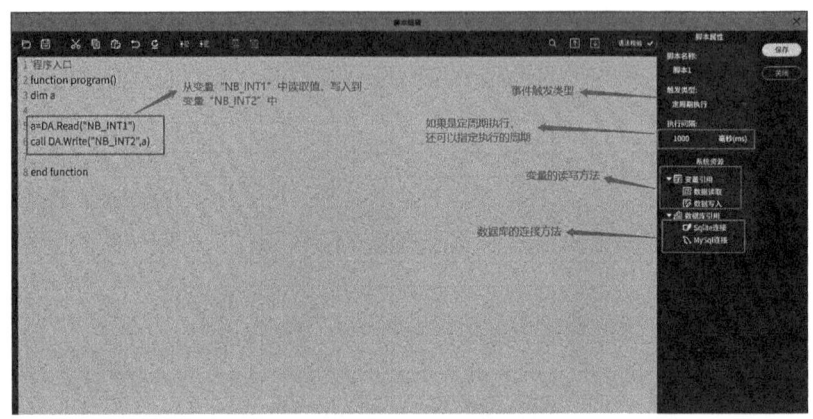

图 3-118　全局脚本编辑界面

全局脚本功能可以让数据管理及分析更加方便，实现各种复杂的数据运算。

6. 外部数据源对接管理

系统具备与第三方数据库表对接的功能。选择数据管理项，单击"新建"按钮，可以新增一个与外部数据库的连接项目，数据库支持 MS SQL Server、MySQL、SQLite、Oracle、Access 等，连接项需配置的参数如图 3-119 所示。

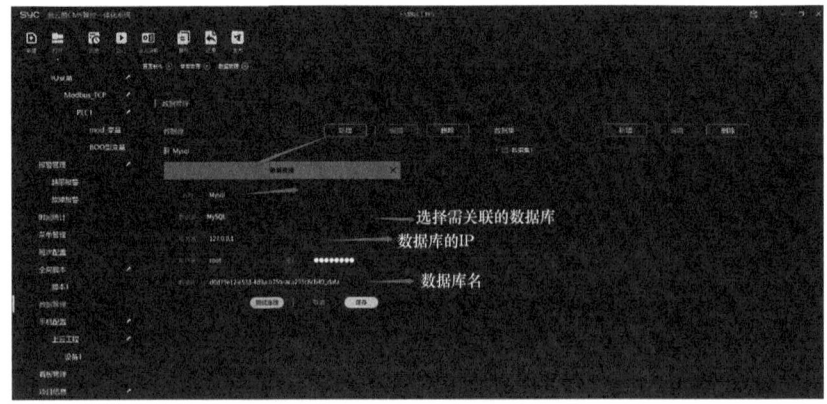

图 3-119　数据管理

成功关联了外部数据库源后，单击"新增"按钮，创建一个数据集，该数据集可以关联数据库中的某个数据表，也可自己写 SQL 语句进行数据筛选，如

图 3-120 所示。

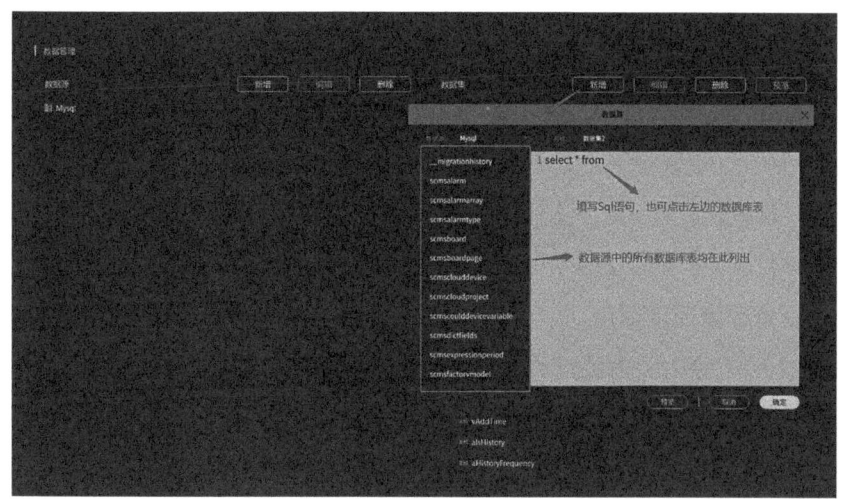

图 3-120　创建数据集

在填写完 SQL 语句后，可以单击"预览"按钮预览 SQL 语句对应数据库表里的数据，以确认 SQL 语句正确无误，如图 3-121 所示。

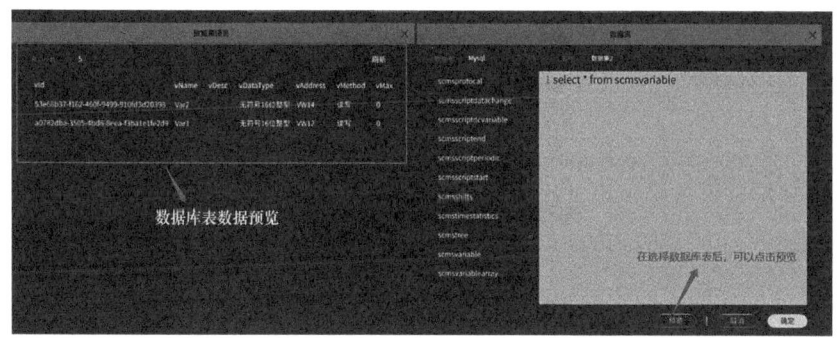

图 3-121　数据集预览

单击"确定"保存，即可建立外部数据源及数据集，从而实现将外部第三方数据源接入盛云平台。

3.2.5　机智云

机智云工业互联网平台的数据管理与分析主要包含了通用设备数据管理与分

析、通信日志和运行记录数据管理与分析、D3 Engine 数据/消息订阅与分发配置和管理、大数据管理与分析等多个模块，提供符合产品特性和管理需求的数据采集、数据加工处理、数据存储、数据分析、数据可视化于一体的完整应用服务。通过拖拉拽的方式自定义各类业务的分析报表，提供多维度分析策略，高效帮助企业整合处理零散孤立海量数据，快速挖掘数据背后的商业价值，为管理层提供及时准确的决策支撑；为业务员提供可视化灵活的数据处理和分析工具，支持对分析解决和分享以及即席分析。

1．设备数量及活跃度

针对每一个项目，机智云平台提供一个可视化的设备数量及活跃度分析窗口。进入项目，点击"查看统计分析"按钮即可预览。该目录下包含了当前在线设备数量、新增上线数量、活跃设备管理分析，以及连接时长统计分析，并同时以数字及折线图的形式进行展示，更为清晰和直观，如图 3-122 所示。

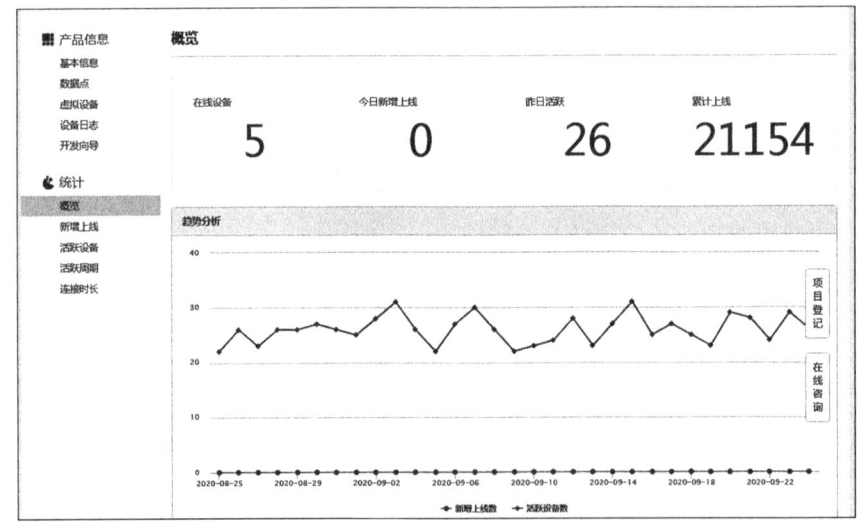

图 3-122　项目概览

概览反映了当前在线设备数量、今日新增上线数量、昨日活跃设备数量，以及累计上线数量。用户可以直观地了解到其产品运营管理的情况。

通过活跃设备进行数据分析可以统计设备的用户粘度，为产品功能优化以及投放运营管理提供更多的依据和建议，如图 3-123 所示。

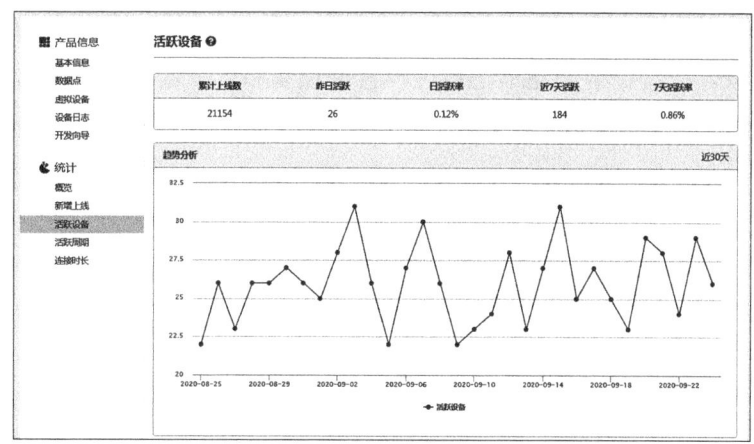

图 3-123　活跃设备

2．设备日志

机智云平台下的每个项目下面可以绑定多台设备，每台设备均以设备 MAC 作为唯一标识码进行区分。通过平台可以浏览、查询每台设备的通信日志、上下线情况、运行记录，甚至每一个数据点的运行情况，方便运营管理人员和开发人员对设备进行实时的远程监控、调试与维护。

输入设备的 MAC 地址，或者设备 ID 可以搜索查询该设备的运行情况。可以通过对首次上线时间（即激活时间）、累计上线次数、最后一次上线时间进行排序，也可以通过状态进行筛选，如图 3-124 所示。

设备 MAC	设备ID	首次上线	累计上线次数	最后一次上线时间	状态	操作
18fe34d189f6	J87ccLaWYEp4Z326inERrT	2015.12.29 18:53	3411	2020.9.25 07:25	离线	实时调试 查看
5ccf7f0d39fd	G5jUReFtF2AEXiZ9ZDEeS4	2015.12.08 20:12	2424	2020.9.25 07:24	离线	实时调试 查看
5ccf7f0d3a86	v47qBGCt4PEeRkGAejb3kh	2015.12.02 15:08	2438	2020.9.25 07:04	离线	实时调试 查看
18fe34d18c21	g5PSjuLDdDkeVkQqk5TYVP	2016.1.11 21:35	4781	2020.9.25 06:20	离线	实时调试 查看
18fe34d52412	uQgENd2WiSCD8y6zfBZAjb	2018.1.29 18:08	1494	2020.9.25 05:03	离线	实时调试 查看
5ccf7f0d399b	tmcwn5s5xfkJf5Zk2cLarq	2015.11.27 14:34	2209	2020.9.25 04:58	离线	实时调试 查看
5ccf7f0d3a7b	ar9bugtgvJmyrb5dbF8yHC	2015.12.01 18:59	3234	2020.9.25 04:27	离线	实时调试 查看
18fe34da8ebb	jg2qNc4ZGyPhvNYPNHMix8	2015.11.13 11:47	6028	2020.9.25 02:35	离线	实时调试 查看
18fe34da8e9c	4uWAZ6vg3uBJMxxRJXujYq	2015.10.16 20:35	9225	2020.9.25 01:20	离线	实时调试 查看
18fe34d524dc	WixFaoTmtLTL4dVpQeM5uz	2015.12.21 14:42	541	2020.9.25 00:10	离线	实时调试 查看
5ccf7f02d89c	xgRvpPRfL4YsKc7rNH3A6T	2016.3.09 13:38	3059	2020.9.24 22:56	离线	实时调试 查看

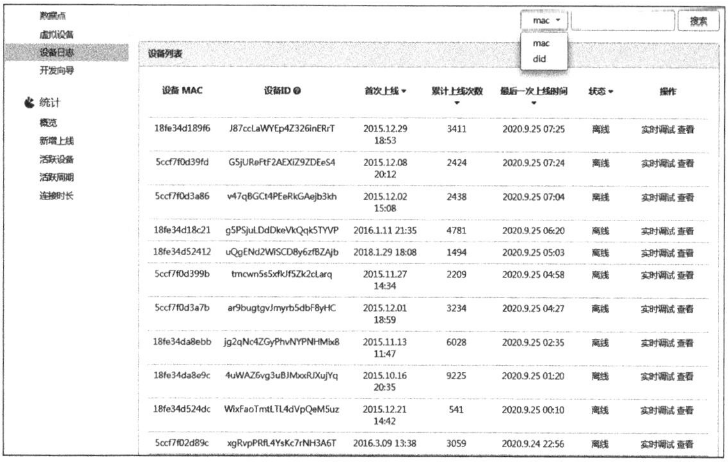

图 3-124　设备日志

点击"查看"按钮，进入某一台设备的详情页面，可以查询设备的通信日志和运行记录。通过设备的通信记录可以查询设备和云平台之间的通信情况，如图 3-125 所示，Dev to App 表示上行数据，即设备向云平台进行数据上传，App to Dev 表示下行数据，即云平台 /App 向设备推送消息或下发指令。运行记录窗口记录了每一个数据点（关于数据点的阐述请参看 3.1.2 机智云相关内容）的运行情况，如图 3-126 所示。

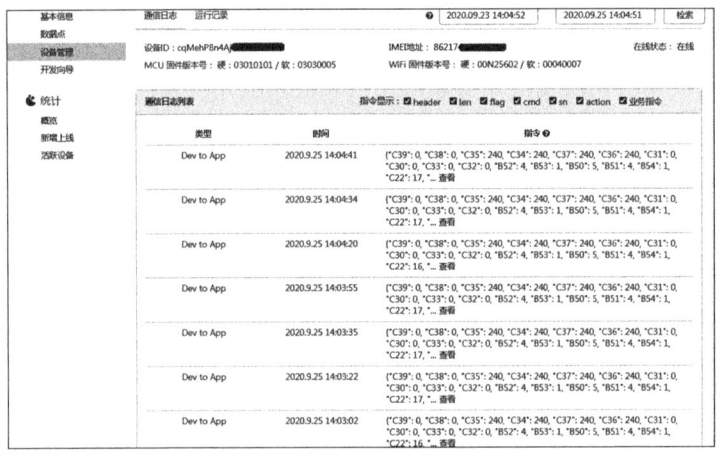

图 3-125　通信日志

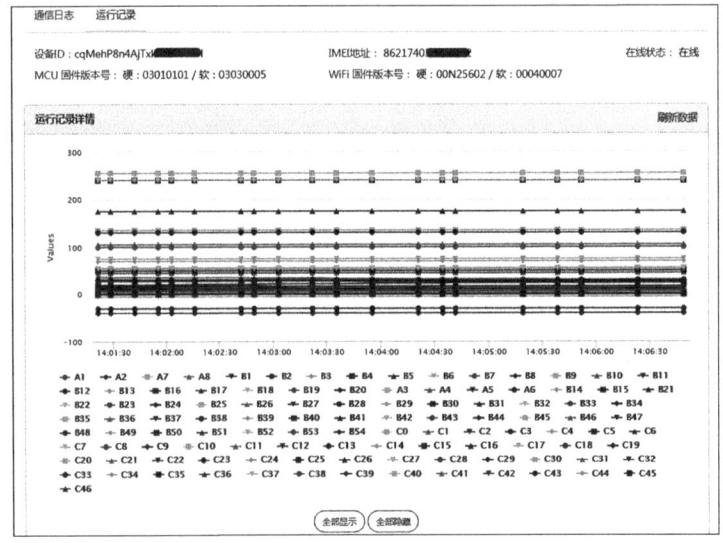

图 3-126　运行记录

该设备日志统计分析模块有助于运营管理人员/开发人员对设备进行远程监控、调试、维护，了解设备是否正常稳定运行。一旦出现异常，可以具体到某个时间节点对设备的故障进行判断，大大提高了远程运维的能力和效率，降低了运维人力、财力、物力和时间成本。运营管理人员也可以通过云平台对设备数据的上报/订阅/消息推送的时间、周期、频率进行设置。

3. D3 Engine

D3 Engine，全称 Dynamic Data Director Engine，是机智云为开发者提供的傻瓜式的数据处理、开发引擎。D3 可以灵活定义数据的输入，能将设备、用户数据与外部第三方数据进行有机整合，还可以支持脚本解析与自定义数据输入，满足不同开发者的数据处理需要。主要特点如下。

多样的数据源：支持自定义多种数据源，包括第三方公共数据甚至用户的 ERP 系统的数据输入。

强大的规则处理：基于决策树算法支持灵活多重条件组合。

灵活的输出：除了 App 推送、邮件、短信等服务，还可以支持回调服务以及存储服务；存储服务是通过数据平台的计算与开放 API 服务对各类应用提供数据服务，降低各类应用的开发成本以及面对海量数据的性能处理风险。

该功能面向机智云平台企业开发者，免费提供每天 100 条消息推送服务，申请步骤如下。

步骤 1：登录机智云"开发者中心"，打开需要申请开通 D3 Engine 的产品（仅限企业开发者）。

步骤 2：点击"添加服务"，进入到"添加服务"页面，找到"D3 Engine"，如图 3-127 所示。

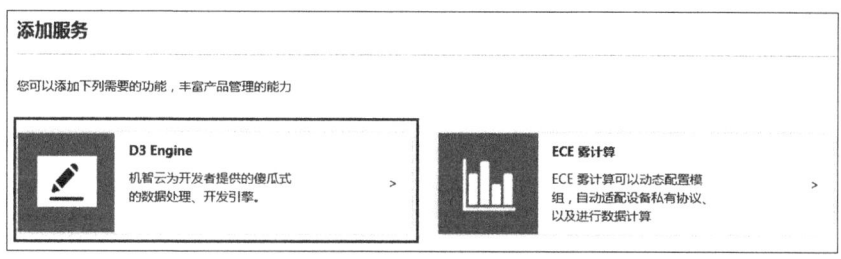

图 3-127　添加 D3 Engine

步骤 3：打开 D3 Engine，单击"开通服务"按钮，等待机智云审核。

步骤 4：待审核通过后，在服务列表即可看到 D3 Engine，单击"D3 Engine"即可开始体验，如图 3-128 所示。

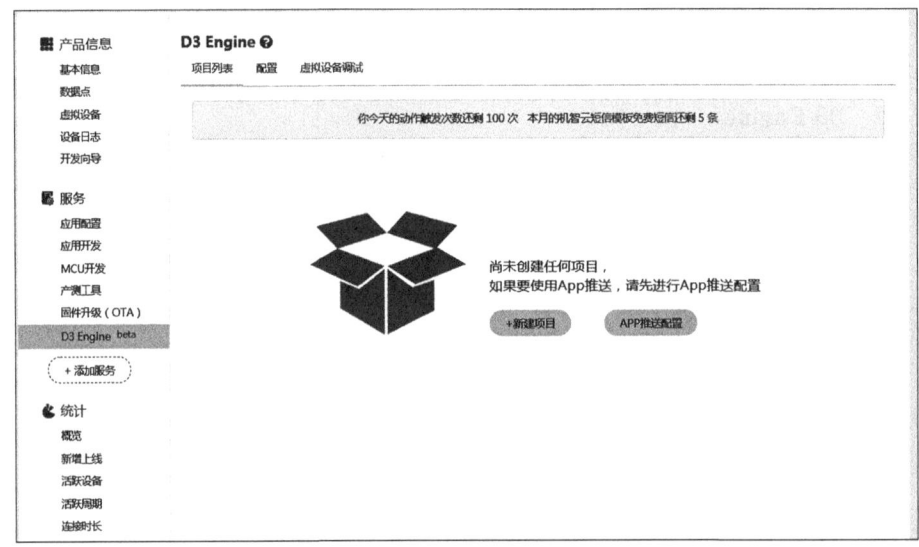

图 3-128　D3 Engine 页面

步骤 5：新建项目。D3 Engine 采用了拖拉拽的形式对设备数据输入、处理方法、触发动作进行配置和关联，如图 3-129 所示。

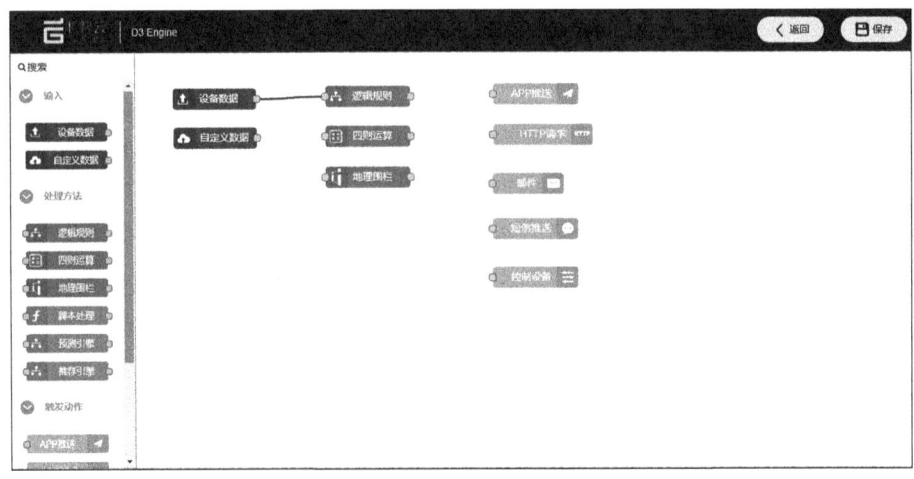

图 3-129　新建项目

(1) 输入节点·设备数据

使用接入机智云的设备的数据作为输入。当有报警或故障数据点时，设备报警或设备故障选项才会显示，如图 3-130 所示。

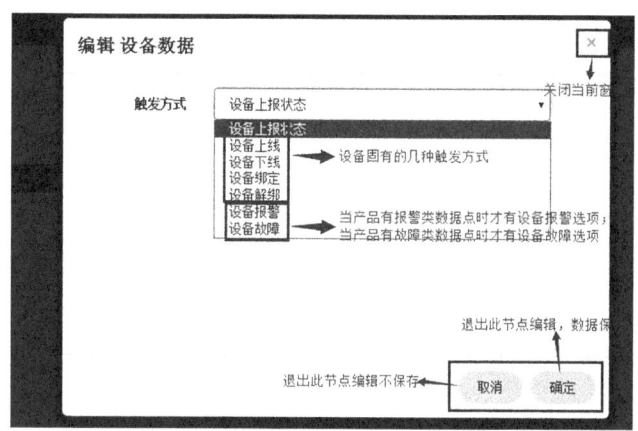

图 3-130　设备数据

(2) 输入节点·自定义数据

使用自定义的 JSON 格式的数据作为输入，如图 3-131 所示。

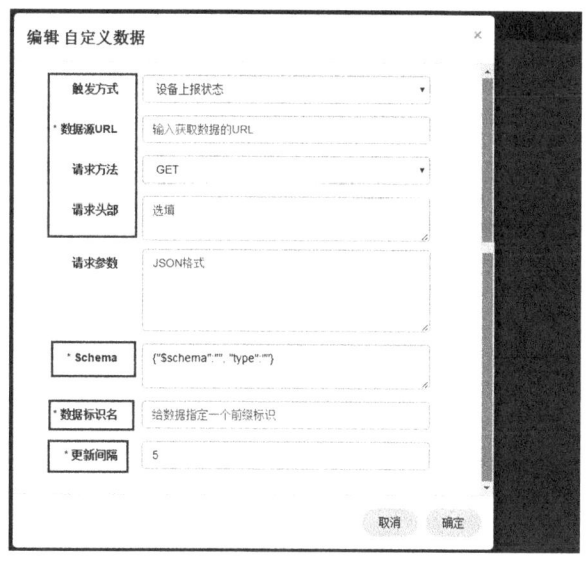

图 3-131　自定义数据

Schema：描述 JSON 字符串内部包含的字段结构，可以使用数据标识名和更新间隔。

数据标识名：用于引用此请求返回的 JSON 标识。

更新间隔：不小于 5s，是请求的缓存过期时间。D3 会将自定义数据缓存起来，每经过一个更新间隔会重新获取数据。

（3）处理方法•逻辑规则

添加一个逻辑条件。比较参数可以是数据点值也可以是自定义的变量值，如图 3-132 所示。

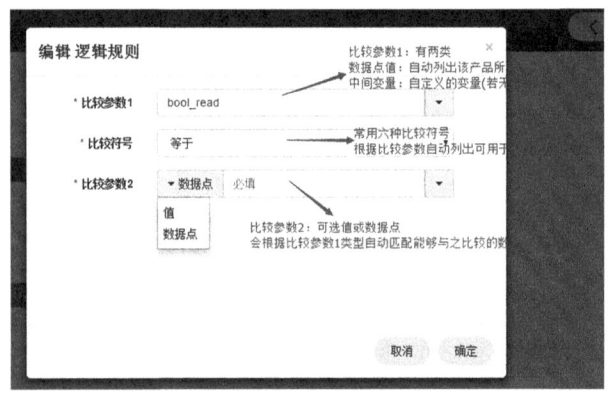

图 3-132　逻辑规则

（4）处理方法•四则运算

添加一个由四则运算表达式指定的中间变量。此处只能针对数值类型的数据点进行四则表达式运算。变量标识请不要使用中文，如图 3-133 所示。

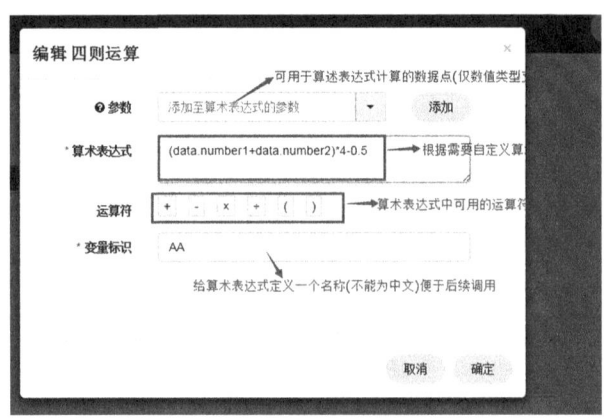

图 3-133　四则运算

（5）触发动作·App 推送

当规则触发成功时，与设备绑定的 App 用户将收到一条推送消息。此处可以编辑推送消息的标题、推送内容（可从参数中选择自动替换的变量）、选择推送应用及消息类型，可以自定义推送的时间段，如图 3-134 所示。

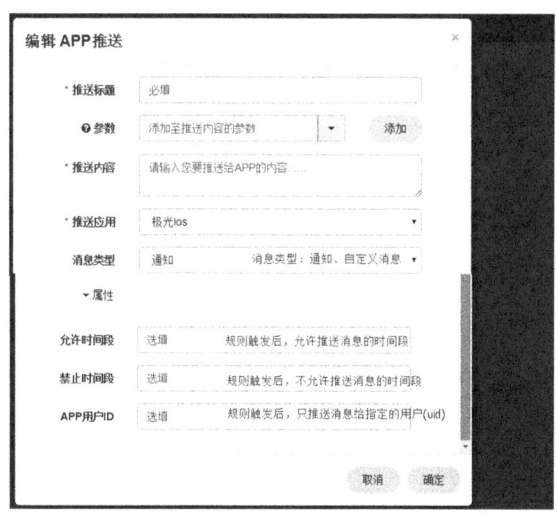

图 3-134　App 推送

（6）触发动作·HTTP 请求

当规则触发成功时，向指定的 API 发送一个请求。在此节点中输入要请求 API 的详细参数，如图 3-135 所示。

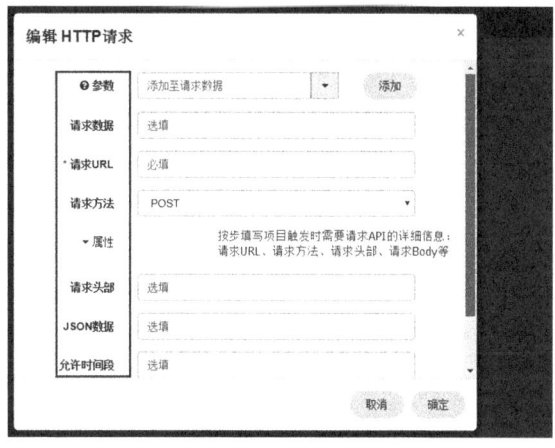

图 3-135　HTTP 请求

（7）触发动作·邮件

当规则触发成功时，指定的邮箱将收到一封推送邮件。在此节点定义邮件主题、邮件内容及收件人信息，如图 3-136 所示。

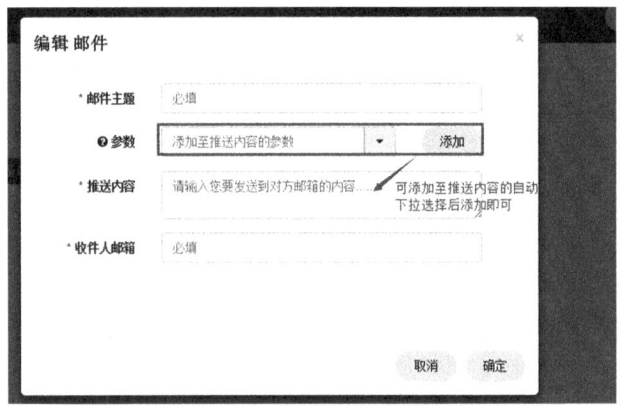

图 3-136　编辑邮件信息

（8）触发动作·短信推送

当规则触发成功时，与设备绑定的 App 用户的手机号码将收到一条短信。Apikey 和短信模板 ID 可以从云片获取，此处会进行校验。展开属性可自定义消息接收时间，如图 3-137 所示。

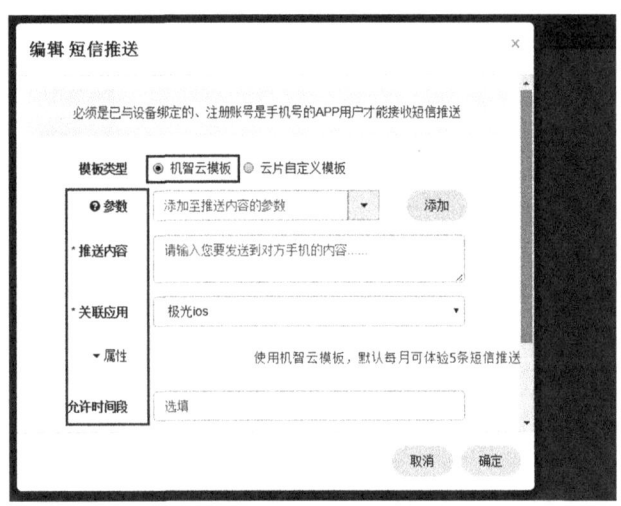

图 3-137　短信推送

(9)触发动作·控制设备

当规则触发成功时,该设备会改变自己的状态。控制内容要以 JSON 格式填入,支持 Raw 和 KV 两种格式,如图 3-138 所示。

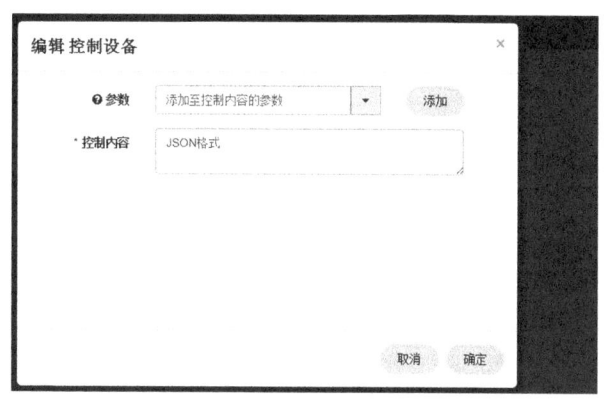

图 3-138　控制设备

4. 大数据管理分析

机智云大数据平台是机智云依托自身 12 年技术积累、行业经验和行业应用落地能力,打造出来的一套充分融合了 BI 工具且提供了数据采集、数据加工处理、数据存储、数据分析、数据可视化于一体的完整解决方案,创造性地将各种"重科技"轻量化,使用户可以更加直观简便地获取信息、探索知识、共享知识。这套商业智能工具简捷易用,通过拖拖拽拽就可自定义各类业务分析报表,提供多维度分析策略,高效地帮助企业整合处理零散孤立海量数据,快速挖掘数据背后的商业价值;为管理层提供及时准确的决策支撑;为业务员提供可视化灵活的数据处理和分析工具,支持对分析解决做分享以及即席分析,如图 3-139 所示。

进入数据大爆炸时代,企业数据爆发式增长,来自产品、运营、价值链以及外部的数据都成指数级增长趋势。面对海量数据收集、海量数据处理、海量数据多维分析等问题,如何利用海量数据已成为企业面临的共同难题。围绕商业智能的价值核心,机智云大数据平台可以为企业解决如下的问题。

(1)对于企业来讲,需要有效的工具来应对企业大数据。需要将散落的数据信息整合,告别数据孤岛;需要保证海量数据处理的稳定和高效;需要达到管理数据化,发掘数据价值,开发数据资产。

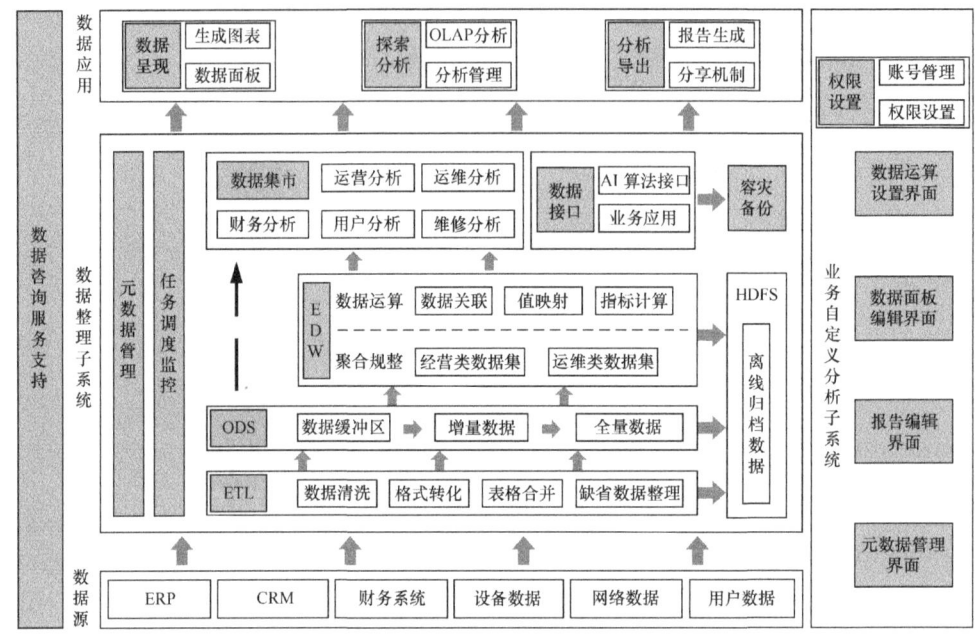

图 3-139　大数据平台架构

(2) 对于管理层而言,需要及时准确的信息来支撑决策。而当前的问题是各种业务分析报表样式繁多,报表之间关联性差;数据多位明细表,数据多,信息少,难以支撑决策;数据分析不及时,决策效果难以得到有效验证。

(3) 对于业务人员来讲,需要灵活可视化的工具帮助其探索和验证业务需求。而现实的情况是数据分析严重依赖 IT 人员,工作被动;报表固定老化,难以满足快速变化的业务需求;现有的分析工具难以支撑业务人员进行灵活的业务数据探索。

(4) 对于 IT 部门人员而言,最希望达到的是快速灵活地响应需求,提升部门价值。对于业务部门的信息需求能够做到快速响应,做好数据支撑,解放技术人员;在 IT 可控的基础上开放权限,满足业务自主化分析需求;做好企业信息化最后一公里,提升 IT 部门价值创领者的核心优势。

根据使用流程,机智云大数据平台分为 3 大功能模块。

(1) 数据处理模块:准备数据,即连接数据源并对某些数据进行 ETL 处理,以建立数据业务中间表,该过程由系统管理员完成。

(2) 可视分析模块:自助处理元数据,自助分析数据,业务人员通过拖拽操作对数据进行处理和可视化分析,创建需要的报表,实现自己的分析诉求。

(3) 分享共用模块:分享见解,符合权限的人员都可以阅读其他人分享的报表,并进行即席分析。

3.3 工业 App 服务

3.3.1 手机阿里云 App

手机阿里云 App 是阿里云官方出品的移动应用,为用户提供随时随地触达阿里云的能力,安全、便捷、快速、实时地帮助用户将云端的一切掌握手中。

1. 阿里云App产品简介

使用阿里云 App,用户可以快速了解阿里云提供的产品信息和动态,购买和试用优质的云产品服务。也可以对已购买的云资源进行监控和管理,随时查看实时监控数据,进行紧急管控操作,接收报警提醒。用户可以在云栖社区中查看技术分享,参与技术话题讨论,观看专家直播,和其他用户进行问答互动。还可以查看自己的账户信息,与客服沟通。

该产品提供 iOS 和 Android 两个版本的应用,对操作系统版本的兼容性如下。

- iOS 9.0 或更高版本
- Android 4.0 或更高版本

阿里云 App 共有 4 个 Tab 页面,为用户提供全套阿里云移动端服务,主要功能如下。

- 支持云产品的监控与管理,拥有多维度的监控指标;
- 支持云产品的购买与续费;

- 实时接收报警提醒，发现问题可以立即解决；
- 工单移动化，将有问题的工单立刻提交客服，及时反馈回复；
- 支持阿里云账户信息查询，包括消费记录、账户余额、代金券、邀请码等；
- 帮助用户更快了解云计算。

2. 使用App一键登录

App一键登录是阿里云提供的一种更便捷的登录方式，如果在PC端和App端都使用同一个阿里云账号，可以使用App完成PC端的一键登录。

操作步骤如下。

（1）在PC端登录界面，核实账号信息，然后单击"通过手机安全登录"按钮，触发手机一键登录，如图3-140所示。

（2）此时安装了阿里云App的手机会收到一条登录验证请求，按照PC端提示打开阿里云App。

（3）开启阿里云App，会弹出手机安全登录页面，如图3-141所示，点击"确认登录"按钮，执行一键登录。

图3-140　PC端检测手机登录页面

图3-141　手机端安全登录页面

（4）此时用户可以看到 PC 端已经登录成功了。

3．将关注的资源添加到首页

用户可以将经常关注的资源添加到 App 首页，以随时监控资源状态，方便快速访问。当前支持添加关注的云产品有：云服务器 ECS、云数据库 RDS、负载均衡、轻量应用服务器、云数据库 Redis 版。

本文以云服务器 ECS 为例，介绍资源关注流程：

（1）通过"管控"→"产品控制台"→"我的云产品"→"云服务器 ECS"，找到想添加关注的资源，如图 3-142 所示。

（2）进入资源的实例页，单击右上角的"关注"按钮，完成关注操作，如图 3-143 所示。

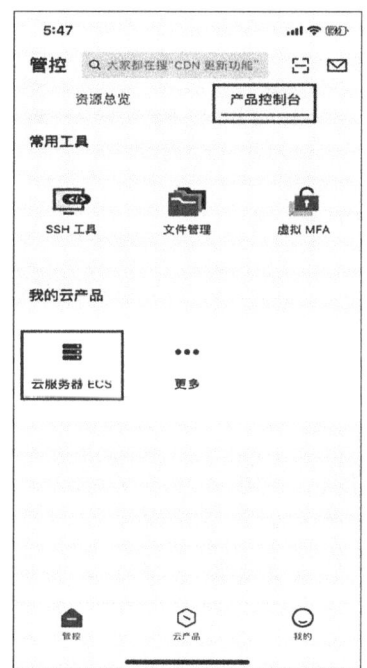
图 3-142　手机 App 管控页面

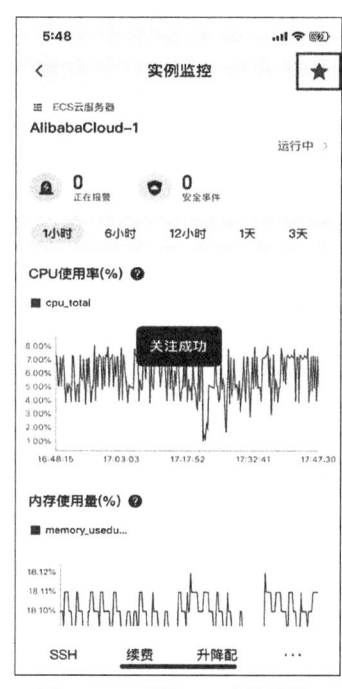
图 3-143　手机 App 关注页面

（3）回到"管控"→"资源总览"→"关注的资源"，即可看到刚才关注的资源，点击可以快速访问该资源实例页。

（4）当此资源有"监控报警"和"安全告警"等异常状态时，系统会给予提示，提醒用户尽快前往处理。

4. 急需续费功能

为保障用户系统的正常运行，阿里云 App 的"急需续费"模块为用户筛选出用户账号下"15 天内即将到期"和"已过期"的云产品资源，并提供快速续费入口，帮助用户维持云资源的有效性，如图 3-144 所示。

阿里云支持对资源设置 3 种续费方式：手动续费、自动续费、到期不续费；"急需续费"默认展示的是"手动续费"的资源，可以点击页面顶部进行切换，如图 3-144 所示。

（1）手动续费

需要客户手动对资源执行续费操作，资源已到期未续费的，将进入过期回收状态或面临被释放。

（2）自动续费

开通自动续费功能的资源，系统会在资源到期前自动扣款为实例续费；如果自动续费扣款失败，系统会向客户发送提醒；客户可以对

图 3-144　手机 App 急需续费页面

设置了自动续费的资源执行手动续费操作，统一续费周期内不会再重复扣除费用。

（3）到期不续费

如果确认某资源已不再需要使用，可以将资源设置为"到期不续费"；系统将不再提醒该资源的到期状态，资源到期后会进入过期回收状态，进而被释放；客户也可以对设置了到期不续费的实例执行手动续费操作，续费后资源可在续费周期内正常使用。

（4）切换续费方式

阿里云 App 暂不提供对资源的续费方式进行切换设置，可以在"PC 控制台→续费管理"页面进行相关操作。

5. OSS 文件管理

在阿里云 App 最新版本中，实现了 OSS 文件管理的功能，方便用户通过手

机随时查阅、管理 OSS 中的文件。App 还支持文件的上传、下载功能。

OSS 文件管理功能在阿里云 App 中有两个入口：

- 控制台→常用工具→文件管理
- 控制台→对象存储 OSS→Bucket→文件管理

OSS 文件管理的核心功能包括：Bucket 创建和 Object 管理、文件预览、文件批量上传和文件批量下载。

（1）Bucket 创建

进入到文件管理首页，这里有两个入口可以创建 Bucket。

创建 Bucket 的操作和 PC 端基本一致，支持区域、存储类型、读写权限的选择。

创建成功后即可在 Bucket 列表观察到刚刚创建的 Bucket，点击 Bucket 即可进入该 Bucket 的文件管理页。

（2）文件（Object）管理

点击文件管理页面右上角的更多按钮，可以看到更多操作，包括文件搜索、文件上传、目录创建、批量操作。

文件搜索是一个常用的功能，移动端目前完整集成了 OSS 前缀搜索的功能，可以使用搜索前缀关键词搜索当前文件夹下指定前缀的文件。

可以在移动端创建目录，填上目录名称即可在当前目录下新建目录了。

如果想要一次性操作多个文件，文件管理提供对多个文件的批量操作，可以同时支持多个文件的下载和删除。

可以对单个文件做更多操作，点击每个文件或文件夹右侧的"更多"按钮，即可对文件或文件夹进行下载和删除等操作。

如果想查看文件属性或是分享文件，可以点击单个文件进入到文件预览页面。在文件预览页面支持基本信息查看、图片文件预览、自有域名选择、链接过期时间设置等功能。

点击 URL 可以对链接进行复制（Android 端为长按复制），并分享给朋友。

PC 版 OSS 文件管理器提供了文件的上传功能，用户可以对本地文件进行批量上传操作。操作步骤如下：

1）在文件管理器中点击右上角"更多"按钮，选择"上传文件"。

2）打开本地文件管理器，选择需要上传的文件。

3）点击"确定"后，如果用户开启了 MFA 验证，会要求输入 6 位验证码。

4）输入验证码后，上传文件任务会被添加到"传输管理器"中。

5）"传输管理器"入口位于 OSS 文件管理器上方。

6）进入"传输管理器"，在"上传列表"里可以看到正在上传的任务和已完成的任务。

手机版 OSS 文件管理器提供了文件的下载功能，可以针对 OSS 中的文件进行单独下载或是批量下载。

1）单独文件下载，点击文件列表中对应文件右边的"更多"按钮，选择"下载文件"。

2）批量下载文件，请点击右上角"更多"按钮，选择"批量操作"。

3）点击"下载"后会弹出手机本地"文件管理器"，选择需要下载到的本地目录。

4）确定后，文件下载任务被添加到"传输管理器"中。

5）到"传输管理器"中的"下载列表"中查看下载情况。

6. 安全保护

安全保护是阿里云提供的手机安全服务，利用手机设备的私密便捷属性，确保用户在阿里云上进行的所有关键操作都经由用户本人确认，保护资产和信息安全。

第一次使用安全保护时，需要先设置验证密码，操作步骤如下。

步骤1：登录手机阿里云，单击"我的"→"安全保护"→"立即设置"；

步骤2：按页面提示设置私密的手势密码；

步骤3：可以选择是否将系统预设指纹用于认证，指纹认证更便捷。

安全保护提供两种使用场景，分别是"PC 安全验证"和"App 启动保护"，可以按需选择在此台设备上开启或关闭。

PC 安全验证功能让用户使用贴身手机完成 PC 端关键操作的验证流程，安全便捷，此功能只能在用户账号的可信设备上开启，用户需要通过短信验证完成账号和设备的可信绑定。一个阿里云账号可以绑定多台可信移动设备，但同一时间只有一台可以开启 PC 安全验证。只有开启了安全验证的设备才能接收到验证请求。

App 启动保护功能可以有效防止他人查看或操作用户的云资产，保护用户的信息安全。开启此功能后，当打开阿里云 App 时，或阿里云 App 后台运行超过 5 分钟重新唤醒时，需通过验证才可正常访问 App。

（1）PC 安全验证功能

① 如果用户手机上已安装阿里云 App，请打开阿里云 App 扫描页面上的二维码（或点击"我的"→"安全保护"）进入安全保护页面，开启"PC 安全验证"功能，如图 3-145 所示。

② 在 PC 端刷新页面，并按照页面提示打开当前开启了"PC 安全验证"功能的移动设备，然后在 PC 端点击"重新验证"按钮发起验证请求，如图 3-146 所示。

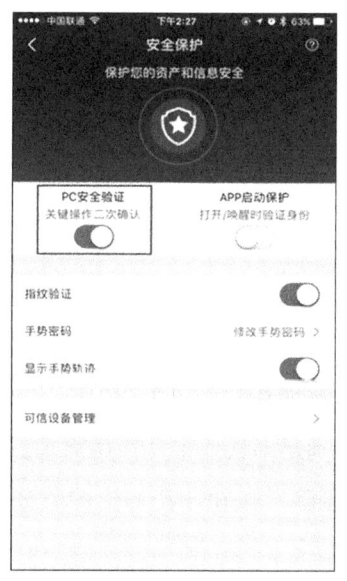

图 3-145　手机端 PC 安全验证页面

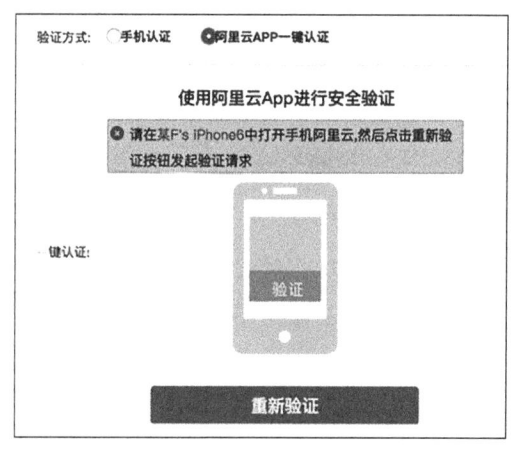

图 3-146　PC 端安全验证页面

③ PC 端页面提示验证请求已发送，需要用户在 App 端完成验证。

④ App 端会弹出一键验证界面，在此界面上输入用户预设的手势密码完成验证。

⑤ 验证结果会显示在 PC 端页面上，如验证成功则可以进行接下来的操作，如验证失败可以点击"重新验证"按钮重试，如图 3-147 所示。

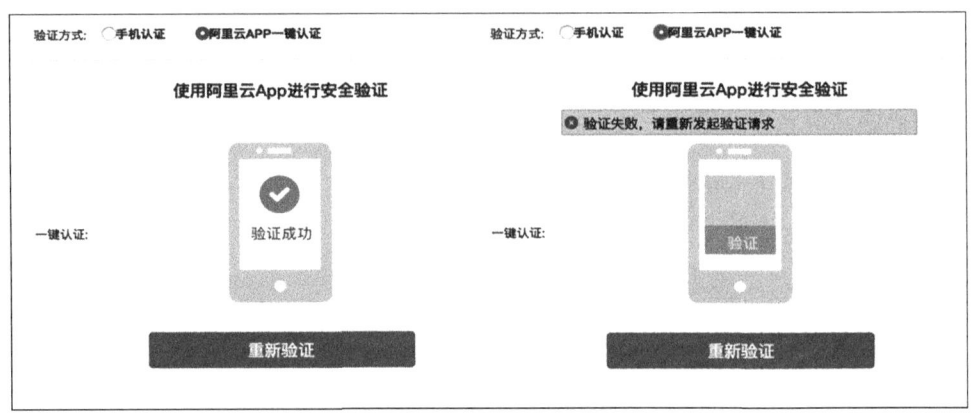

图 3-147　PC 端安全验证结果页面

（2）可信设备管理

可信设备是针对阿里云账号来说的，如果用户经常使用某台移动设备（如私人手机）登录用户的阿里云账号，可以将这台设备添加为阿里云账号下可信设备。可信设备是某些操作的前提，例如只有可信设备才可以开启"PC 安全验证"功能。

可信设备管理的步骤如下。

① 在私人移动设备上下载安装阿里云 App，并登录阿里云账号。

② 点击"我的"→"安全保护"→"可信设备管理"，在弹出的安全检测页面输入短信验证码，如图 3-148 所示。

③ 验证成功后，在可信设备列表页面中看到当前设备，如图 3-149 所示。

④ 一个阿里云账号下可以添加多台可信设备，满足多人或多端使用需求。

⑤ 选择需要删除的可信设备，点击右侧的"删除"按钮，在弹出的验证界面完成指纹或手势验证后，即可成功删除该台可信设备。

⑥ 被删除可信的设备不再具备"可信"身份，无法执行关键操作。

7．多因素身份认证Multi-Factor Authentication（MFA）

新版阿里云 App 增加了"虚拟 MFA"工具，该工具支持 TOTP（RFC 6238）协议的动态口令生成，可以用于多因素身份认证场景。

（1）绑定 MFA

1）在 PC 端登录阿里云账号，进入"账号管理→安全设置"页面，选择"设置虚拟 MFA"，如图 3-150 所示。

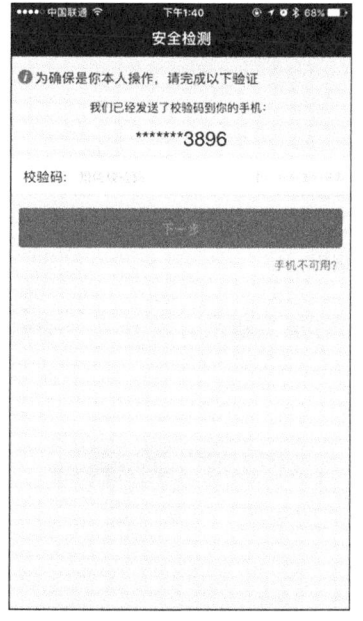

图 3-148 可信设备管理安全检测页面

图 3-149 可信设备列表

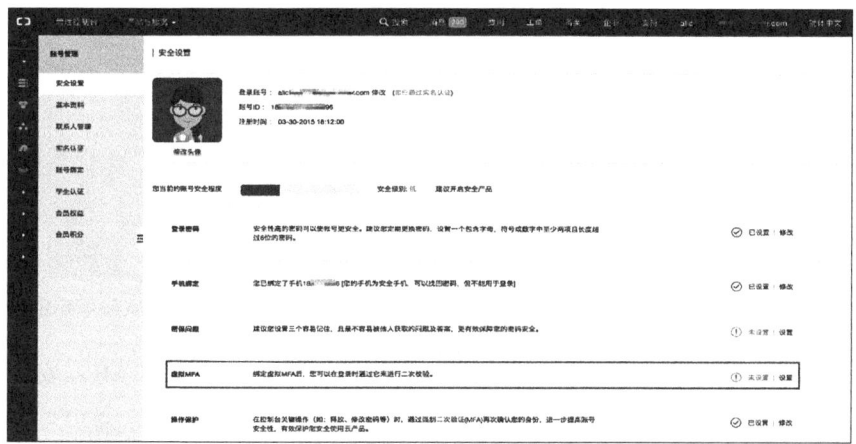

图 3-150 设置虚拟 MFA

2）填入用户手机上收到的 6 位短信验证码，完成手机验证，如图 3-151 所示。

3）下载并打开阿里云 App，点击首页左上角的扫一扫，扫描下方 PC 端页面上的二维码，进入 MFA 添加账号页面，如图 3-152 所示。

图 3-151 填写手机验证码

4)也可以从阿里云 App 的"控制台→虚拟 MFA"进入,选择"手动输入"添加账号,如图 3-153 所示。

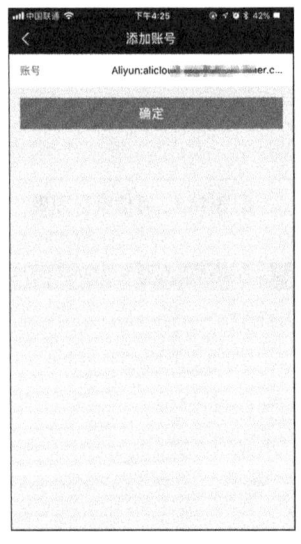
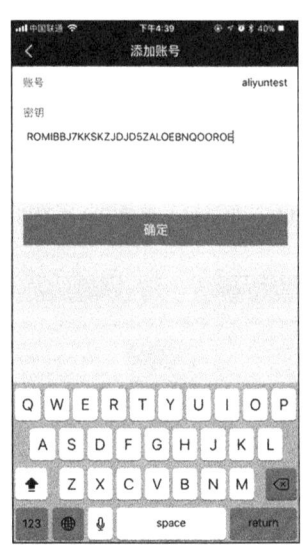

图 3-152 添加 MFA 账号页面　　　　图 3-153 手动添加 MFA 账号页面

5)扫描成功后,可以看到如图 3-154 所示,包括用户账号和 MFA 安全码。请在 PC 端的页面上输入连续的两组 6 位安全码,然后点击"确认启用"来完成绑定,如图 3-155 所示。

绑定了 MFA 后,在 PC 端登录阿里云账号时,输入完用户名和密码后,还需要输入 MFA 安全码才能登录。此时需要打开阿里云 App,点击"控制台→虚拟 MFA"查看之前绑定账号的安全码。

图 3-154　虚拟 MFA　　　　　　图 3-155　PC 端输入安全码页面

绑定了 MFA 后，在 App 端登录时，也需要输入 MFA 安全码。点击"查看安全码"按钮，可以直接获取之前绑定在此台手机上的 MFA 账号。点击"填写"按钮，可以快速填入 MFA 安全码，完成登录。

（2）解绑 MFA

1）在 PC 端登录阿里云账号，进入"账号管理→安全设置"页面，选择"解绑虚拟 MFA"，如图 3-156 所示。

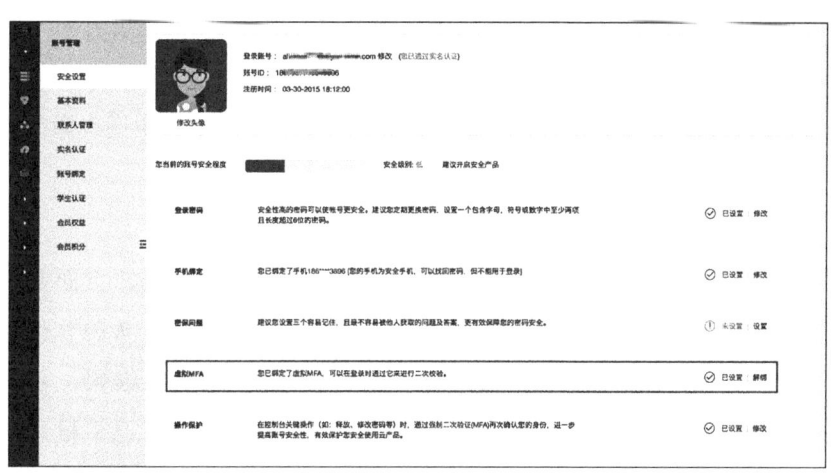

图 3-156　解绑虚拟 MFA

2）打开原先使用的"Google Authenticator"，在 PC 页面上输入此时显示的 6 位 MFA 安全码，如图 3-157 所示。

图 3-157　输入 MFA 安全码

3）输入正确的 MFA 安全码，即可完成 MFA 的解绑。

3.3.2　机智云 App 服务

机智云为开发者提供了一个非常便利调试的 Demo App，还有针对不同移动端平台 Android、IOS 的 SDK App 开发资源，在机智云平台左侧栏，点击"开发向导→App 开发资源"，就可以下载了，如图 3-158 所示，其中还有微信开发等资源，有兴趣的可以去下载查看。

1. Demo App 安装

安装 Demo App 软件，需要点击顶部标题栏中的下载中心，页面会跳转到下载中心，选择左边标题栏，单击"开发与调试工具→机智云 Wi-Fi/ 移动通信产品调试 App"，页面会显示 Android 与 IOS、App 下载的二维码，还有对软件功能的详细说明（紫色框）如图 3-159 所示，用户可根据自己手机系统去选择下载。

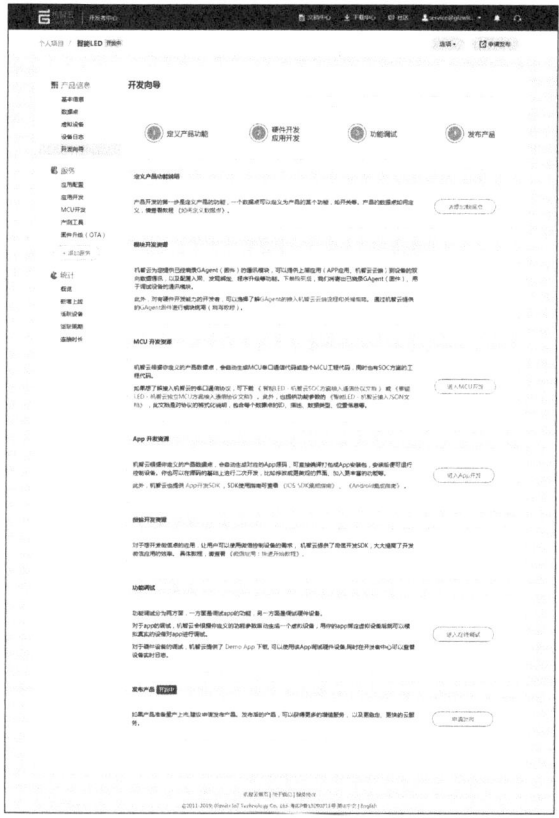

图 3-158　开发资源

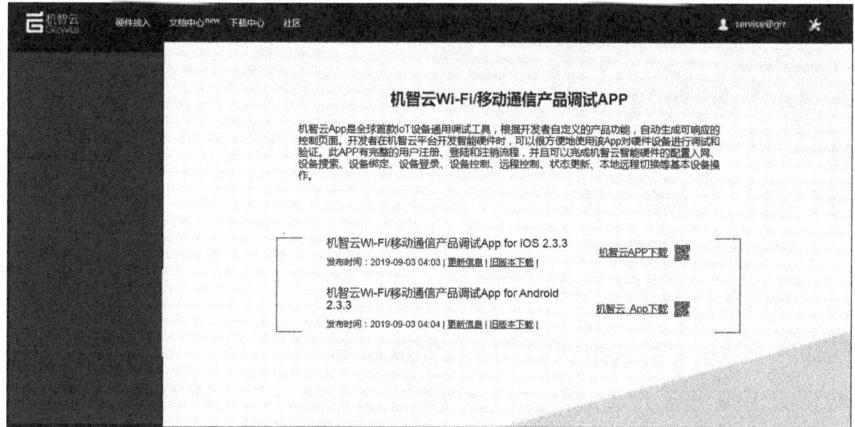

图 3-159　Demo App 下载

软件安装后,第一次打开 App 会提示登录账号,如图 3-160 所示。注册完账号并且登录后,页面会跳转到"我的设备"下,显示当前没有设备,需要添加。注意:这里的添加设备是针对实际设备端的,因为目前没有实际的设备,所以不用管它。

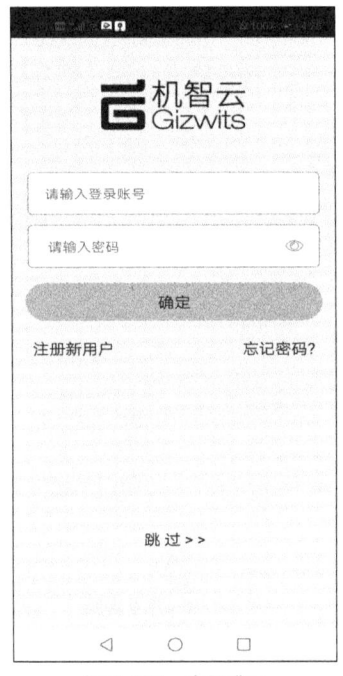

图 3-160　账号登录

2. App 与虚拟设备的绑定

返回电脑端,点击"启动虚拟设备",页面跳转后点击"显示二维码"(虚拟设备二维码),如图 3-161 所示。

二维码生成后,在手机 App 上点击左上角二维码扫码器启动摄像头,扫描二维码,如图 3-162 所示。

扫描成功后,手机 App 端会显示与虚拟设备"智能 LED"已绑定上了,可以看到网页上模拟设备的通信日志,已提示设备上线、成功连上云端,如图 3-163 所示。

图 3-161　虚拟设备二维码

图 3-162　绑定设备

3．App与虚拟设备端通信

在 3.3.1 小节中，手机端与虚拟设备成功绑定，那么接下来的通信也就非常简单了,在手机 App 上点击绑定的设备,进去后可以看到"LEDonoff"开关按钮,这是在创建数据点小节中创建的开关型数据,如图 3-164 所示。

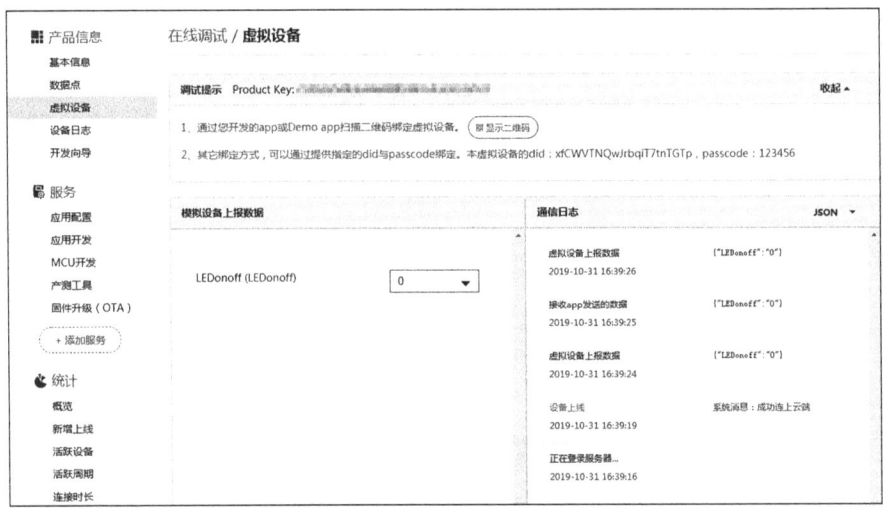

图 3-163　设备上线

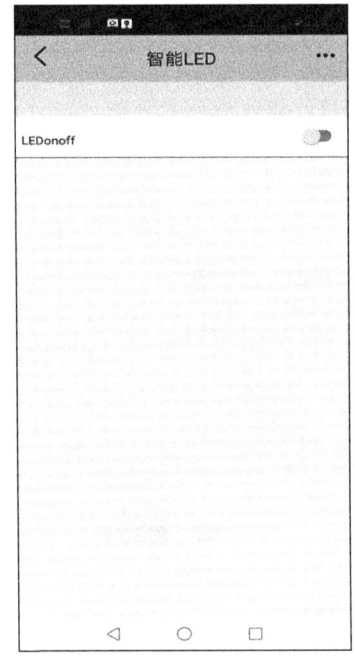

图 3-164　开关按钮

单击"APP LEDonoff"按钮,开关的数据会同步上传到服务器,如图3-165所示。

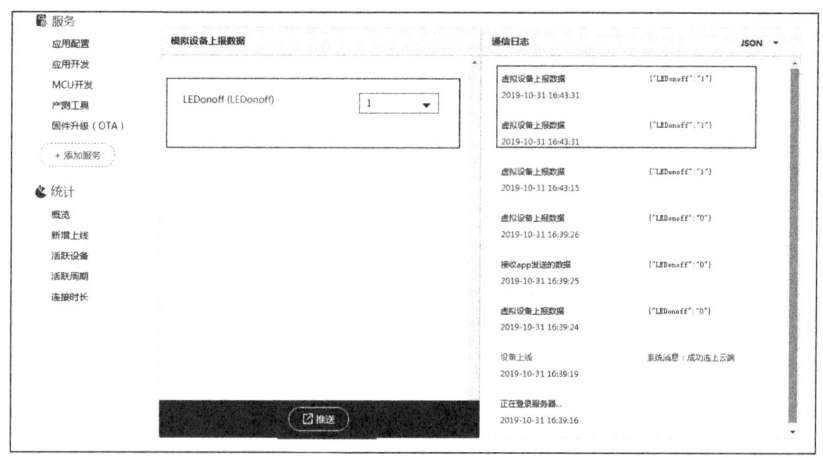

图 3-165　上传开关的数据

网页上也可以推送控制信号到手机 App 上,如图 3-166 所示。

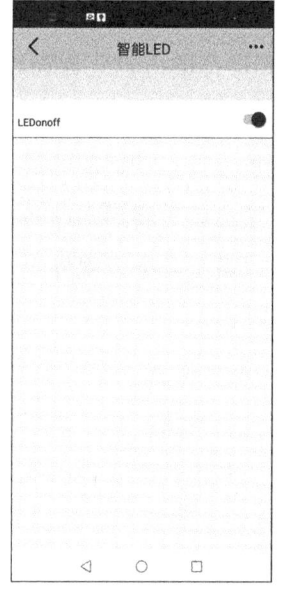

图 3-166　推送信息

手机端每分钟会向云端同步当前数据,如图 3-167 所示。

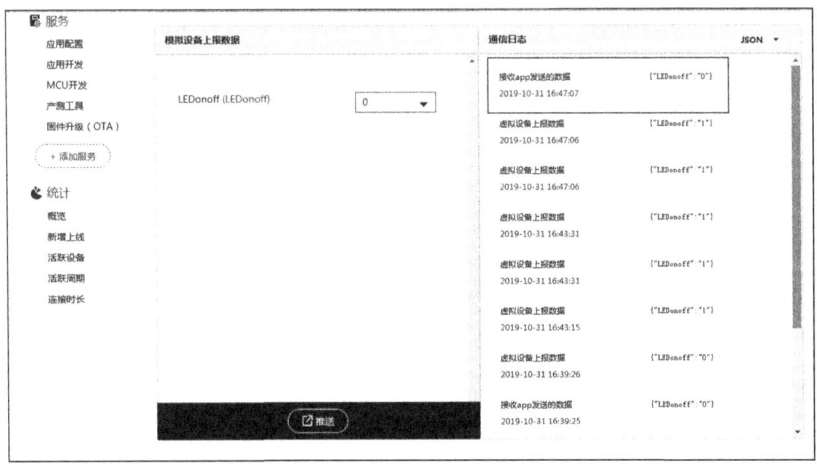

图 3-167　同步数据

3.3.3　根云云视界

根云的"应用使能平台"给终端用户提供了丰富的功能，包括常见的设备管理、物联呈现、设备维护等。用户可以利用"应用使能平台"提供的服务定制解决自己的特殊业务需求。云视界是其中的一个典型服务及工具 App。

云视界是一款以 Web 方式运行的可视化界面设计工具，主要用于解决工业互联网 HMI 呈现问题。通过其设计出来的界面可以个性化地展示设备指标参数、实时工况等。用户首先配置设计自动适应的屏幕布局，然后布置页面元素、集成后端服务元素或数据源，最后就可将后端服务提供的信息展示到大屏幕、计算机、平板电脑以及手机上。以下是几个云视界设计出的界面（见图 3-168）。

云视界主要功能和特点包括：

● 基于不同的设备模型，系统提供了多种网页和大屏模板。

用户在这些模板的基础上可以快速实现个性化的工况呈现，即使没有界面设计经验，也可制作出专业的展示效果，并在相同设备模型的设备上共用。

● 采用相对布局设计模式，支持适配多种显示分辨率、以多种分辨率来展示工况，用户设定好展示内容与屏幕之间的相对布局和位置关系后，即可在大屏幕、计算机、PAD、手机等多种尺寸屏幕上自动适应，无须针对不同应用开发多套工况界面，如图 3-169 所示。

第 3 章
工业互联网平台

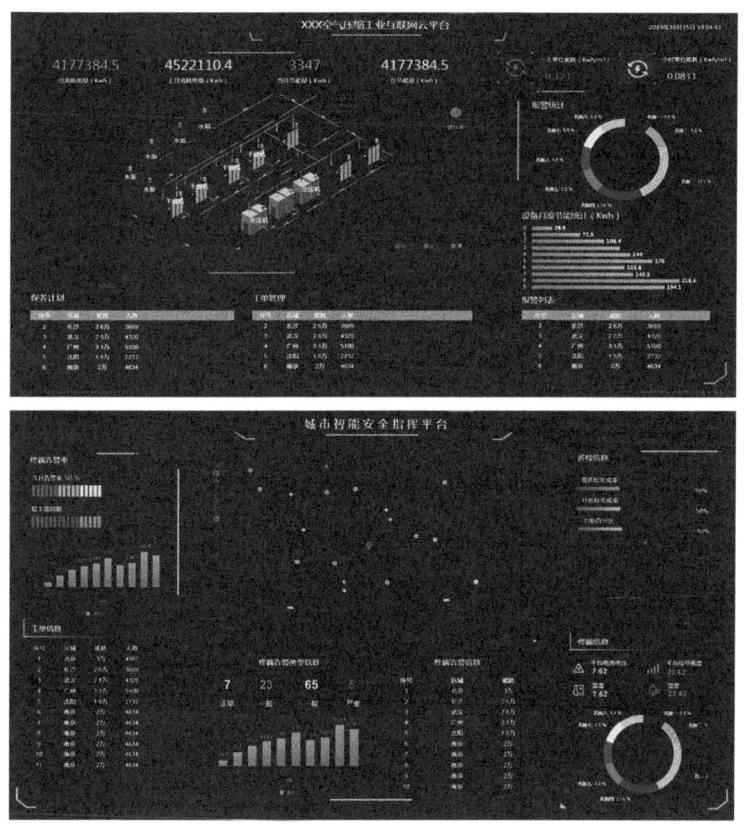

图 3-168 云视界设计出的界面示例

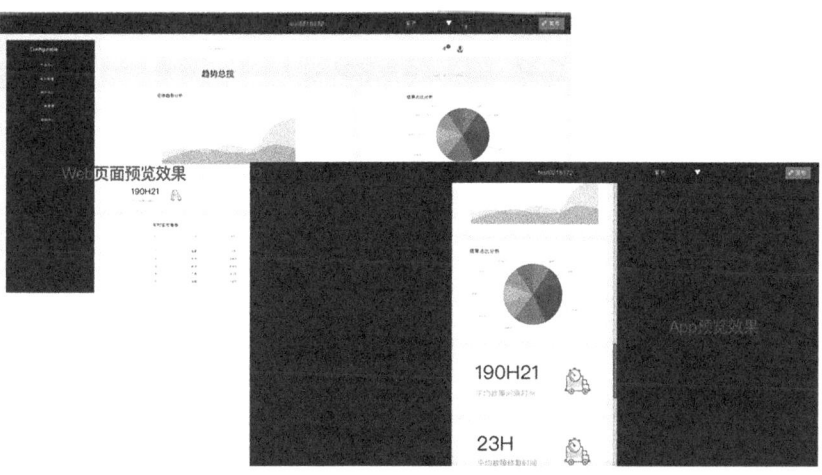

图 3-169 适配多种显示分辨率

- 支持接入多种数据源，包括文件型数据源、数据库型数据源、api 型数据源、saas 数据连接等，用户可添加和导入自定义数据。
- 提供了庞大的组件库，适配常用设备、微信、原生 App。

1. 目标

通过本节，了解云视界的基本概率，了解其基本的使用方法。包括：

- 如何设计界面
- 如何连接数据源
- 如何发布界面

2. 相关概念

（1）项目

项目是针对"某类设备的某展示界面"的设计配置和相关文件集。一个项目可包含多个展示界面，通过配置界面内"容器组件"的数据源属性连接数据源，实现用户对该类设备的多种可视化展示，如图 3-170 所示。

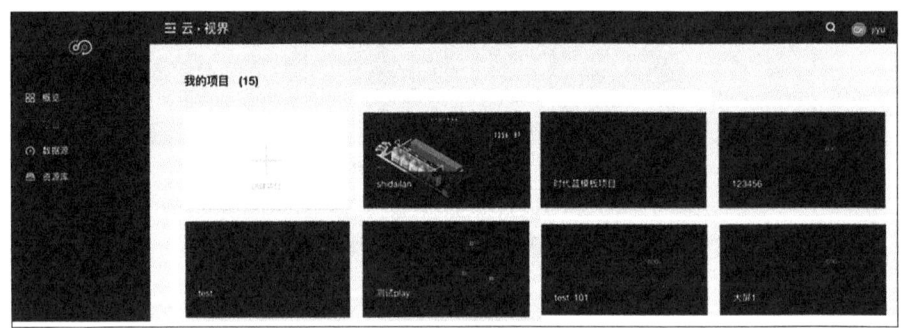

图 3-170 项目

（2）界面

每类设备可以有多种展示界面，如实时工况展示页面、历史数据统计页面、设备控制流程页面等，它们从不同的角度反映了设备的工况。云视界采用"页面-容器（组件）- 组件"的方式组织页面的布局和数据展现。界面在这里和页面是同一个概念，它由可视化编辑器创建编辑。

（3）页面模板

页面模板是可配置的页面。它已经包含了一系列的容器和组件，实现了某种页面展示效果。用户通过拷贝模板为自己的页面配置修改页面元素的属性，可快速实现符合自己要求的页面效果，如图 3-171 所示。

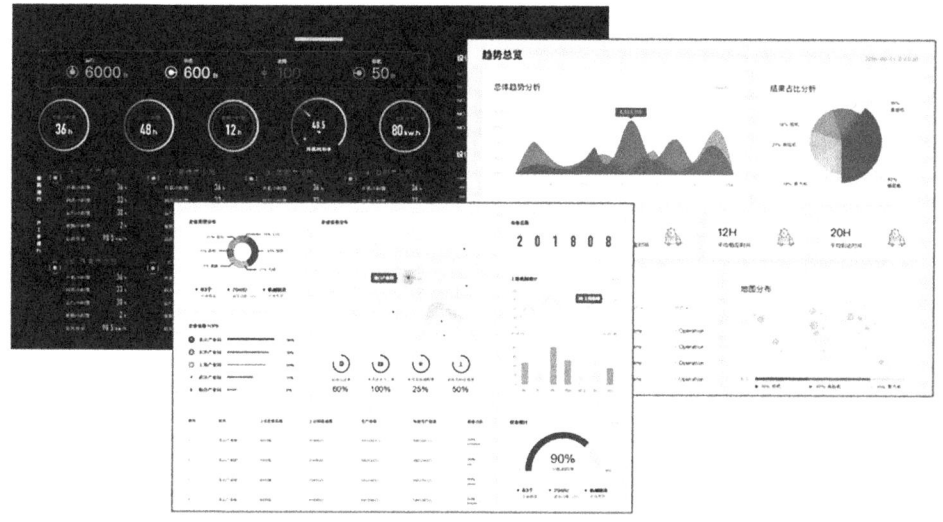

图 3-171　页面模板

（4）组件

组件主要用于以可视化方式展示数据，通过选择不同的组件，设备数据可以呈现多种展现方式。通过组件的属性可定义组件的展示效果，通过组件的数据连接可取得需要展示的数据，不同的组件可以关联不同种类的数据连接。

（5）数据源

数据源是页面展示所需"各项设备参数和数据"的来源，包含设备模型数据、设备实时数据。系统支持多种类型的数据源，并可从这些数据源同步获取需要的数据，如图 3-172 所示。

（6）用户图片库

用户自行上传并管理的图元资料库。

（7）系统图片库

系统为用户提供的基本图元资料库。

图 3-172　数据源

3．实施准备

用户需要向根云申请账号才可以使用云视界。申请到账号后，登录云视界，如图 3-173 所示。

图 3-173　登录云视界

4．实施操作

（1）创建项目

登录云视界后，可根据自己的项目需要选择一个相似的模板来创建自己的项目，从而开始自己的个性化页面设计。可以在新建项目的过程中选择模板，也可以在"概览页面"的"工具市场"区选中某个模板，建立自己的项目。两者没有太大区别，现以第一种方式进行说明。

1）单击"最近项目"区的"创建项目"按键，弹出"创建新项目"对话框，如图 3-174 所示。

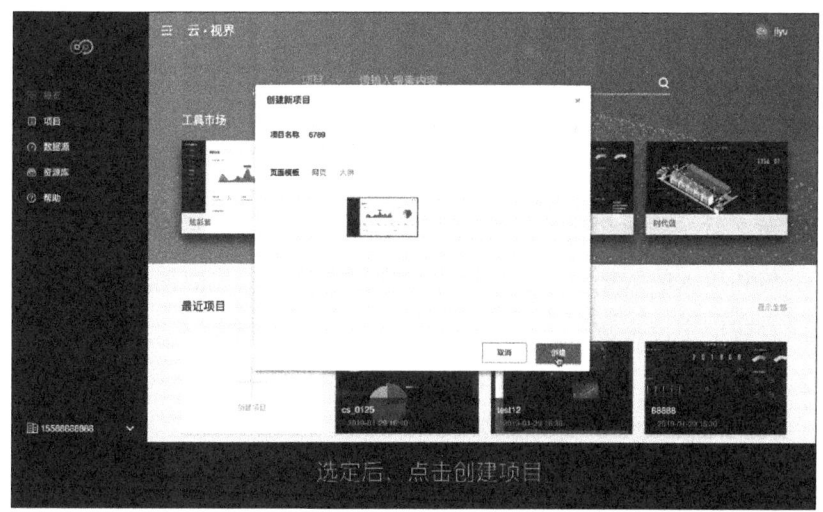

图 3-174　创建新项目

2）输入项目名，选择网页类或大屏类下的某个模板，创建项目，如图 3-175 所示。

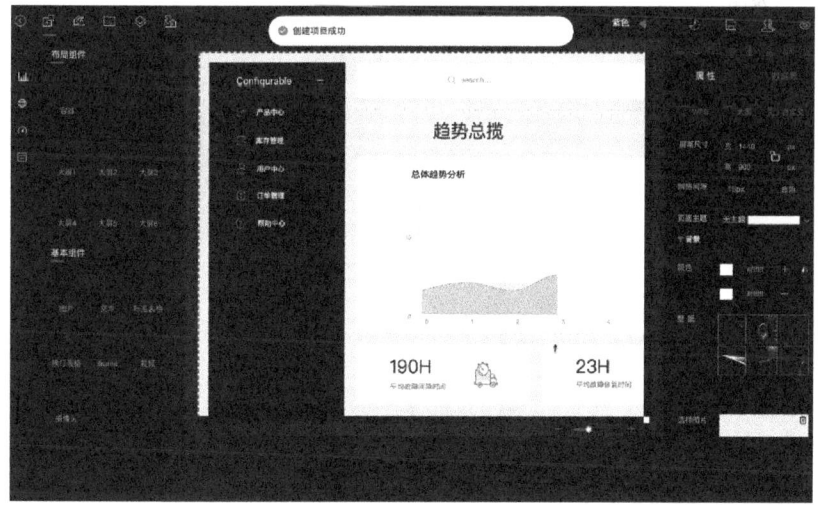

图 3-175　创建好项目界面

（2）准备素材

在创建页面之前，需要准备好页面设计中将要用到的个人素材库和数据源。这里素材是指页面设计时会用到的各种文件，文件格式支持 jpg、png、svg、gif、zip、mp4 等，文件大小需要限制 10MB 以内。

可在系统首页的"资源库"模块上传和管理个人素材，已上传的个人素材会出现在可视化编辑器导航栏的个人素材库中。

云视界已为"平台采集到的设备数据"准备好了相关的连接数据源，设计页面时选择这些数据源、配置给相应组件即可。如果需要使用其他数据源，在创建可视化页面之前，需要在系统首页的"数据源"模块进行其他数据源的接入和上传。已上传和接入的数据源，在可视化编辑器中把组件与数据源关联后，可使组件展示实时或历史设备数值。

（3）设计页面

1）选择页面布局

选择页面左侧的布局样式，点击选择布局，即可成功将页面改为所选择的布局，如图 3-176 所示。

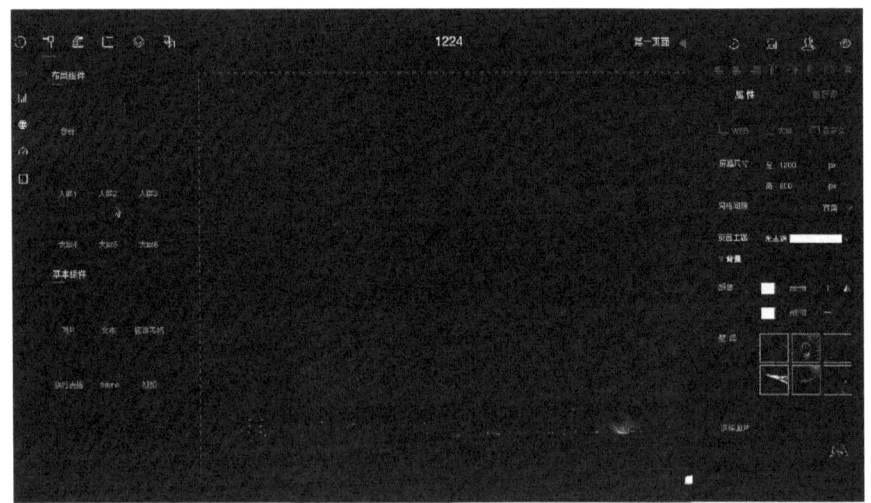

图 3-176 选择页面布局

2）放置组件

在页面区选择某个容器，将组件区中的某个合适组件拖拽到容器中。

3）调整组件位置

组件放置好后，拖动组件到合适位，调整组件大小。

4）调整组件属性

选中组件时右侧会显示其属性编辑区，可以通过在编辑区修改组件的各个属性来调整组件的样式等。

（4）为页面或/和组件设置关联的数据源、实现组件对工况的展现

文本、图表、图片、视频等组件在设置数据源后，即可展示数据源中的实时或历史工况信息。这些工况信息或为设备指标参数，或为作业统计数据，还可能是指示灯、状态图。当设备数据满足了预先设置的条件，组件还能通过特定的警示颜色、闪动来提醒用户注意这些情况。

可以将页面关联到某个具体设备的物模型，这样页面内所有组件均自动关联到这个物模型的所选设备。

为页面关联物模型后，再为页面中的组件配置该物模型的具体参数即可。如果不为页面选择物模型及设备，也可以直接为组件关联数据源。

同时还可以设置数据的判断条件，使页面在不同数据结果时展示不同的效果，如图 3-177 所示。

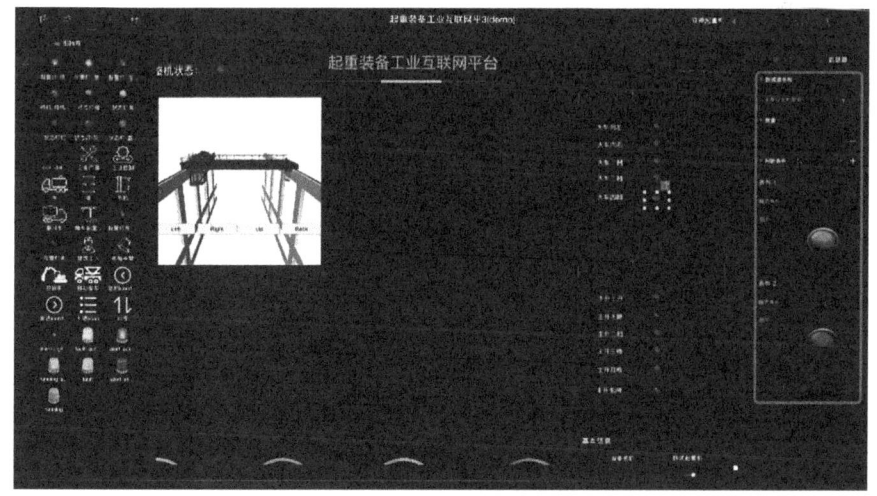

图 3-177　设置数据的判断条件

（5）预览页面

点击页面右上方的预览按键，即可预览页面在 Web 浏览器、大屏和 App 下的效果，如图 3-178 和图 3-179 所示。

图 3-178　预览页面按钮位置

图 3-179　预览页面

（6）发布页面

设计好页面，预览无误后即可发布。点击编辑器右上方的"发布"按键开始发布。

在网页地址可以找到网页发布后的访问 URL。在"发布地址访问设置"可以设置是否需要登录才可以访问。如果选择"免登录"则访问页面时不需要账号即可访问。

还可以进行发布设置,设置页面是否可缩放、是否可全屏、项目含有多个页面时是否自动播放等。

发布后,用户用上面的页面地址即可访问云视界页面。

5. 总结与拓展

本节只是简单地介绍了"云视界",有关云视界可视化编辑器的使用、项目管理、数据源的配置和管理、素材库的管理等,请参考根云的相关资料。

3.3.4 盛原成

盛原成 SLM 和 SMAS 均提供盛云猫、盛云宝两款 App 分别供设备厂家及最终客户使用,都具备实时监测设备和相关运行状态及实际工况的功能,方便用户及时了解设备运行状况,及时跟踪设备处理情况;同时具备对应系统的相应功能模块,让用户随时随地把握情况,提高用户设备管理水平、工作效率,提高设备利用率及效率。通过手机 App 平台,用户可以通过手机实时监测设备的运行状况,主要包含设备状态、数据报表、报警中心等。

盛云猫 App 功能

- 一键提交售后服务单、服务反馈;
- 设备实时监测;
- 快速购买设备配件;
- 易损件 / 耗材及时提醒;
- 设备图纸及资料随时查看。

盛云宝 App 功能

- 个性化首页看板配置;
- 设备实时监测;
- 随时随地地查看设备状态,故障情况;
- 方便的故障提报。

App 界面如图 3-180 所示。

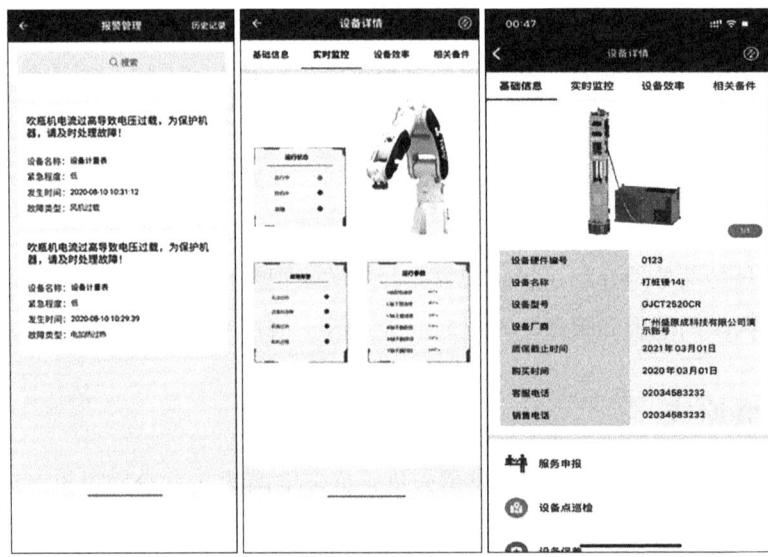

图 3-180　盛原成 App 示例

第 4 章
平台应用案例

工业互联网平台主要模块功能与企业运作环节相结合产生的典型应用有以下几类。

1. 智慧研发

智慧研发包括个性化智能研发、协同研发、社会化双创3种模式，如图4-1所示。

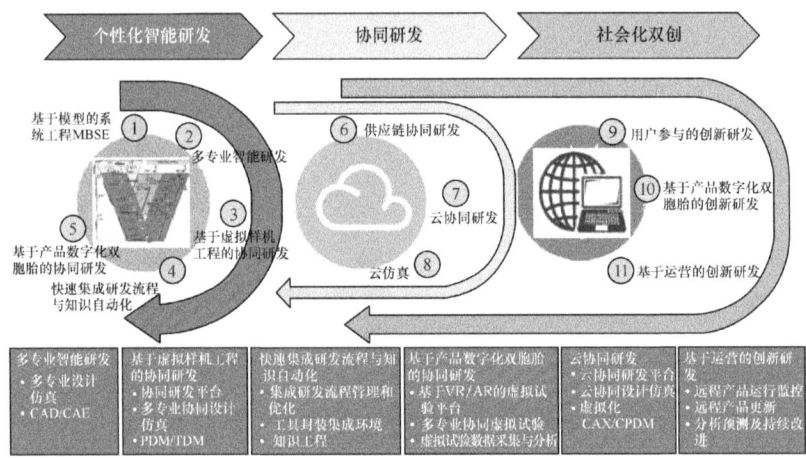

图4-1 智慧研发

2. 精益制造

精益制造生产包含柔性化生产、基于MBD的协同制造、社会化协同制造3种模式，如图4-2所示。

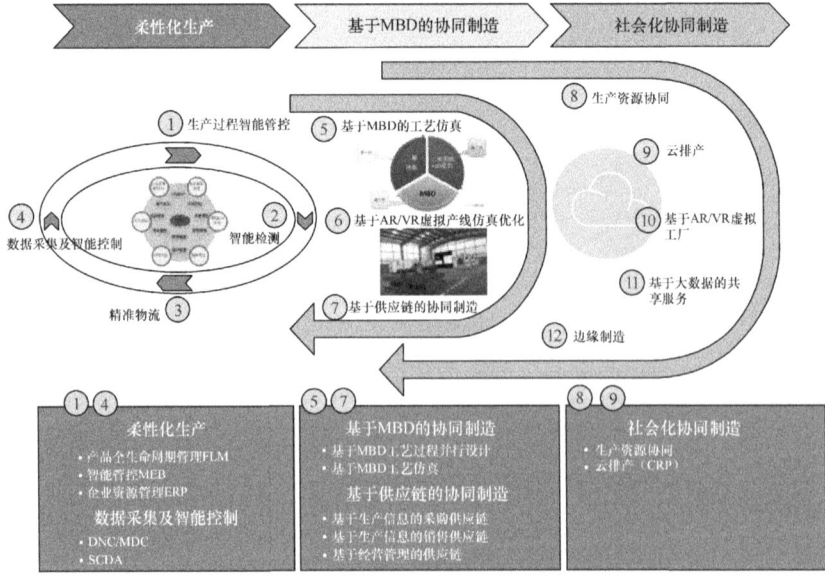

图4-2 精益制造

3．智能服务

智能服务包含设备智能管理与维护、智能工业运营服务、敏捷产品智能服务3种模式，如图4-3所示。

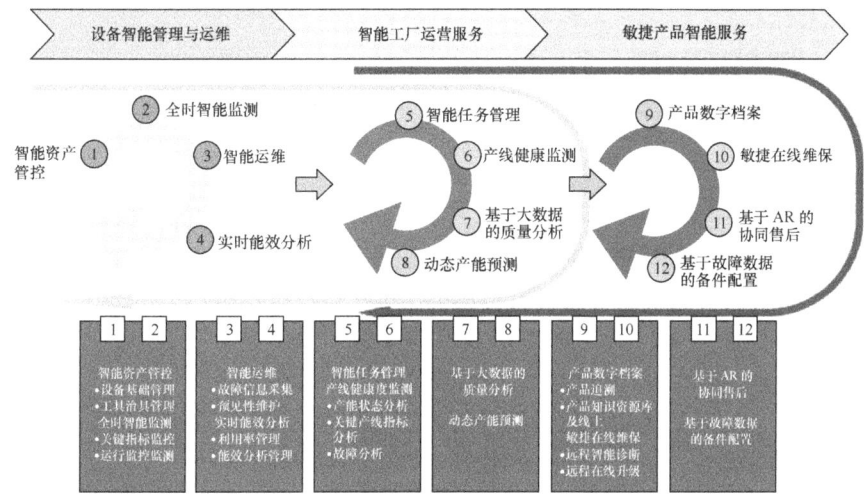

图4-3　智能服务

4．智慧企业

智慧企业包含云端企业管理、智慧企业管理、生态化企业管理3种模式，如图4-4所示。

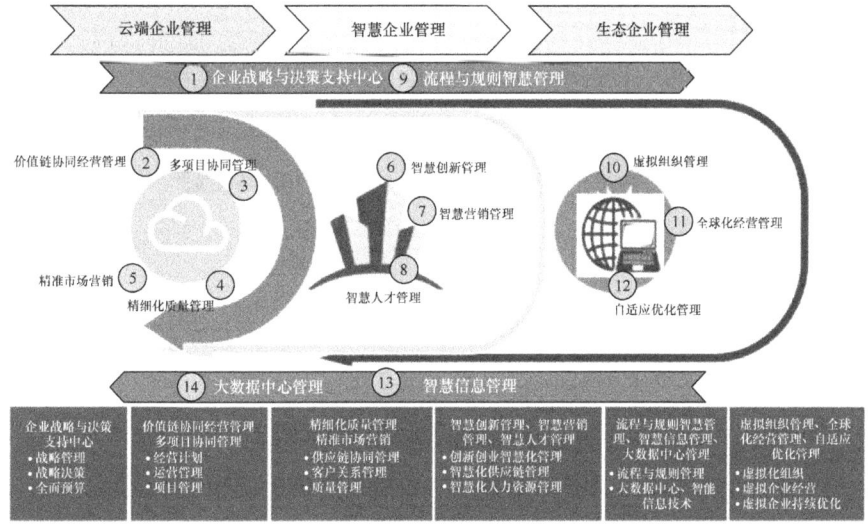

图4-4　智慧企业

以下我们以智能供应、智能生产、智能客服、智能管理几个常见的平台应用为例进行说明。

4.1 智能供应

工业互联网平台为用户提供了集中查看和管理用户云产品配额的服务。用户可以查询每个云产品的配额限制，或根据业务的需要在线调整用户的配额。以下以阿里云产品的配额管理为例进行说明。

4.1.1 配额管理

1. 基本概念

（1）配额

在阿里云，配额就是一个账号可以使用的云产品资源的最大值或操作次数的最大值。也有部分产品的配额粒度更细，按区域进行控制。配额的粒度以控制台展示为准。

（2）可调整配额

配额值可以调整的配额。可通过配额中心、工单等途径进行调整。

（3）全局配额

账号级别配额。当用户的申请在流程中，则不可以再发起一个新流程。

（4）缺省配额值

云产品为每个账号设置的配额初始值。

（5）配额申请值

配额申请值一旦审批通过，将会覆盖原来的配额值。

（6）已使用

在配额中心，已使用表示该配额项的资源使用情况或操作次数。

阿里云为用户提供了一个配额中心，用于查看和管理用户所需产品的配额，以实现智能的供应。

2．功能特性

（1）查看配额

配额中心控制台提供了跨可用区快速查看云产品缺省配额值的功能。用户选择相应的云产品，即可查看该云产品的配额项及配额是否可调整。

（2）配额申请

对于可调整配额，用户可以通过配额中心控制台提交申请。对于部分不提供在线申请的产品配额，可以提交工单进行申请。

（3）查看配额使用量

当用户使用了云产品资源，可以通过配额中心控制台查看当前资源使用量。

（4）申请历史查看

用户可以通过申请历史找到提交的配额申请，并可以通过状态进行过滤查询。

4.1.2 查看配额

（1）打开配额中心控制台，如图 4-5 所示。

图 4-5　配额中心控制台

（2）在左导航选择"产品列表"，会出现图 4-6 所示界面。

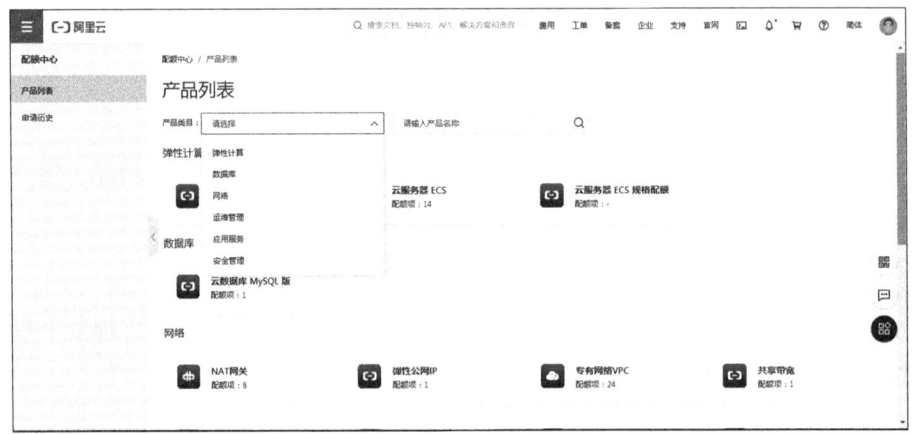

图 4-6　产品列表

（3）在页面上选择对应的产品模块，进入该产品的配额列表页。

（4）在列表页上可以根据配额的筛选条件进行查询，可以看到配额名称、配额 ID、描述、配额缺省值、已使用量等详细信息。

4.1.3　申请提升配额

当配额是可调整配额，则可以通过配额中心控制台提交申请。提交的配额申请将由各云产品技术支持进行审批。用户可以在申请历史中查看申请的审批进度。

1. 控制台申请提升配额

（1）打开配额中心控制台，如图 4-5 所示。

（2）在左导航选择"产品列表"，如图 4-6 所示。

（3）在页面上选择对应的产品模块，进入该产品的配额列表页。

（4）对可调整配额，则单击"申请"按钮进行调整配额。申请的配额值必须大于当前配额值。

（5）当申请审批通过后，配额值将被设置为新申请值。

（6）在左导航选择"申请历史"，可以查看到所有的申请记录，如图 4-7 所示。刚提交的申请，状态为"审核中"。可以通过产品名称、地域、状态等条件进行筛选查询。

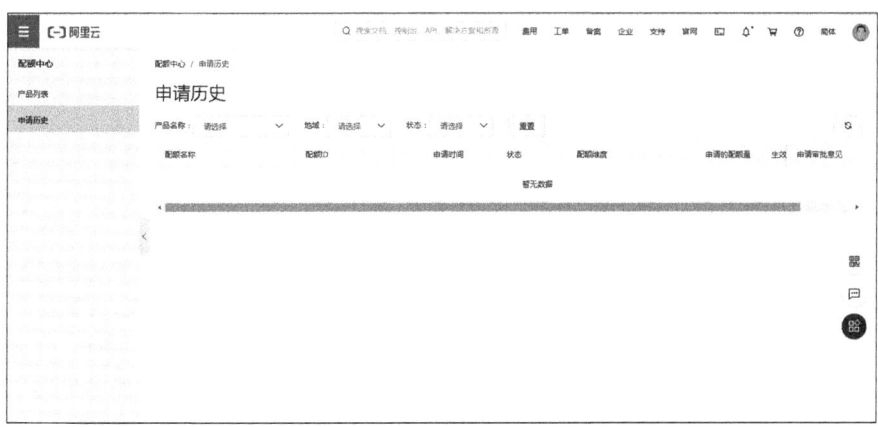

图 4-7 申请历史

2. 查看和提升配额（新版）

在 ECS 管理控制台上，用户可以查看该账号能够使用的特权和资源配额。其中，实例规格的配额按照可用区等属性来划分，如有需要，用户可以申请提升配额。

（1）背景信息

根据用户的云服务器的使用情况的不同，账号支持的特权和资源配额会有所不同。其中，实例规格限制按照可用区、实例规格、实例付费类型和网络类型等因素来进一步明确用户的配额。保障配额由系统自动分配调整，在保障配额内创建 ECS 实例，具有很高的成功率。如果总配额不能满足用户的需求，可以申请提升总配额。

说明：部分账号的权益配额功能还未升级至新版本。如果用户的权益配额页面和本文所述不一致，请参见查看配额，如图 4-8 所示为资源配额管理界面。

图 4-8 资源配额管理界面

图 4-8 中各区域的含义如下表 4-1 所示。

表4-1 区域含义表

序号	区域	描述
❶	各个可用区的实例配额	用户的云账号在当前地域中，各个可用区下各实例规格的配额
❷	可用区全规格 vCPU 总配额	用户可以查看针对一类付费类型和网络类型的可用区全规格 vCPU 总配额，即包括所有规格的 vCPU 最大数量。例如，华北 1（青岛）可用区 C 下，付费类型为包年、包月且网络类型为专有网络的 vCPU 最大数量
❸	规格属性	在一个可用区中，实例规格如果符合属性（包括可用区、实例规格、付费类型和网络类型），则提供保障配额和总配额
❹	配额单位	可用区全规格总配额的显示单位是 vCPU，单规格配额的显示单位是实例台数
❺	使用量	查看已使用的保障配额和总配额。将鼠标指针悬浮在使用量上会显示保障配额和总配额的使用量 说明：创建 ECS 实例时，优先使用保障配额
❻	保障配额	根据用户的云服务器使用情况，系统会在每月 10 日前自动调整并分配保障配额，不支持手动申请提升保障配额 说明：在保障配额内创建 ECS 实例时，对应的资源供应可以得到很高的保障
❼	总配额	总配额包括保障配额和其他配额，即总配额始终大于等于保障配额。每月 10 日前，总配额随保障配额一起自动调整 当用户持有的 vCPU 数量或实例数量达到总配额时，将不能继续新购对应的实例 如果用户需要更多的 ECS 实例，可以自助申请提升总配额。提升成功后，至少 3 个月内，系统自动调整总配额时会保证其值不低于本次提升的配额值 说明：在保障配额外创建 ECS 实例时，不保障对应的资源供应

（2）查看权益和资源配额限制

1）登录 ECS 管理控制台，如图 4-9 所示。

2）在概览页面的右上角，单击"权益配额"。

3）在权益配额页面中，选择地域，然后查看特权、资源配额限制和实例规格限制，如图 4-10 所示。

说明：结合用户的云服务器的使用情况，用户获得的特权项目和资源配额会相应增加或减少。

图 4-9 ECS 管理控制台

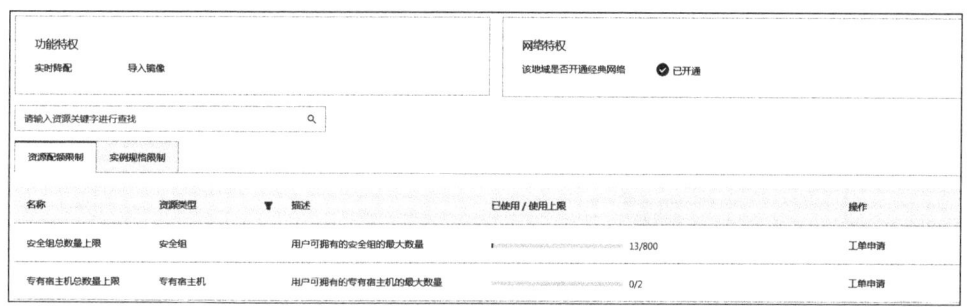

图 4-10 权益配额页面

各区域的特权和资源说明如表 4-2 所示。

表4-2 特权和资源说明

特权和资源	说明
功能特权	特权项目包括实时降配、复制镜像、导出镜像等,未显示表示用户未获得该特权项目
网络特权	该地域是否开通经典网络
资源配额限制	该地域中的镜像、云盘、安全组等资源的配额限制。用户可以单击工单申请增加配额
实例规格限制	该地域中的具体实例规格相关的配额,详细信息请参见查看并提升实例规格配额

(3)查看并提升实例规格配额

1)单击实例规格限制,然后查看各实例规格配额项。

2）选择一种方式提升总配额。

提升一个配额项：在待提升配额项的操作列中，单击申请提额。

提升一个或多个配额项：选中多个待提升配额项，单击页面底部的申请提额。

说明：如果有在申请流程中的提额申请，用户将不能再次发起申请，必须等待当前的申请流程结束再操作。

个别情况下，当用户在某个可用区下持有的规格 vCPU 数量达到可用区全规格 vCPU 总配额，需要提升可用区全规格 vCPU 总配额才能继续购买 ECS 实例，如图 4-11 所示。

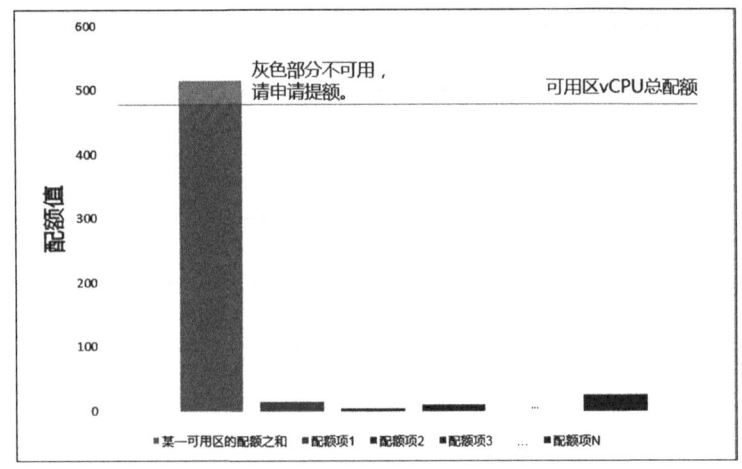

图 4-11　配额项

3）在申请提额页面中，填写申请的配额值。

可用区全规格总配额的单位是 vCPU，其他配额项的单位是实例台数。

4）单击确定。

5）单击配额项操作列中的详情，然后在提额申请记录中查看申请记录和进度。

4.1.4　查询配额申请列表

1．调试

用户可以在 OpenAPI Explorer 中直接运行该接口，免去计算签名的困扰。运行成功后，OpenAPI Explorer 可以自动生成 SDK 代码示例，如图 4-12 所示。

图 4-12 查询配额申请列表

2. 请求参数

请求参数如表 4-3 所示。

表4-3 请求参数表

名称	类型	是否必选	示例值	描述
Action	String	是	ListQuotaApplications	系统规定参数。取值：ListQuotaApplications
ProductCode	String	是	acs	产品 code
QuotaActionCode	String	否	q_i5uzm3	配额 code
Status	String	否	Agree	审批状态 Disagree：拒绝；Agree：审核通过；Process：审核中；Cancel：已关闭
KeyWord	String	否	test	关键字

3. 返回数据

返回数据如表 4-4 所示。

表4-4 返回数据表

名称	类型	示例值	描述
MaxResults	Integer	1	当前页码数量
NextToken	String	1	用来表示当前调用返回读取到的位置，空代表数据已经读取完毕
QuotaApplications	Array		配额申请信息列表
ApplicationId	String	26fa45fa-51b7-487f-9f50-b53a72922cf4	申请 id
ApplyTime	String	2020-06-15T11:46:25Z	申请时间
ApproveValue	Float	20	审批通过的配额值
AuditReason	String	申请更大量	审批意见
AuditReason	String	申请更大量	审批意见
DesireValue	Float	20	申请值
Dimension	Map	{}	配额维度
EffectiveTime	String	2020-06-16T11:46:25Z	生效时间
ExpireTime	String	2020-06-17T11:46:25Z	过期时间
NoticeType	Integer	3	是否接受通知，0：不接受；3：接受
ProductCode	String	cms	产品 code
QuotaActionCode	String	q_i5uzm3	配额 code
QuotaArn	String	acs:quotas:*:*:quota/acs/q_i5uzm3	配额 ARN
QuotaDescription	String	集群最大节点数	配额描述
QuotaName	String	集群最大节点数	配额名称
QuotaUnit	String	byte	单位
Reason	String	更大的值	申请理由
Status	String	Disagree	申请状态 Disagree：拒绝； Agree：审核通过； Process：审核中； Cancel：已关闭
RequestId	String	B557C54C-5662-44B2-8E7C-6CE19EB40452	请求 id
TotalCount	Integer	1	配额请求总数

4．示例

请求示例：

http(s)://[Endpoint]/?Action=ListQuotaApplications
&ProductCode=acs
&<公共请求参数>

正常返回示例

JSON 格式

```
{
    "TotalCount": 1,
    "QuotaApplications": [
      {
        "Status": "Disagree",
        "ApplyTime": "2020-06-15T11:46:25Z",
        "QuotaDescription": " 集群最大节点数 ",
        "ProductCode": "acs",
        "QuotaUnit": "",
        "AuditReason": " 拒绝 ",
        "Reason": "test",
        "QuotaActionCode": "q_i5uzm3",
        "QuotaName": " 集群最大节点数 ",
        "QuotaArn": "acs:quotas:*:1807863229089308:quota/acs/q_i5uzm3",
        "NoticeType": 3,
        "ApplicationId": "26fa45fa-51b7-487f-9f50-b53a72922cf4",
        "DesireValue": 101.00
      }
    ],
    "RequestId": "B557C54C-5662-44B2-8E7C-6CE19EB40452",
    "MaxResults": 1
}
```

5．错误码

访问错误中心查看更多错误码。统计如表 4-5 所示。

表4-5 错误码表

编号	产品名称	Error Code	Error Message	描述
1	quotas	RAM.PERMISSION.DENIED	You are not authorized to access the resource.	你没有权限访问
2	quotas	QUOTA.DIMENSION.MISS	The specified parameter is invalid. Please try again later.	配额输入参数异常，请稍后重新提交申请
3	quotas	PARAMETER.ILLEGALL	The specified parameter is invalid.	参数错误

续表

编号	产品名称	Error Code	Error Message	描述
4	quotas	ACQUIRE.LOCK.FAIL	The request is too frequent. Please try again later.	访问频繁，请稍后重试
5	quotas	QUOTA.NOT.FOUND	The quota does not exist.	配额不存在
6	quotas	QUOTA.NOT.ADJUSTABLE	The quota cannot be adjusted.	配额不可调整
7	quotas	QUOTA.APPLICATION.PROCESS	The quota adjustment application is being processed. Please try again later.	配额申请调整处理中，暂不能提交申请
8	quotas	QUOTA.APPLICATION.NOT.FOUND	The quota adjustment application does not exist.	配额调整申请不存在
9	quotas	RAM.VERIFICATION.ERROR	Failed to verify RAM permission.	校验权限失败
10	quotas	REMOTE.REQUEST.ERROR	An error occurred while calling remote service.	调用外部服务异常

4.2 智能生产

工业互联网平台为用户的生产过程提供了集成、丰富的应用模块，通过调用相关的接口或软件设置，可以提高对生产过程的可视化、智能化、精细化的生产控制和管理。以下以阿里云和盛原成的产品为例进行说明。

4.2.1 阿里云视觉生产

阿里云物联网平台提供了一种智能生产方式——智能视觉生产。它以视觉AI能力为基础，结合平台能力及业务数据积累，面向传媒娱乐、工业制造、数字营销等行业提供视频、模型、图像等视觉内容的智能化生产服务，帮助客户提升生产效率，压缩生产周期，打通生态闭环。

在使用阿里云 IVPD 服务之前，请确保用户已经注册了阿里云账号并完成实名认证。如果用户还没有创建阿里云账号，系统会在用户开通 IVPD 时提示用户注册账号。

操作步骤如下。

（1）登录阿里云官网，如图4-13所示。

图4-13　登录阿里云官网

（2）单击开通IVPD服务，如图4-14所示。

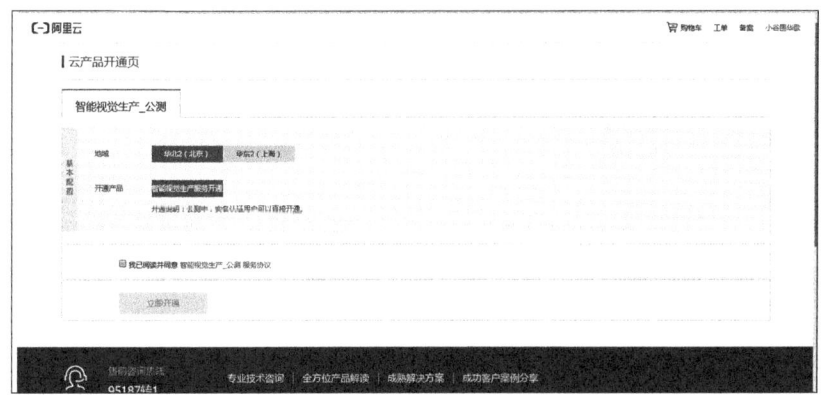

图4-14　云产品开通

（3）单击开通OSS服务，如图4-15所示。

（4）创建存储OSS空间Bucket，请在IVPD服务支持的区域开通；然后上传图片文件，Bucket文件读写权限设置（至少支持一种）：

授权IVPD访问用户的OSS（推荐）

使用STS生产临时URL（推荐）

Bucket 读写权限设置为公共读（慎用）

图 4-15　开通 OSS 服务

（5）开通服务后，进入 IVPD 管理控制台界面或 API Explorer，进行 API 试用，如图 4-16 所示。

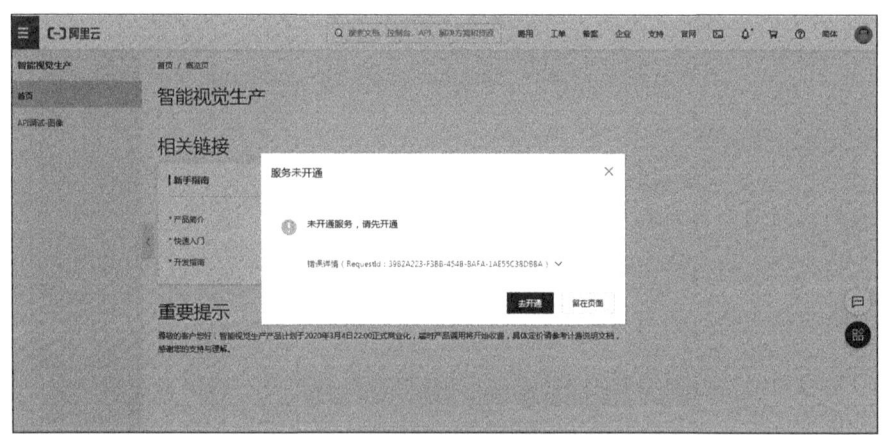

图 4-16　IVPD 管理控制台

（6）创建 AK，如果使用子账号，请给子账号授权 AliyunIVPDFullAccess，如图 4-17 和图 4-18 所示。

（7）SDK 开发和使用。

这里介绍"视觉智能生产"包含的主流语言 SDK。使用 SDK 之前，用户需要了解并开通视觉智能生产服务、创建 AccessKey、开通 OSS 服务。

图 4-17　创建 AK

图 4-18　权限策略管理

支持的 SDK 如表 4-6 所示。

表4-6　SDK表

语言	文档	SDK/源码
Java	文档	SDK / Github
Python	文档	pypi / Github
NodeJS	文档	SDK / Github
PHP	文档	SDK / Github

用户也可以单击位于官网首页右上方菜单栏的控制台，进入阿里云管理控制

台首页，然后单击左侧的"智能视觉生产 IVPD"菜单进入管理控制台界面，如图 4-19 和图 4-20 所示。

图 4-19　管理控制台界面

图 4-20　视频智能开发平台

4.2.2　盛云宝在汽配行业的应用

1. 案例简介

国际某知名汽配龙头企业，基于盛云宝 SMAS 软件实现了：

- 从 ERP 订单到设备执行的数据自动化，提升了生产效率；
- 从物料、人员、工艺、设备的完整数据追溯平台，提升了客户满意度。

2. 案例背景

企业用户生产面临以下痛点：

- 产品数据追溯困难，缺少对关键生产过程数据、物料批次等的追溯，不利于质量的把控；

- 生产任务单只能通过 ERP 导出，再通过触摸屏人工下发，效率低下且存在误操作风险；
- 缺少统一的生产监控平台，生产过程不透明；
- 品质分析困难，需人工线下操作 CPK 等各种品质分析，数据滞后，品质把控不到位；
- 物料管理困难，经常出现停工待料、错拿错投等现象，物料库存难梳理；
- 难以实现企业所需的生产、设备、品质、能耗等数据分析及相关报表的自动生成；
- 难以实现生产移动化管理。

3．案例方案介绍

（1）业务场景

面对该行业的痛点和业务需求，为设备使用企业提供设备的监控可视化管理的盛云宝 SMAS 很好地满足了企业的需求。

（2）解决方案架构

盛云宝 SMAS 架构如图 4-21 所示。

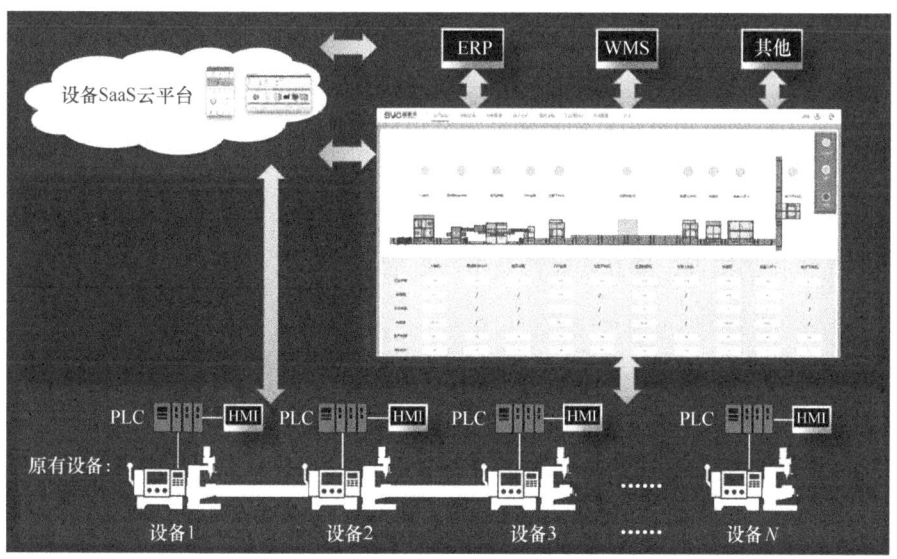

图 4-21　盛云宝 SMAS 架构

如图 4-21 所示，盛云宝 SMAS 既能直接对底层设备进行数据采集，实现设备的互联互通，又能与 ERP 等信息化系统对接，实现了自动化+信息化+智能化的深度融合。

（3）生产实时监控

盛云宝 SMAS 通过网关或者盛云圈 CMS 直连 PLC 等控制设备进行通信，从而实现生产现场的实时监控，使设备间的数据的互联互通，实现整条产线的生产过程透明化，如图 4-22 所示。

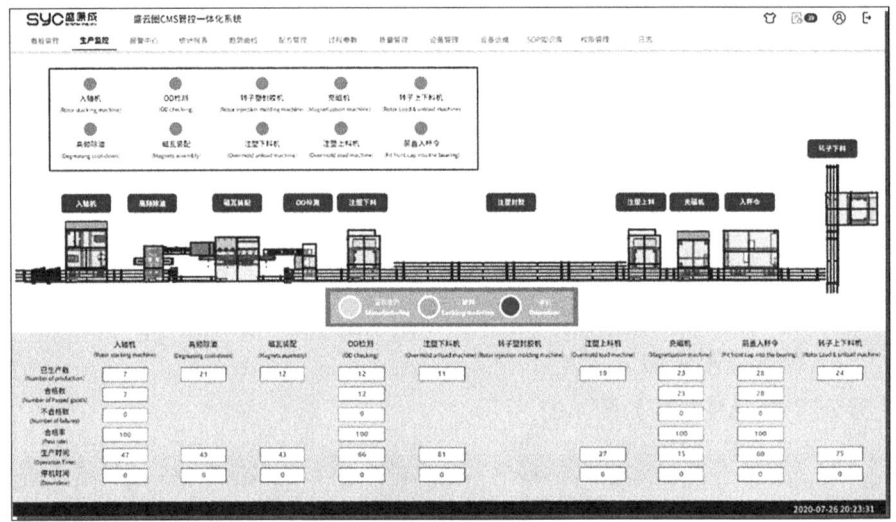

图 4-22 实时监控

（4）与 ERP 对接

盛云宝 SMAS 提供与 ERP 对接的数据接口，实现生产任务单的自动下发，减少人工操作的错误，提高实时性及生产效率。

（5）品质分析

盛云宝 SMAS 提供 CPK 计算功能，只需通过简单配置，即可实现对样本的自动采集、筛选以及自动计算，并生成图表分析报告，如图 4-23 所示。

（6）物料管理

盛云宝 SMAS 可建立物料管理功能模块，实现物料防呆防错，适时供应物料，保障库存安全，避免停工待料，如图 4-24 所示。

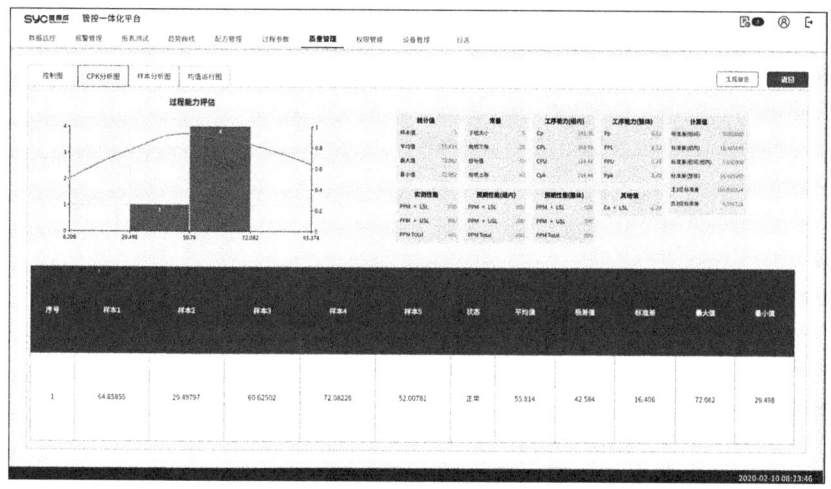

图 4-23　CPK 分析

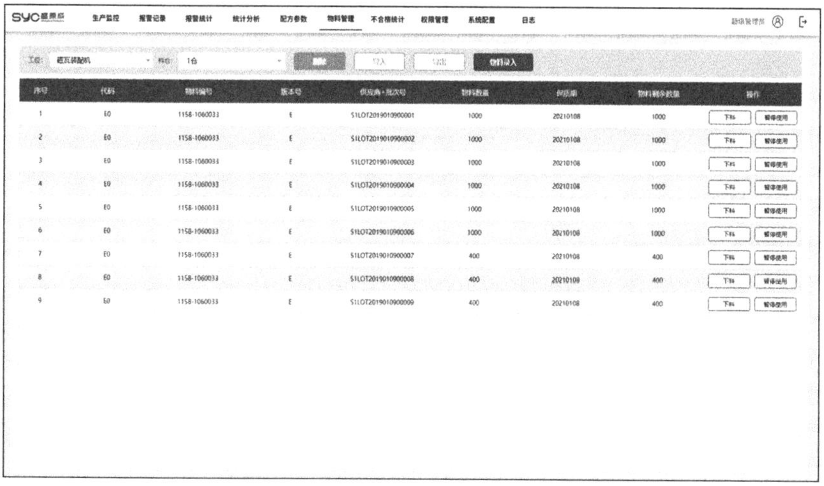

图 4-24　物料管理

（7）数据追溯

盛云宝 SMAS 提供生产过程参数追溯模块，可对生产过程中的关键参数、物料批次、质量数据等进行自动记录，并生成相关图表报表，实现正反向生产全追溯，如图 4-25 所示。

（8）图表分析

盛云宝 SMAS 提供丰富的图表和报表控件，包括饼图、折线图、柱状图等，界面展示更丰富，如图 4-26 所示。

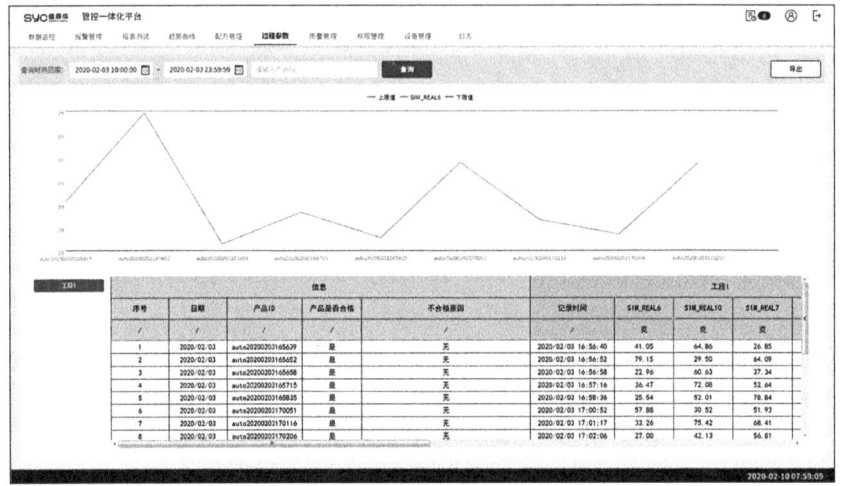

图 4-25　数据全追溯

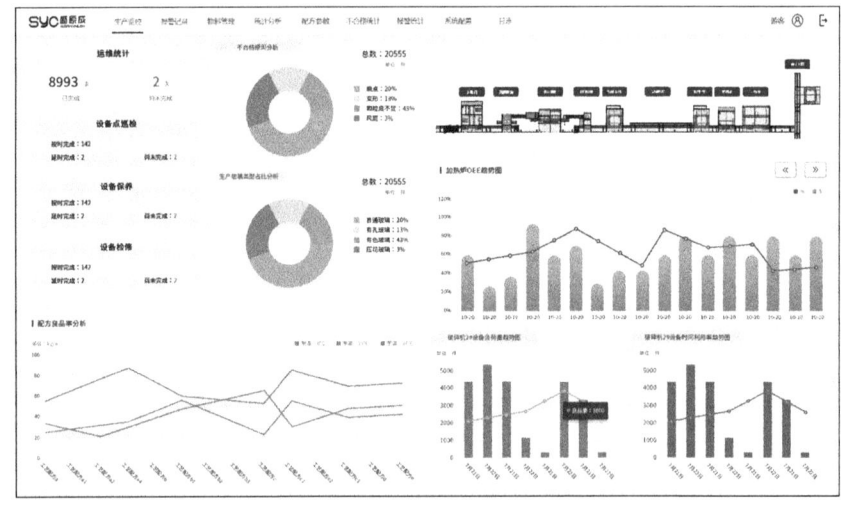

图 4-26　图表分析

4. 具体措施和成效

（1）具体措施

- 实现从 ERP 订单到设备执行的数据自动化；
- 实现设备联网，实现生产过程透明化、数据追溯等功能；

- 实现工艺管理、品质管理、设备管理、能耗分析、成本管理、人员管理、数据分析等功能;
- 可通过手机 App 查看生产情况及异常情况,以及相关报表。

(2) 具体成效
- 实现了生产车间的数字化,使生产合格率提升了 8%,设备故障率降低了 15%,生产效率提升了 15%;
- 实现了从物料、人员、工艺、设备的完整数据追溯平台;
- 实时掌握现场生产情况、设备运行状态,及时发现生产和设备异常情况;
- 直接对接 ERP 系统,提高效率的同时,保证准确率;
- 打通各个设备、各段生产线的信息交互,工艺段间衔接,减少贴标环节;
- 生产信息,实时统计分析,为生产管理提供多维度图表支撑;
- 对生产流程的每一个节点进行管控,精准管理物料使用情况,防止拿错物料、投错物料仓,提升生产效率。

4.3 智能管理

工业互联网平台为用户的设备提供了全生命周期的管理功能,包括设备的状态、实时监控、维护及设备配件的管理等。以下以树根互联、盛原成及机智云的相关产品为例进行说明。

4.3.1 树根互联的 iFSM 系统

1. 目标

智能现场服务管理(iFSM)是面向设备制造企业(或设备服务企业)的工业互联网 App,主要用于对制造企业出售的设备进行全方位的管理,并提供售后服务。其主要功能如下。

(1) 设备状态管理

通过将设备接入"根云物联网接入服务平台",设备的上下游服务商以及设备用户可以通过各种方式了解设备的运行状态。通过远程故障检测、故障识别、远程维护,降低设备故障率,降低诊断问题的时间和成本,提高一次解决问题的效率。

(2) 智能派工

对设备状态进行智能判断,对于设备的紧急维修、紧急维护,都会自动生成紧急工单,直接派工。这些工单会考虑设备的地理位置和"上下游设备服务商"的地理位置,指派给相应的服务商。

(3) 支持在线、远程和现场 3 种方式的设备维护

(4) 设备维修支持

维修工程师可了解设备的服务级别协议(SLA)标准,确保履行 SLA,保证客户获得按照约定享受相应的服务标准;通过当前设备的历史档案和维修知识库,提升现场工程师解决问题的能力。

(5) 智能库存管理

配件库存需要平衡,存量过少可能会错失商机,存量过多则付出了更多成本,iFSM 库存管理功能将结合设备运转状态,自动分析未来库存需求,设定动态的库存警戒线,提醒用户及时备货以及需要备货的数量,保持最佳的库存水平。

(6) 多库存协调出库

收到订单后,系统会根据设备地址自动判断客户设备现场位置,选择就近仓库出货,降低物流成本和到达现场的时间。

(7) 提供服务运营能力的全方位分析

iFSM 可帮助用户实时跟踪和测评所设定关键绩效指标(KPI 等),如 SLA 绩效、工程师利用率、用户开机率、服务部门的盈利能力和潜力等。通过这些关键指标来评测服务部门的整体运营及盈利能力。读者能通过本节了解 iFSM 的基本概念,了解其基本的使用方法。包括:

- 系统用户分类
- 系统用户如何注册

- 如何配置和初始化系统
- 服务功能的使用流程

2. 相关概念

iFSM（intelligent Field Service Management），智能现场服务管理。iFSM 中的 i 代表"智能"，也代表"IOT+"，表示它是基于 IOT 的现场服务管理。

3. 实施准备

iFSM 的用户分为"服务管理人员""服务工程师"和"设备使用人员"。

（1）服务管理人员

他们来自设备制造商，也可能来自设备服务商。通过 Web 网站使用 iFSM，如图 4-27 所示。

图 4-27　服务管理人员登录

（2）服务工程师

他们来自设备制造商，也可能来自设备服务商。通过微信小程序"根云工程师微助手"来使用本系统。在微信中搜索"根云工程师微助手"，关注后登录使用本系统，如图 4-28 所示。

（3）设备使用人员

他们来自设备使用者。主要通过微信小程序"根云服务无忧"来使用本系统。从微信中搜索"根云服务无忧"，关注后登录使用本系统，如图 4-29 所示。

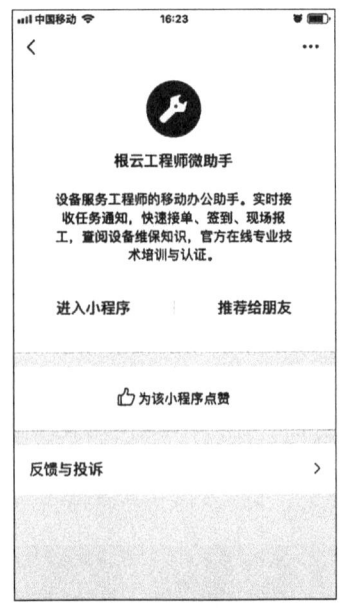 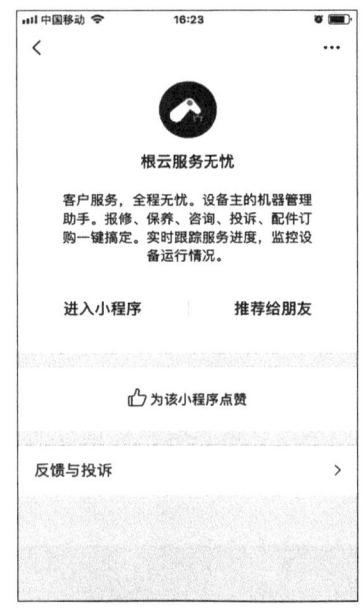

图 4-28 根云工程师微助手　　　　图 4-29 根云服务无忧

4．实施操作

（1）注册与登录

服务管理人员需要自己注册"自己信息和所属服务商"。注册成功后，注册手机将收到"注册成功"的短信通知，告知登录账号和初始登录密码，如图 4-30 所示。

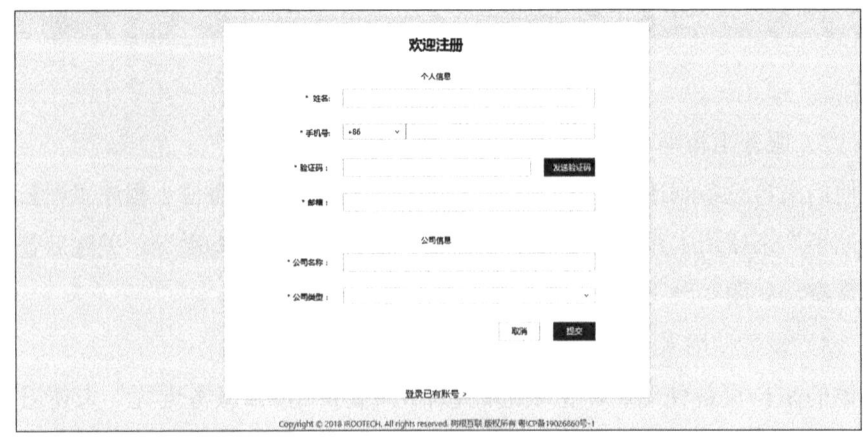

图 4-30 注册界面

服务工程师账号由"服务管理人员"开通。服务管理人员登录 iFSM 后，选择"系统配置→组织与用户"菜单，为服务工程师创建账户。账户创建成功后，服务工程师手机将收到"账号开通"短信，告知登录账号和初始登录密码，如图 4-31 所示。

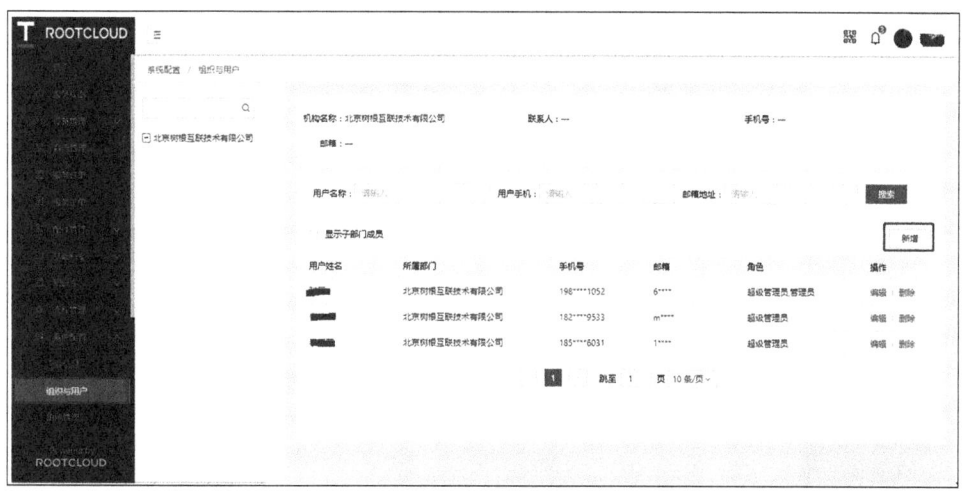

图 4-31　创建用户账户

设备使用人员账号既可以通过扫描服务商提供的邀请码，也可通过扫描服务工程师提供的扫描码来开通。服务管理人员登录 Web 系统后，邀请码就会出现在首页的右上角，设备使用人员可扫描它，当然也可以打印这个二维码给设备使用人员扫描。

服务工程师也可以在其微信小程序界面点击显示邀请码，供设备使用人员扫描注册。

（2）系统配置和初始化

在使用 iFSM 之前，服务管理人员需要经过如下 9 个步骤来配置和初始化 iFSM，如图 4-32 所示。

① 创建部门与用户，如图 4-33 所示。

② 创建角色（服务管理人员、服务工程师），并对角色授权，如图 4-34 所示。

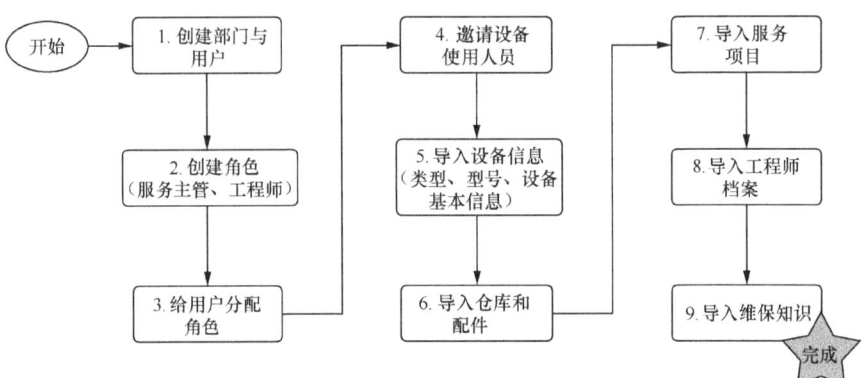

图 4-32 系统配置和初始化

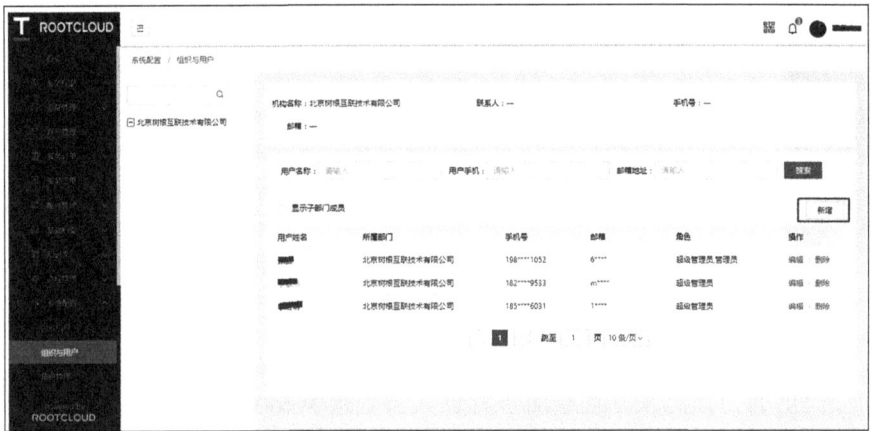

图 4-33 创建部门与用户

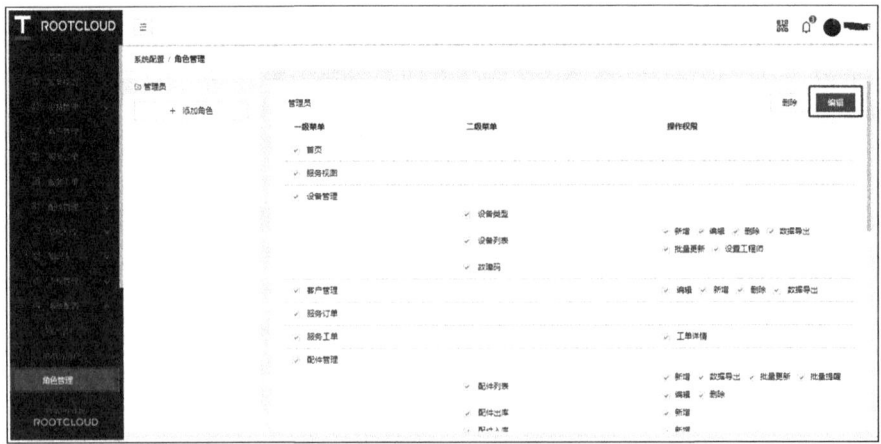

图 4-34 创建角色，并对角色授权

③ 给用户分配角色，如图 4-35 所示。

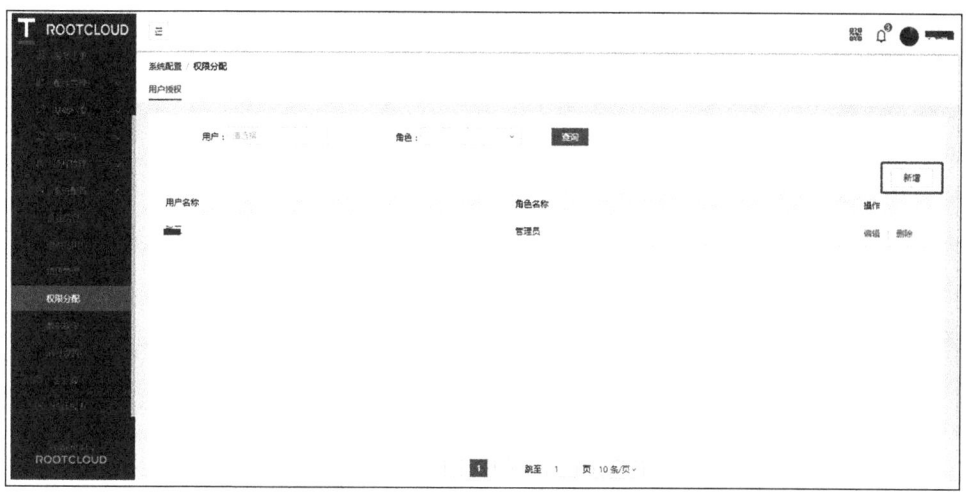

图 4-35　给用户分配角色

④ 邀请设备使用人员（见上面用户注册的部分）。

⑤ "手工新增或从文件导入"设备信息（类型、型号、设备基本信息）。根云平台联网设备也会自动同步至设备列表，如图 4-36 和图 4-37 所示。

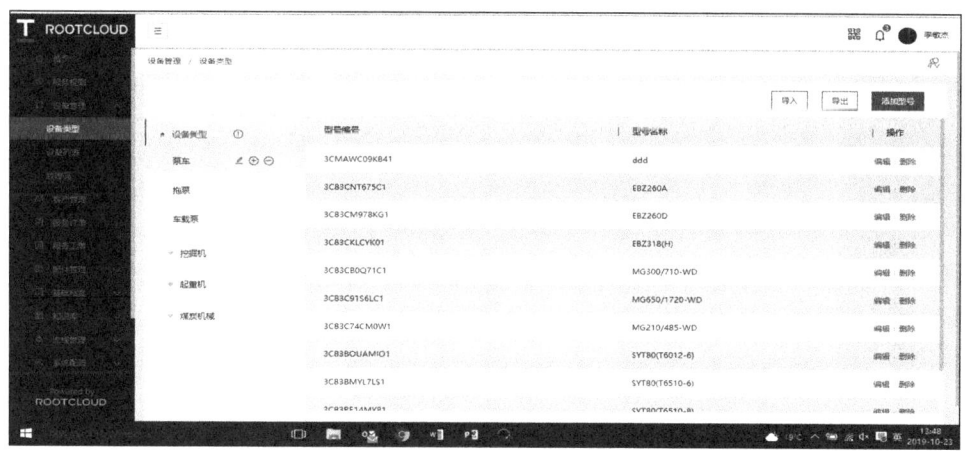

图 4-36　设备类型

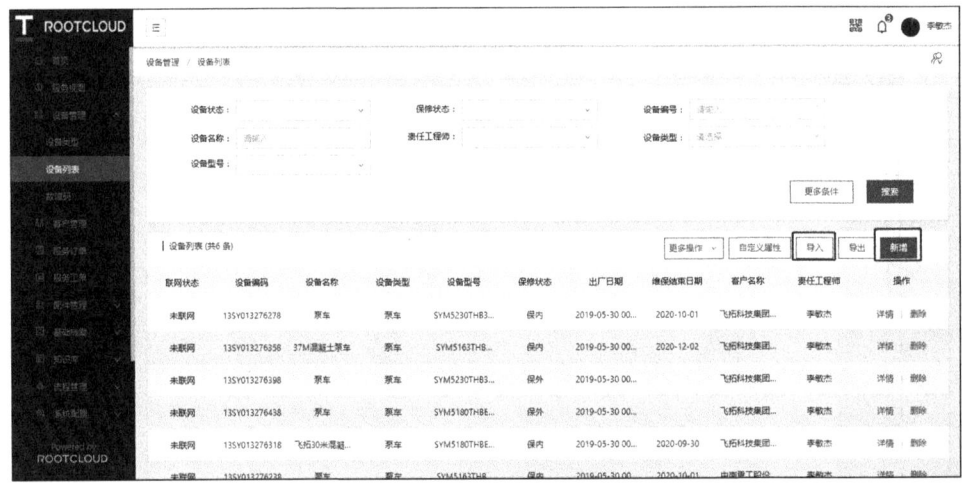

图 4-37　添加设备型号

⑥ 导入售后服务中涉及维修、保养等服务项目的类型、内容、单价等信息，如图 4-38 所示。

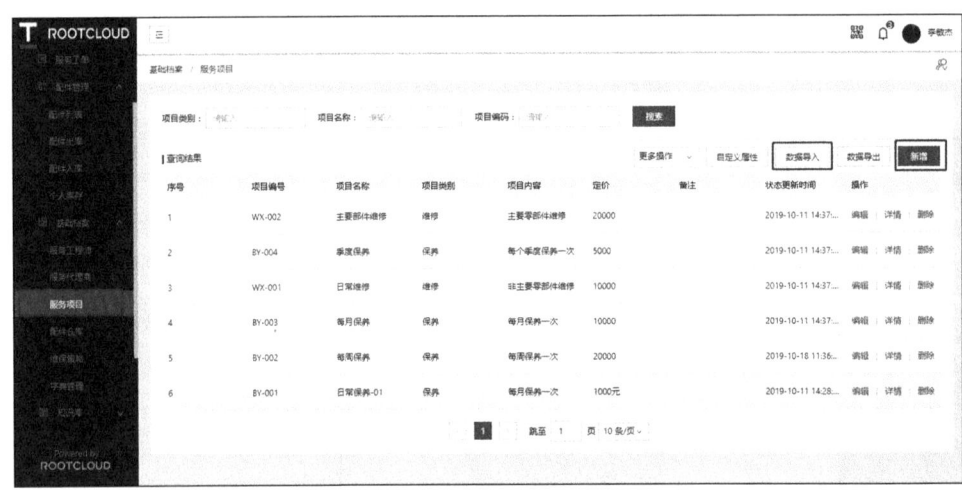

图 4-38　服务项目

⑦ 对于负责售后服务的工程师，需要提前维护好工程师信息，如图 4-39 所示。

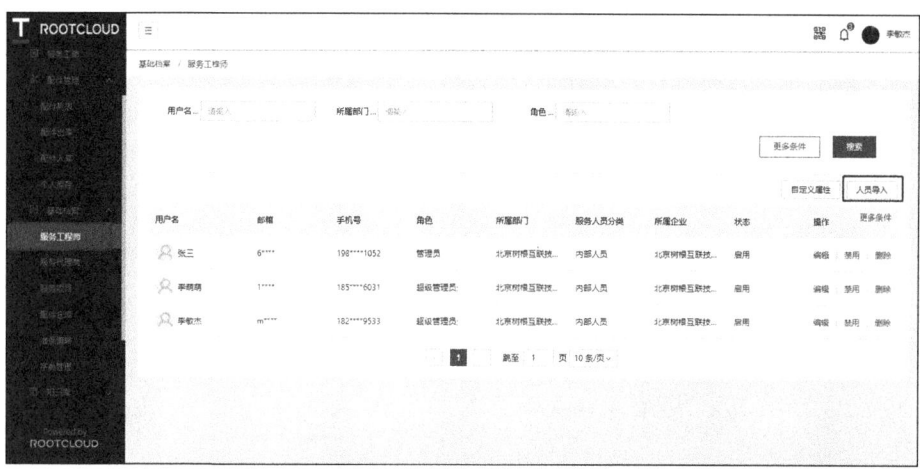

图 4-39　工程师信息

⑧ 服务管理人员可以准备服务知识、维保方案供工程师使用，设备使用者也可以随时查阅他所购设备相关的维保方案来辅助他做日常的设备维护，如图 4-40 和图 4-41 所示。

图 4-40　维保方案

（3）服务功能的使用

iFSM 经过初始化，就可以让用户按照预置的服务流程使用了。预置的服务流程适用于大多数制造企业,流程包括:服务申请→处理申请→派工→接单→签到→报工(人工和配件)→评价→结算,如图4-42所示。

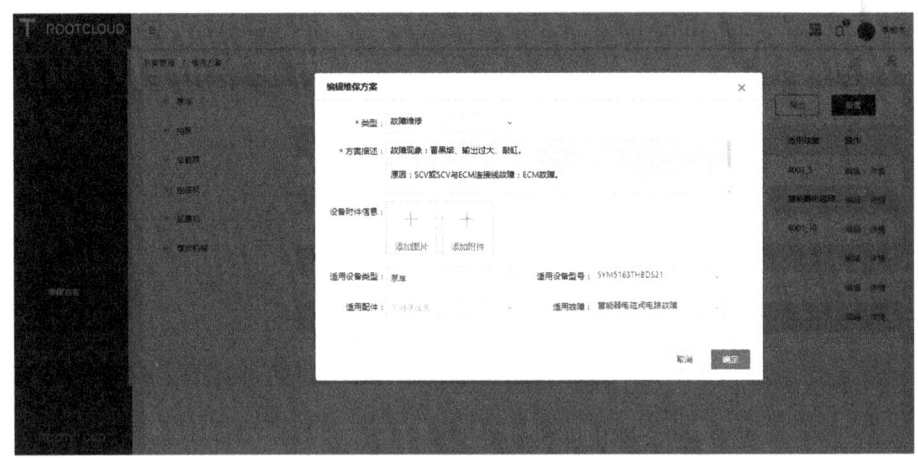

图4-41 添加维保方案

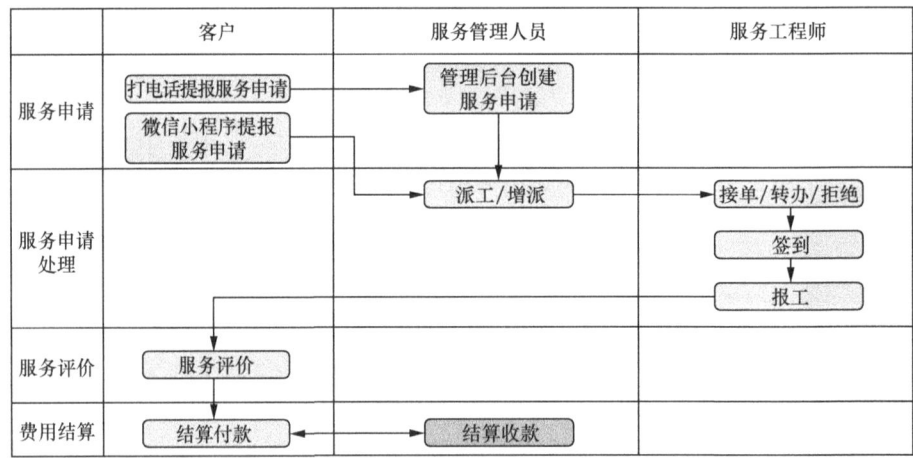

图4-42 服务功能流程

① 服务申请

设备使用企业的设备使用人员,可以通过电话等传统通道向服务商提报服务申请,也可以通过微信小程序"根云服务无忧"提报申请。

对于前者，服务商的客户服务人员接到申请后，会将服务申请添加到系统，如图 4-43 和图 4-44 所示。

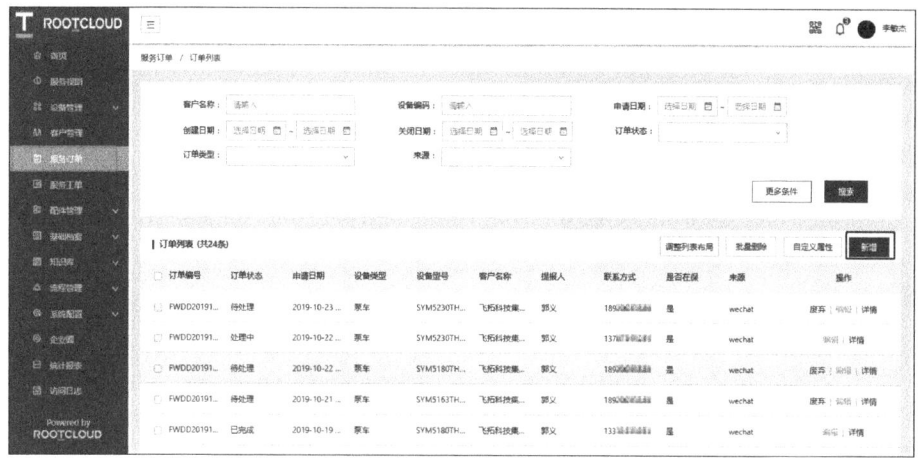

图 4-43　客户添加服务申请

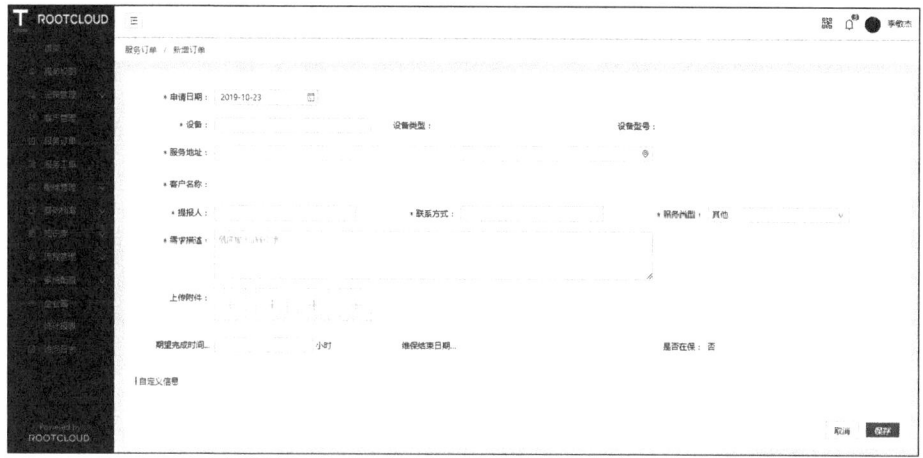

图 4-44　填写申请的内容

对于后者，对维修、保养、安装调试、咨询以及其他等类型的申请，会自动添加到系统，如图 4-45 所示。

图 4-45 自动添加申请

② 处理服务申请与派工

服务请求提报后，服务管理人员即可在 iFSM 中查看到待处理的申请。点击进入服务申请详情页面，可了解申请处理的具体细节；点击"开始办理"按钮可进行服务申请的处理，将服务请求分配给某服务工程师。系统支持"根据服务工程师的实时位置到需服务地址的远近以及服务工程师忙闲程度"派工，也支持手动派工，如图 4-46～图 4-49 所示。

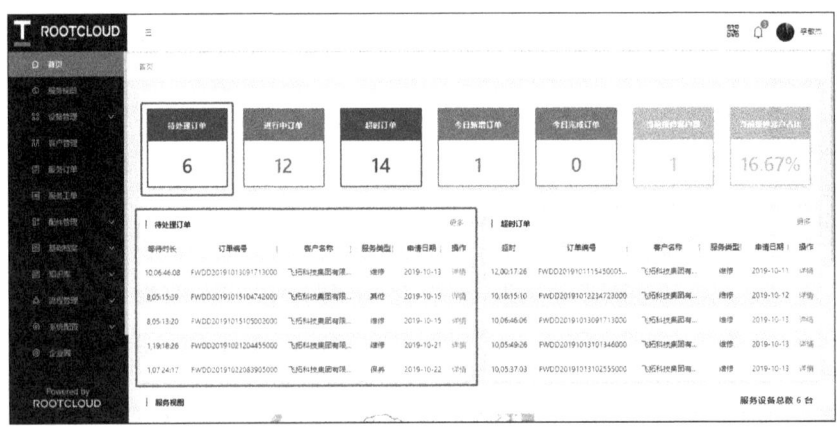

图 4-46 待处理的申请

第 4 章
平台应用案例

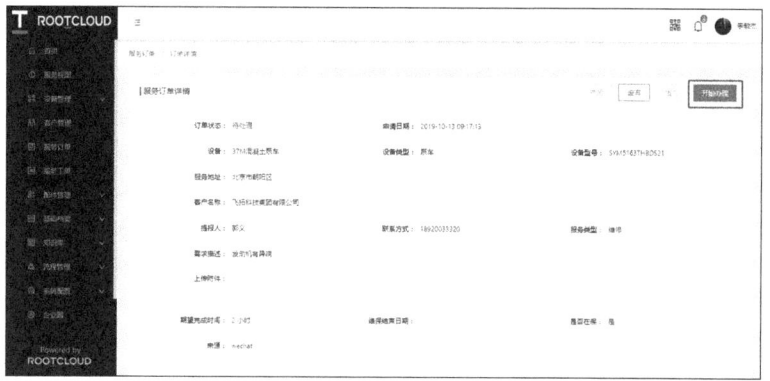

图 4-47 订单具体细节

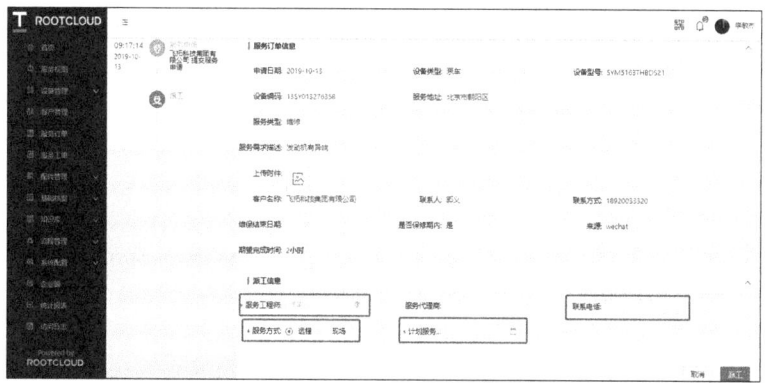

图 4-48 处理服务申请

图 4-49 手动派工

派工之后，被指派的服务工程师即会收到消息通知，他可以通过微信小程序"根云工程师微助手"进行任务处理，如图 4-50 所示。

273

"智能⁺学院"
工业互联网系列丛书——从零开始掌握工业互联网（实操篇）

图 4-50　服务工程师收到消息通知

③ 接单、转办、拒绝

服务工程师接到任务，查看任务细节后，决定接单还是转给他人处理或者拒绝接单，如图 4-51 和图 4-52 所示。

图 4-51　服务工程师处理

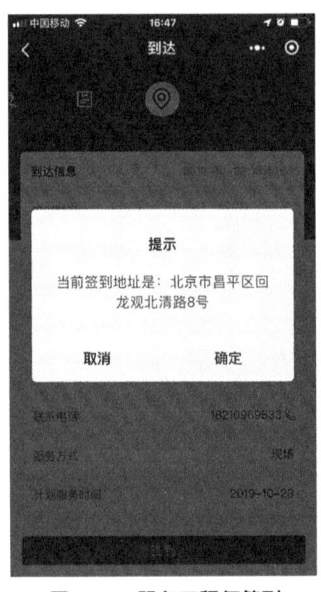

图 4-52　服务工程师签到

第 4 章 平台应用案例

④ 签到

工程师接单后，按照计划的服务时间进行远程或进行现场的任务处理，执行"现场的任务处理"需要进行签到。服务工程师进入距离现场 1 公里的范围内，小程序会自动签到，当然也可以到达后人工签到。

⑤ 完工

服务工程师处理完问题，登记本次问题处理的详细内容，包括现象描述、造成原因、解决方法、服务结果、更换配件、服务项目等。现场服务结束后，客户对服务结果电子签名确认，如图 4-53 所示。

⑥ 结算服务费用

服务工程师完成了服务任务，在客户现场确认本次服务费用金额（当然也可事后再记录）。服务管理人员可在 iFSM 查看到本次服务的应收总金额、客户实际结算金额和结算日期，如图 4-54 所示。

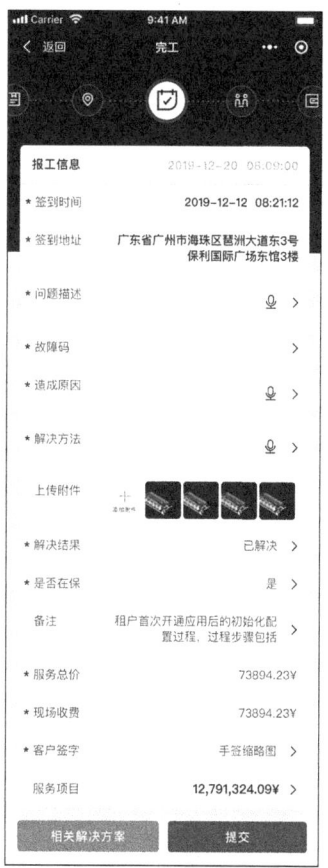

图 4-53 完工

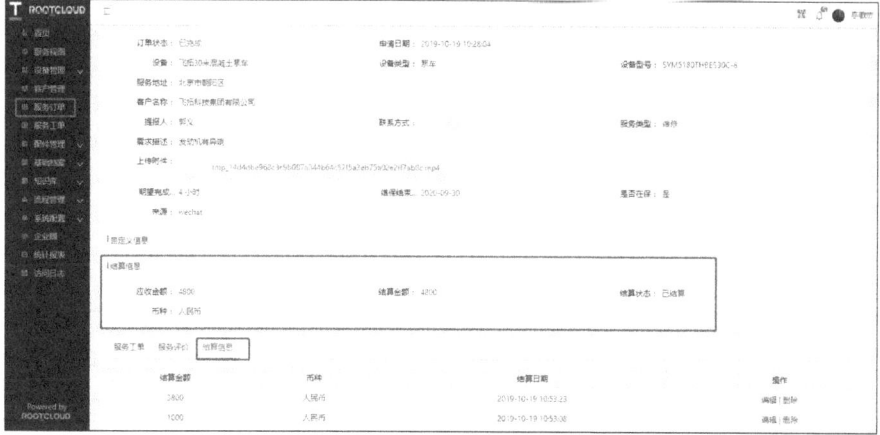

图 4-54 服务费用结算

⑦ 服务评价

服务完成后,服务管理人员在 iFSM 关闭该服务项目。关闭后系统自动发送"服务评价提醒消息"给本次服务申请的提报人(设备使用人员)。设备使用人员登录微信小程序"根云服务无忧",对本次服务进行评价,如图 4-55 所示。

图 4-55　服务评价

5. 总结与拓展

本节简单介绍了"智能现场服务管理"iFSM,有关 iFSM 的详细信息请参考根云的相关资料,有关根云更多的 App 和根云方案请参考根云网站。

4.3.2　盛云猫的 SLM 系统

盛云猫 SLM 软件简称 SLM,是 Service Lifecycle Management 的缩写,为装备制造业提供设备服务生命周期管理的一体化解决方案,实现设备用户和设备供应商的连接,提供设备监控、远程运维、服务管理、商城管理、客户管理、数据分析、知识库管理、故障报警等功能。目前已在超过 100 家装备制造业企业获得应用。

1. 企业需求

企业期望以专业的系统来对客户服务业务进行管理，并提供各类相关数据信息查询服务，系统需求包含但不限于：

（1）售后服务

① 规范化售后服务流程并固化到系统中，并可调取数据做数据分析。

② 要求客服数据与销售信息打通；产品售出后所有售后服务可进行归档记录。

③ 把售后服务的被动式服务转型为主动服务；客服人员可主动向用户推送服务与销售，提升主动服务的收入。

④ 用户可快速提交售后服务请求，客服可以实时收到信息推送并及时对用户的需求进行处理。

⑤ 提高客户申请售后服务以及配件购买的便捷性，有助于提升用户体验。

⑥ 希望与用户建立沟通桥梁，设备厂家可收集用户反馈的意见。

（2）客户管理

① 对不同的客户进行管理，可以把客户的信息进行归档整理。

② 建立客服等级制度，可对不同等级的用户采用优先服务次序。

③ 可对不同客户的行业、购买设备情况、客户满意度等数据进行统计分析。

（3）设备管理

① 采集设备数据，并可对设备进行实时监控，查看设备的运行状态，发生报警时可及时推送消息。

② 可对设备进行远程的指令下发，远程监控 PLC 程序、上下载 PLC 程序实现远程运维。

③ 对目前售出的设备进行管理，可根据不同条件筛选设备并查询设备的相关信息。

④ 增加备件的寿命管理，在备件寿命结束前提醒客户需要对设备备件进行更换，提高售后服务质量，同时增加二次销售机会。

（4）商城管理

① 客服人员可以在商城对设备、配件等商品信息进行维护。

② 客户可自行根据设备选购设备配件，无须通过烦琐的线下流程。

（5）数据分析

针对设备采集的数据对设备进行分析，包括设备的效率、可靠性、故障率等进行分析，企业可根据这些数据对设备进行生产、研发的改进。

（6）知识库

① 建立设备使用、保养、点巡检知识库并公开，客户购买设备后可在系统中查询到相关设备的使用、保养等操作说明。

② 建立常见问题解决知识库，方便售后服务人员在对客户服务时可以进行查询。

2．解决方案

盛原成经过对企业的需求调研和分析，给出以下系统解决方案。

- 通过物联接入，实现设备远程监控、远程程序升级、设备故障报警、远程指令下发、远程参数配置、电子围栏、解锁机、分级锁机、资产管理等，便于位置管理、远程诊断、故障溶剂、工况统计等。通过远程下发参数远程运维等，减少工程师上门调试成本，加速问题解决效率，提升客户满意度。

- 建立智能售后服务平台：对内利用物联网 IOT+售后服务工单派单+配件管理，提升服务满意度和提升效率；对外通过预测性维护，实现备件精准性营销，增加服务收入，增加客户黏性。基于物联的售后服务，实现维修、保养、交机、技改、巡检、配件、回访的智能售后，形成服务闭环，并打通移动端（Web端、App），实现业务在线跟踪。

- 建立客户关怀系统：建立和设备客户的沟通平台，设备用户可一键提交服务单或意见建议，帮助企业及时了解设备使用状况和设备用户的反馈，帮助设计研发部门改善产品，帮助销售部门了解用户需求，最终改善产品质量，提升客户满意度。

- 建立备件商城：基于设备二维码关联设备 ID、设备用户、设备资料等所有相关信息，方便用户运维设备、购买备件和耗材，也方便企业查询设备相关配件、履历等资料。

- 利用设备采集的数据进行可靠性分析、性能分析、预测性维护等。对配件预测、延保、评估、风控、监控等模型进行大数据建模,用于研发改进、生产改进、售后响应、贷款风控、融资租赁、资产处置、市场拓展分析、服务售后市场、品牌建设等。
- 为设备用户提供设备管理软件,实现保养提醒、易损件提醒、耗材提醒、故障报警、能耗统计、产出统计、效率分析,帮助设备用户提升设备的健康度、提升设备可用性、延长设备使用寿命。

(1) 工作空间

通过该模块查看当前用户未完成的商城情况、售后服务情况、审批流程等,如图4-56和图4-57所示。

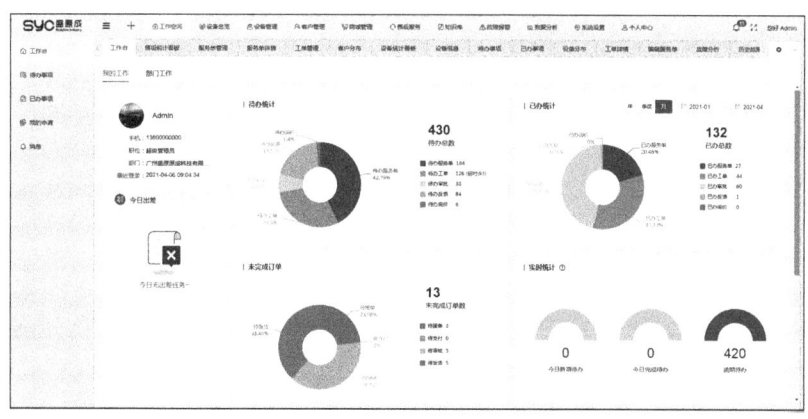

图4-56 工作空间——工作台

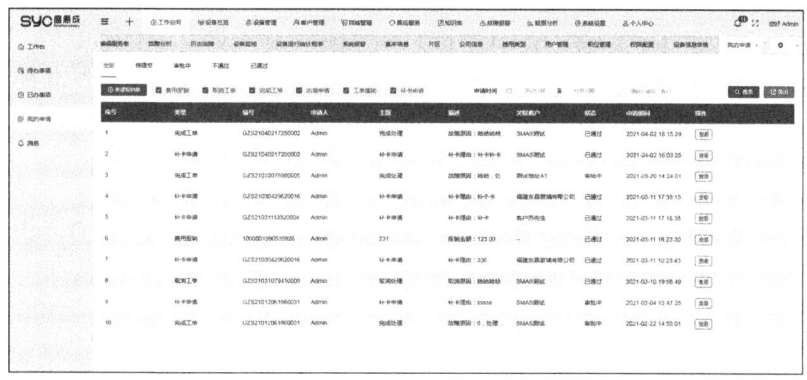

图4-57 工作空间——流程申请

(2) 设备总览

该模块显示客户地图,展示所选区域的统计信息及客户的统计信息。

(3) 设备管理

① 设备统计看板

设备统计看板显示设备的接入状态、客户设备增量情况、客户设备统计(按状态)情况,如图 4-58 所示。

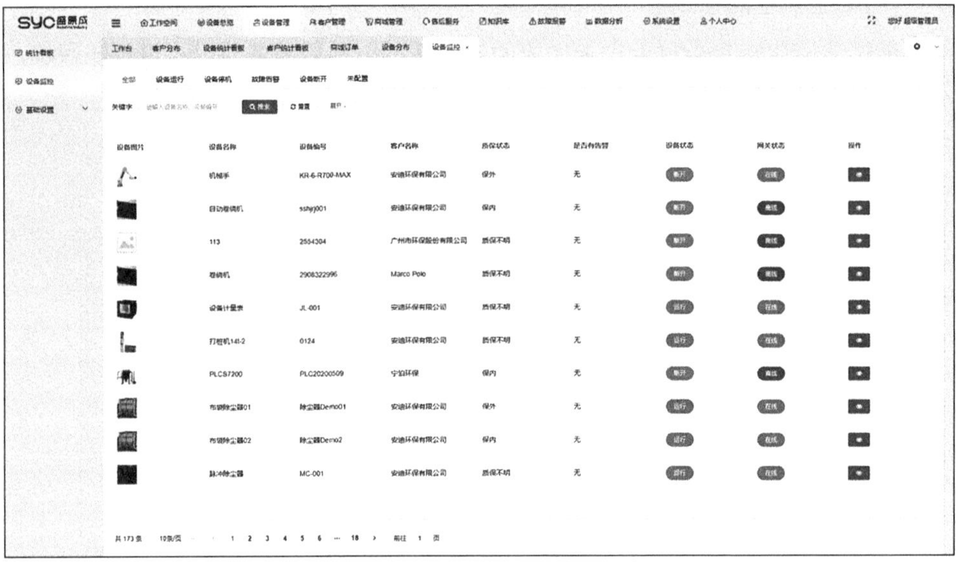

图 4-58 设备统计看板

客户设备统计中使用堆积条形图统计每个客户在线、停机、故障和断开的设备数,单击对应的区域可跳转到设备查询页并自动完成筛选。

② 设备监测

在"设备监测"页面可根据需要按区域、省份、客户名称、设备类型、设备型号、设备名称和设备状态筛选想要看到的设备。

③ 实时监控

该模块可查看工艺流程图和各监控点数值,如图 4-59 所示。

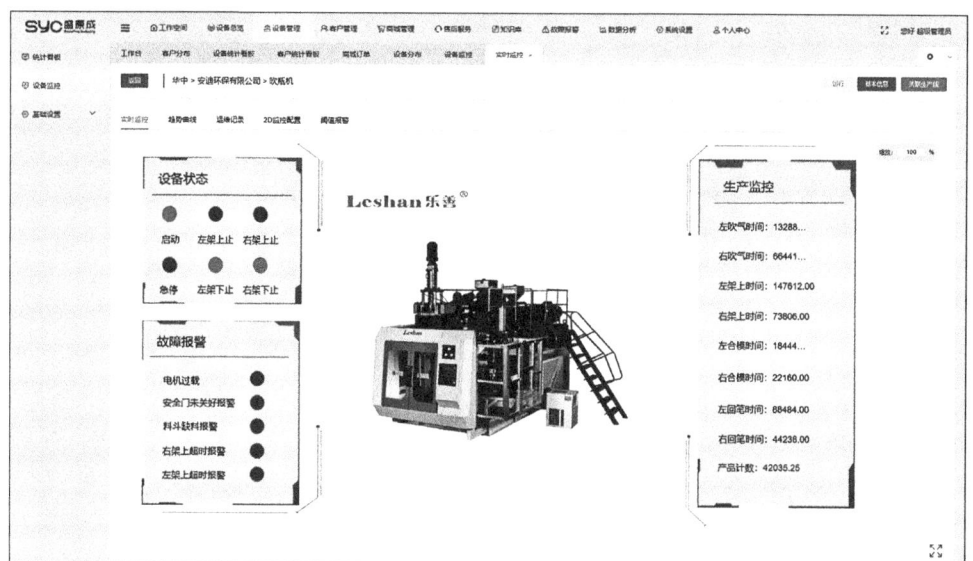

图 4-59 查看实时监控

单击某一监控点，弹窗显示该监控点的历史变化曲线，如图 4-60 所示。

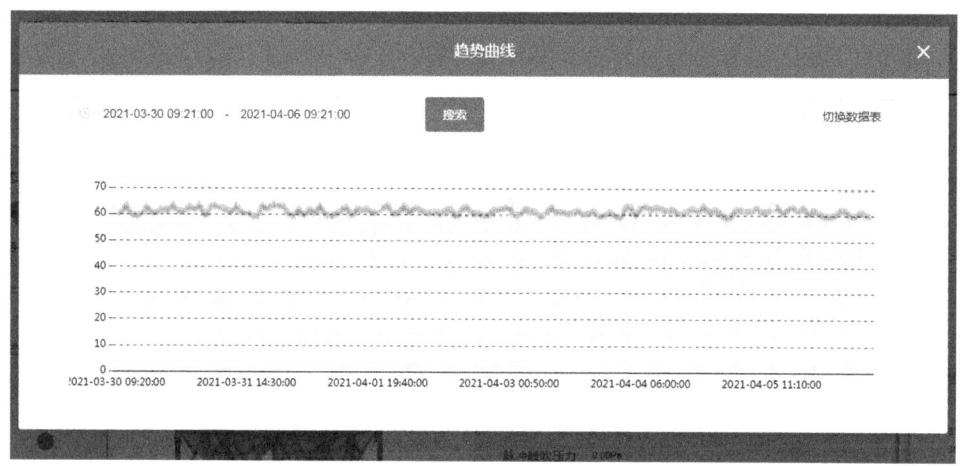

图 4-60 监测点变化曲线弹出窗口

④ 趋势曲线

该模块可查看设备各属性趋势图表，并可添加采集点，如图 4-61 和图 4-62 所示。

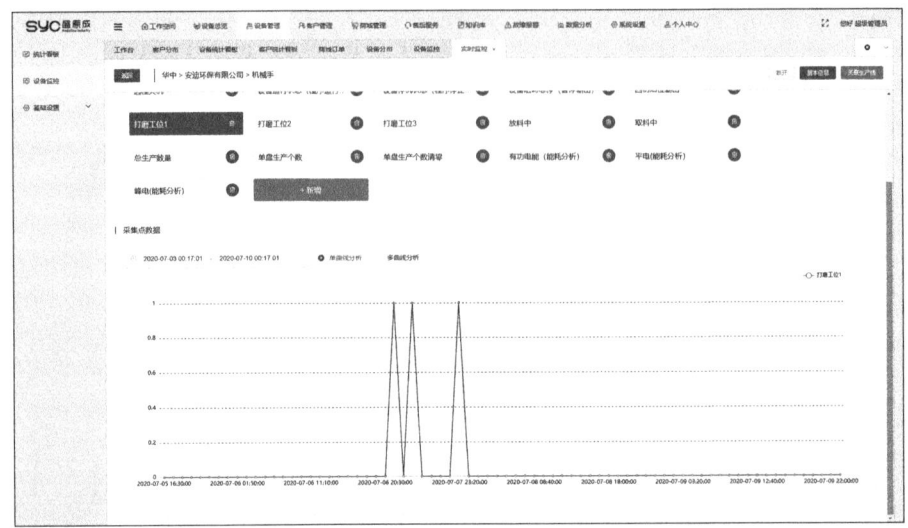

图 4-61 查看设备各属性趋势

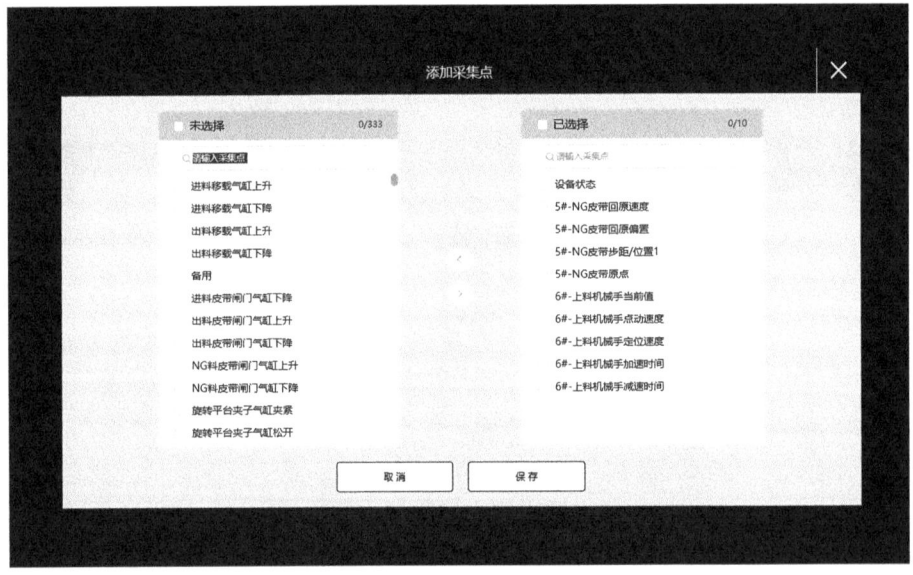

图 4-62 添加采集点

⑤ 监控配置

该模块可配置实时监控页面,可添加底图、数值显示点、状态点、动态图片等,如图 4-63 所示。

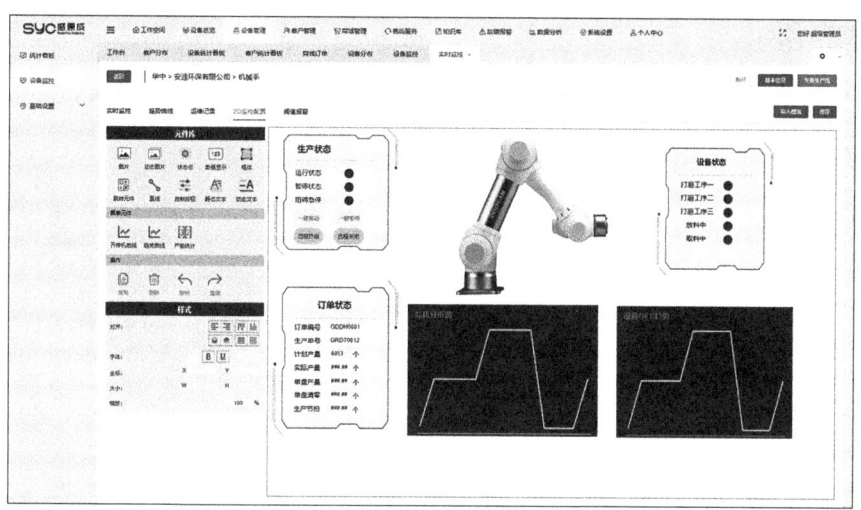

图 4-63　选择底图

⑥ 设备基本信息管理

该模块可进行客户设备的新增、查看、修改、删除操作，并可以生成设备二维码，扫描二维码可查看设备的状态、相关配件等信息，并提供接口至激光打印机方便制作铭牌，如图 4-64 所示。

图 4-64　设备信息查询

⑦ 备件管理

该模块可进行配件的添加、查看、批量导入 / 导出、修改、删除等操作，如

283

图 4-65 所示。

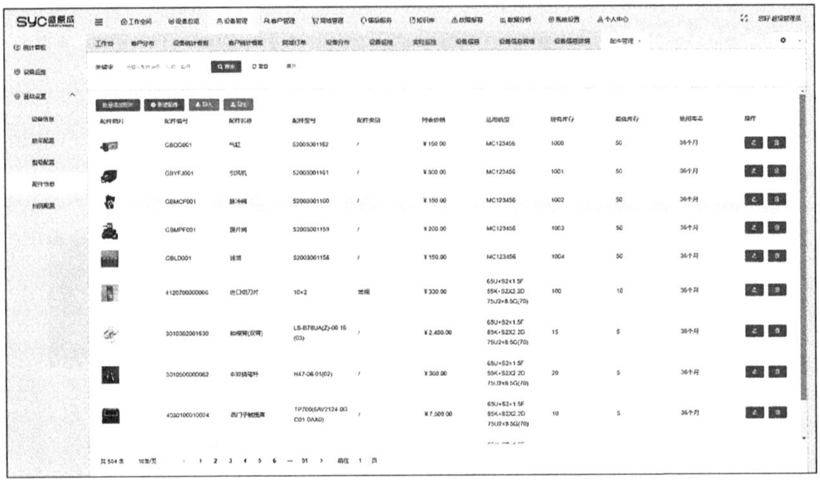

图 4-65　备件管理

（4）客户管理

① 客户统计看板

该模块显示销售相关图表，包括新增客户数、新增联系人、销售金额、销售与目标达成率等，如图 4-66 所示。

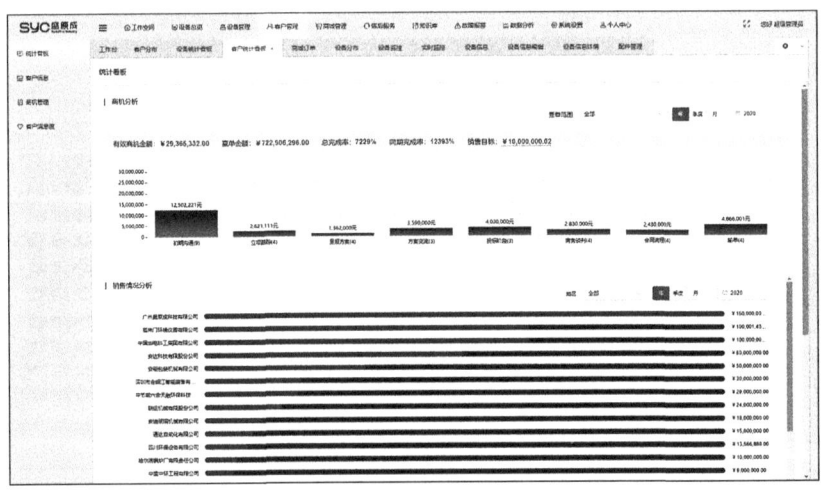

图 4-66　客户统计看板

② 计划管理

该模块显示可进行客户计划管理，标明下一步应该跟进哪些客户。跟进状态也可以在系统中实时显示,达到了信息同步的作用,如图4-67所示。

图 4-67 客户计划管理

③ 客户信息管理

该模块可对客户信息进行管理,查看客户按区域划分的统计情况、客户增量情况,对客户信息可进行查询、新增、修改和删除操作。客户信息中包括客户基本信息、联系记录、业务拜访记录、投诉记录、服务记录、业务费用记录等信息,如图4-68所示。

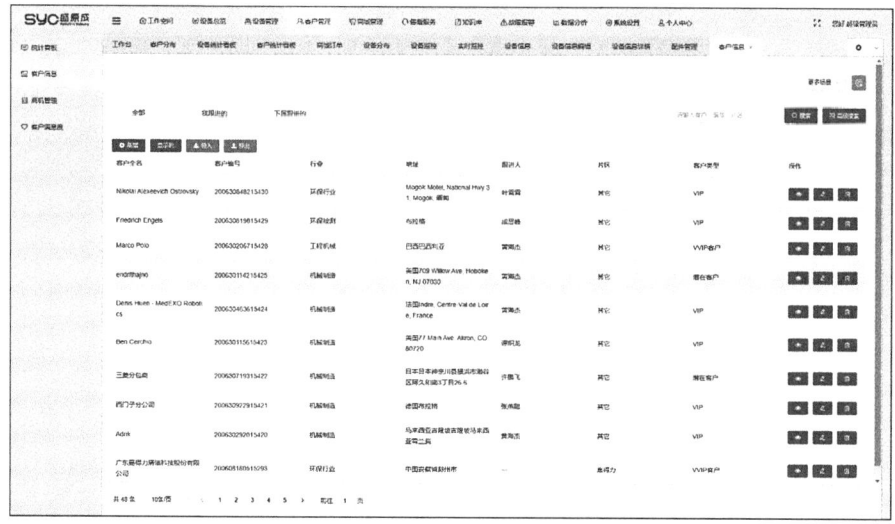

图 4-68 客户信息查询

④ 商机管理

该模块可进行客户商机的新增、查看操作，可查看商机的历史跟进记录，如图 4-69 所示。

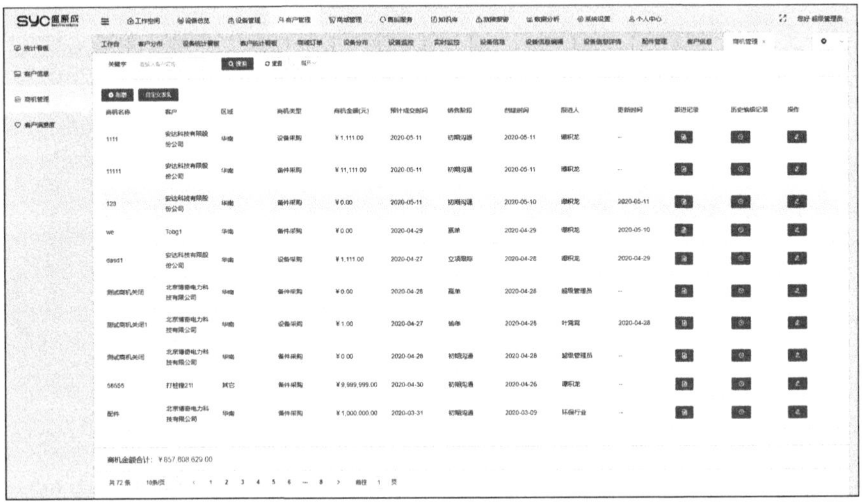

图 4-69　商机管理

⑤ 客户满意度管理

该模块可进行客户满意度的新增、查看操作，如图 4-70 所示。

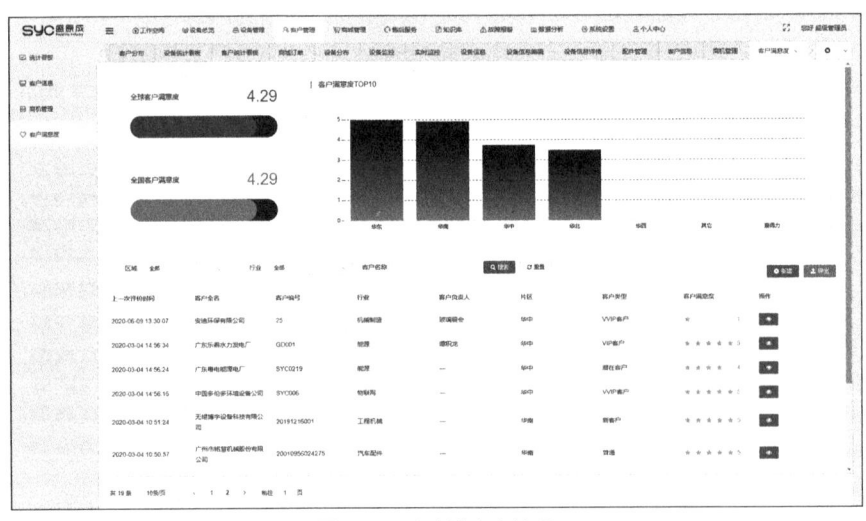

图 4-70　客户满意度管理

(5) 售后服务

① 统计看板

该模块可查看或搜索服务单完成情况、客户服务统计和服务次数统计等。可导出统计图表，如图 4-71 和图 4-72 所示。

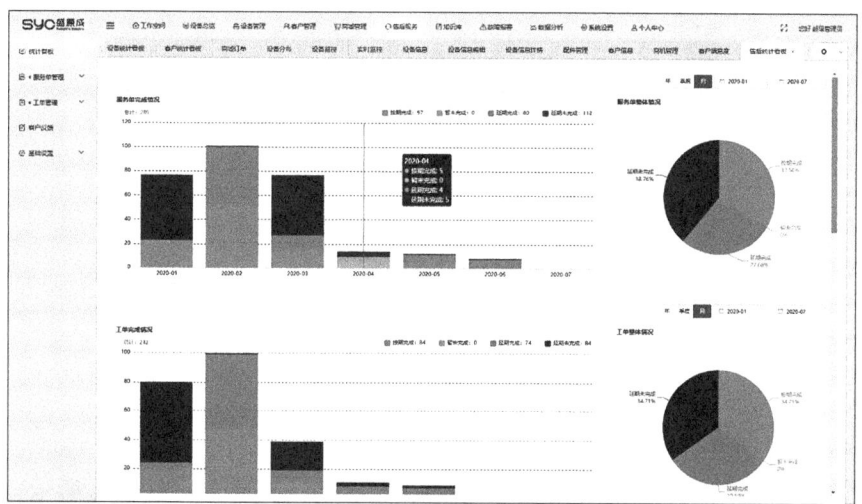

图 4-71　售后统计看板

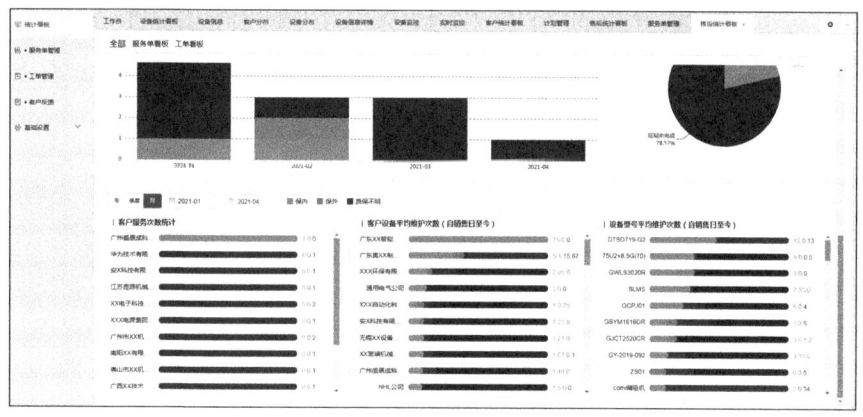

图 4-72　服务费用统计看板

用户可点击年、季度、月按钮，查看相应时间段的分析数据。

② 服务单管理

a．当前服务单

该模块可进行服务单的查看、处理操作，可跳转到服务单详情页，可对服务单进行工单指派，如图 4-73 所示。

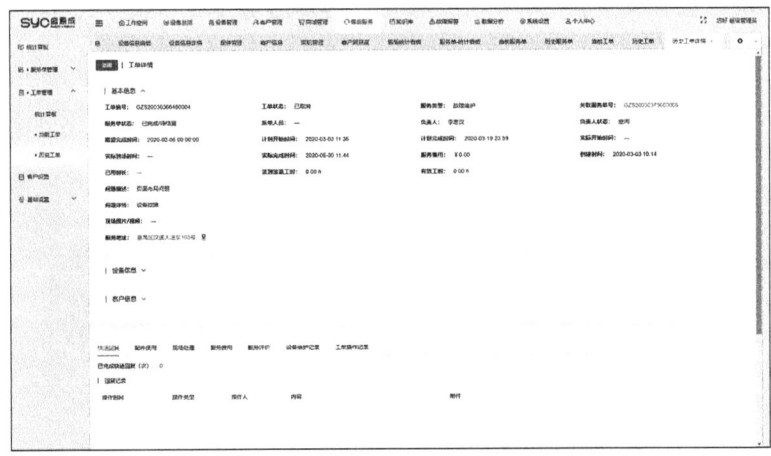

图 4-73　当前服务单查询

b．历史服务单

该模块可进行历史服务单的查询和服务单详情的查看，如图 4-74 所示。

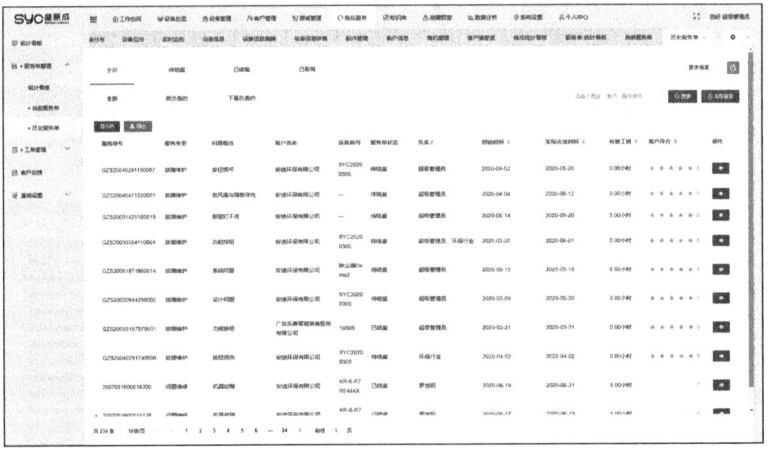

图 4-74　历史服务单查询

③ 工单管理

a．当前工单

可查询当前工单，查看工单详情；管理员可指派人员处理工单；服务人员可进行接单并更新工单进程，如图 4-75 所示。

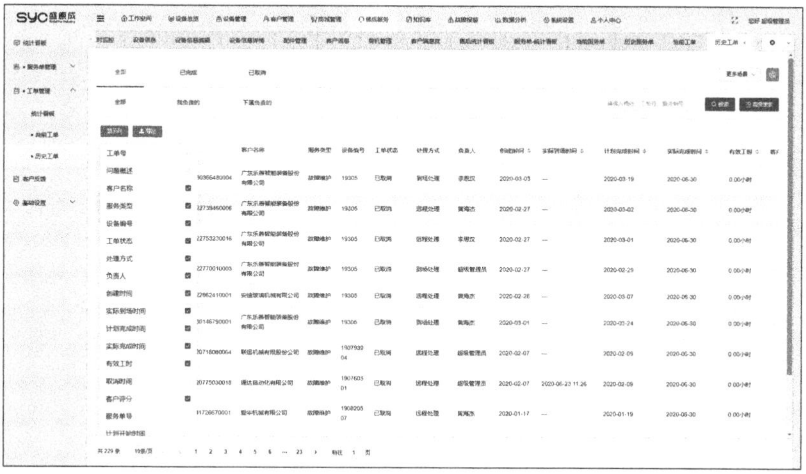

图 4-75　当前工单查询

b. 历史工单

可查看已完成的工单信息和工单详细处理历史记录，如图 4-76 所示。

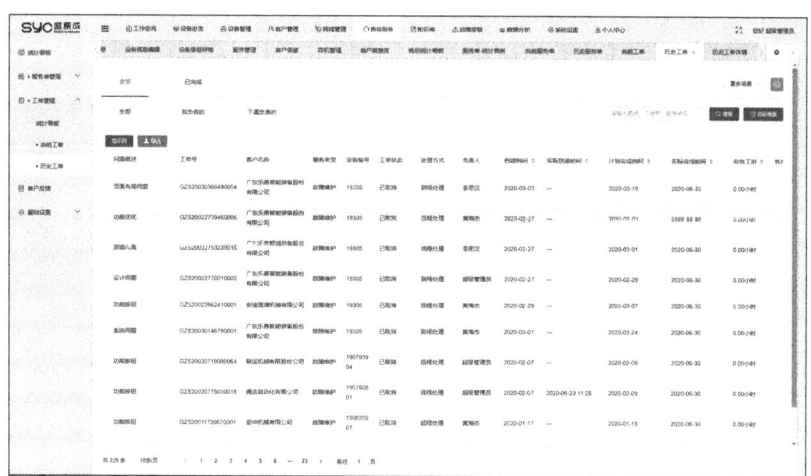

图 4-76　历史工单查询

④ 基础配置

可对目前售后功能中的服务回访、服务步骤、服务评分、常见问题、超时推送、服务抢单、历史服务单等功能进行设置，如图 4-77 和图 4-78 所示。

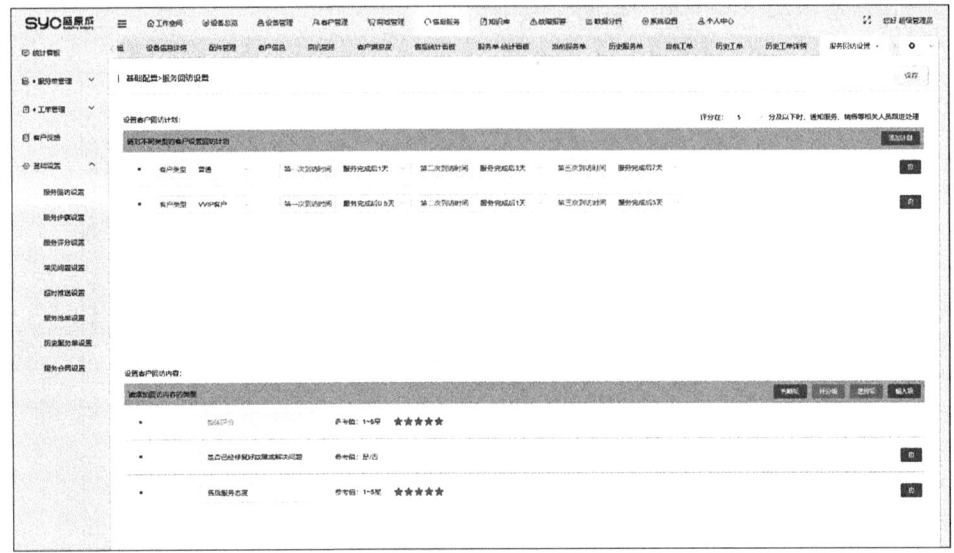

图 4-77　服务回访设置

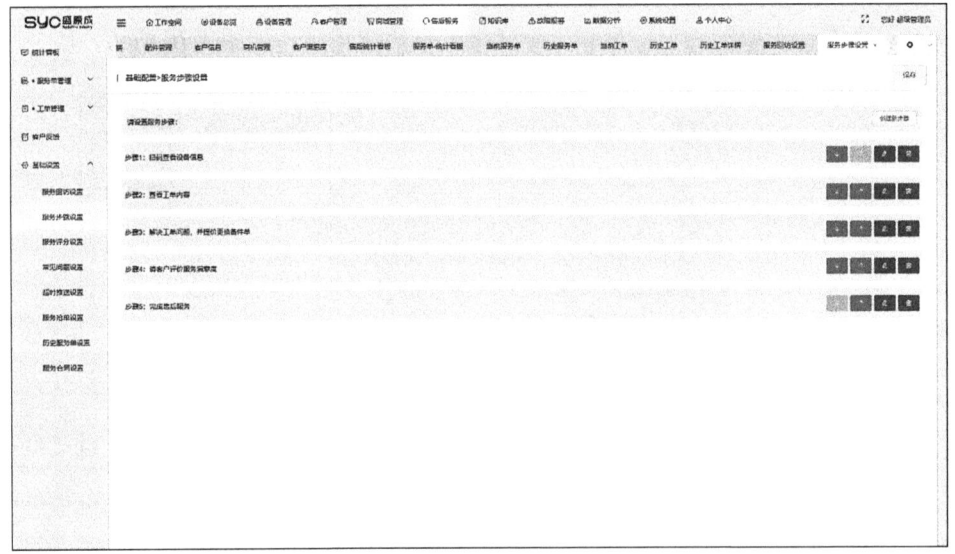

图 4-78　服务步骤设置

（6）商城管理

① 商品库

可查看产品在商城上的展示，可查看并回复客户评价，如图 4-79 所示。

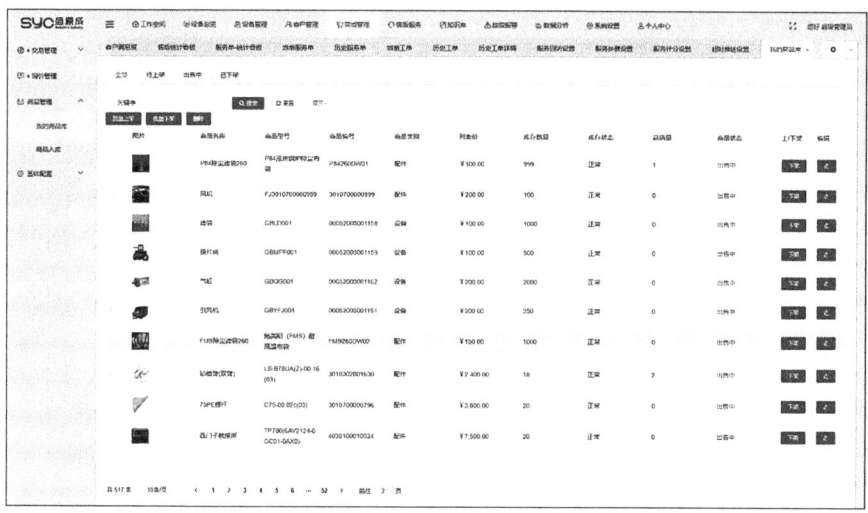

图 4-79　商品库管理

② 商品入库

对入库产品进行管理，进行上架、编辑、下架等操作，如图 4-80 所示。

图 4-80　商品入库

③ 订单管理

客户提交订单后可查看订单处理进程，如图 4-81 所示。

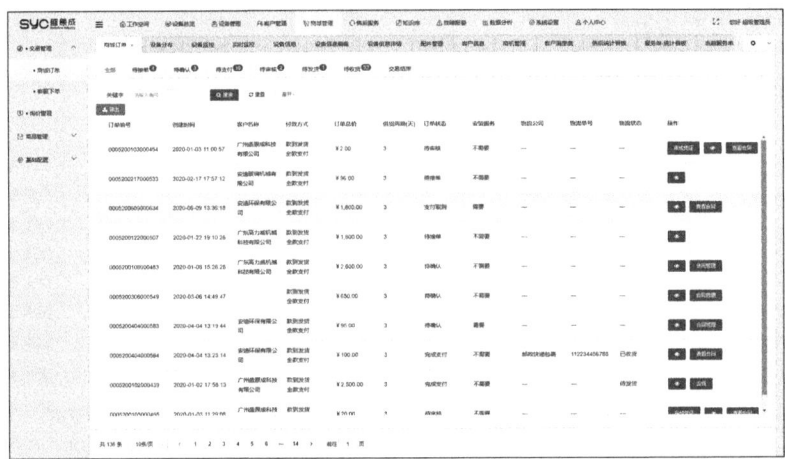

图 4-81　订单管理

（7）知识库

① 故障维修 SOP

该模块可进行故障维修 SOP 的添加、查看、导出、修改、删除操作，如图 4-82 所示。

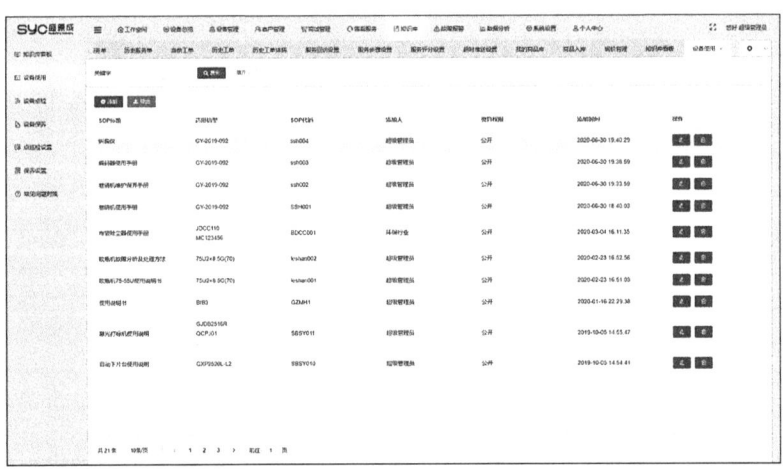

图 4-82　故障维修 SOP 查询

② 点巡检 SOP

该模块可进行点巡检 SOP 的添加、查看、导出、修改、删除操作，如图 4-83 所示。

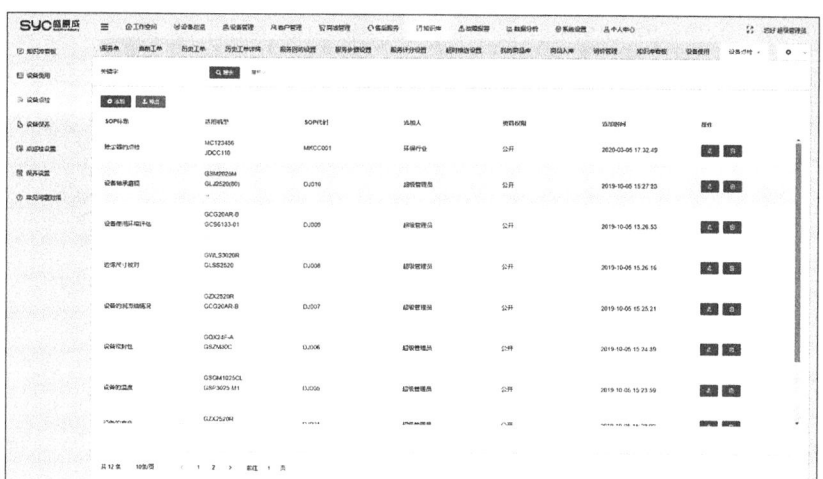

图 4-83 点检 SOP 查询

③ 保养 SOP

该模块可进行保养 SOP 的添加、查看、导出、修改、删除操作，如图 4-84 所示。

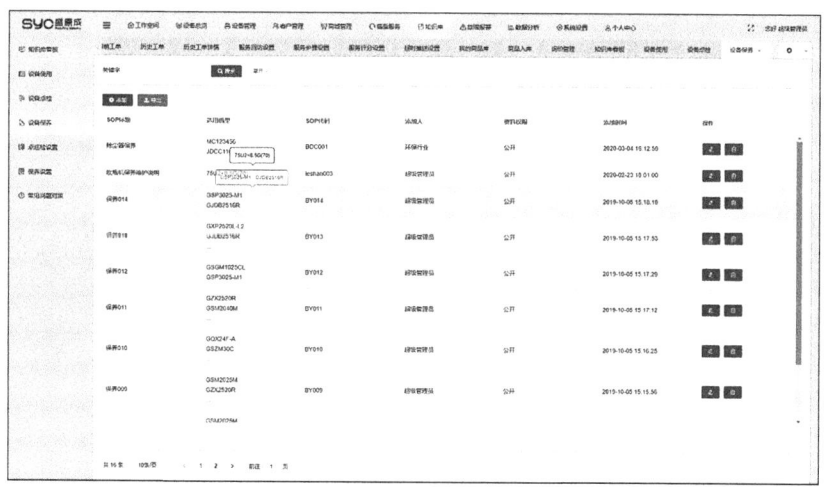

图 4-84 保养 SOP 查询

④ 点巡检标准设置

该模块可进行点巡检标准的添加、查看、修改操作，可批量导入点检设置，如图 4-85 所示。

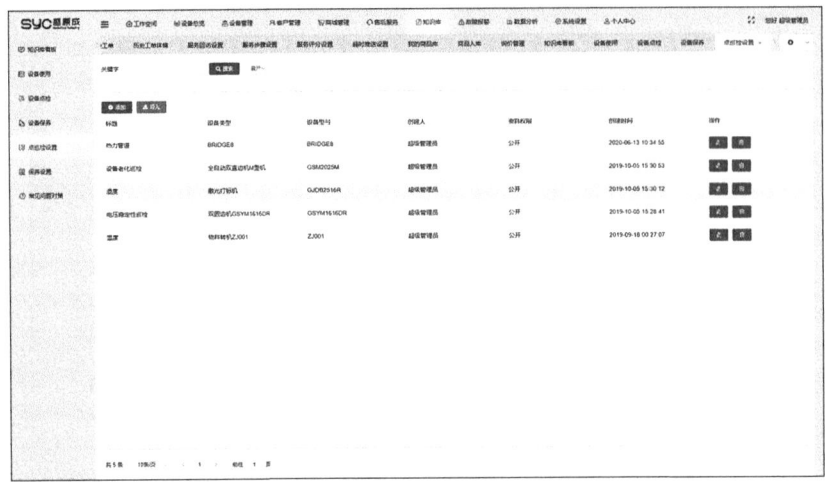

图 4-85　点巡检标准查询显示

⑤ 保养标准设置

该模块可进行保养标准的添加、查看、修改操作，可批量导入保养标准设置，如图 4-86 所示。

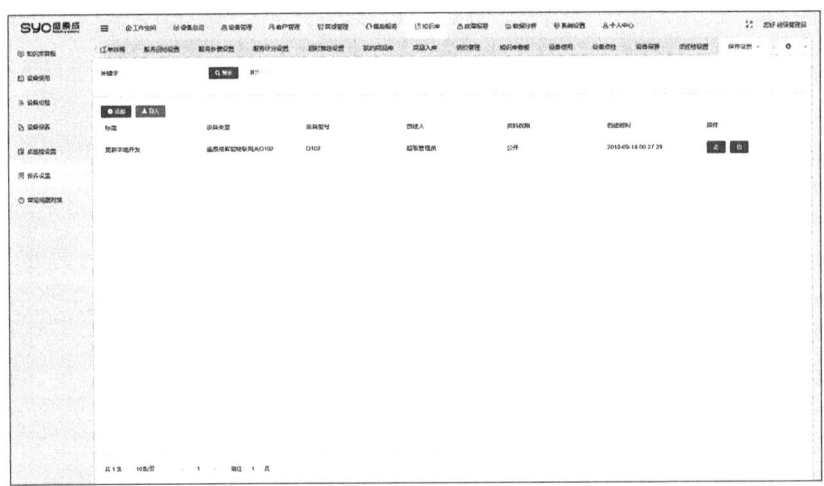

图 4-86　保养标准查询显示

（8）故障报警

① 故障分析

该模块可查看或搜索设备故障类型、设备故障频率、设备故障分析，如

图 4-87 所示。

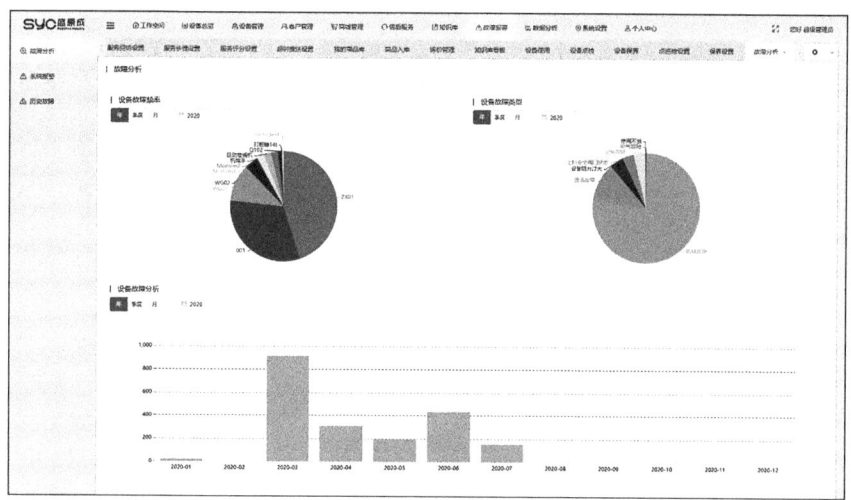

图 4-87 故障分析看板

② 系统报警

该模块可查询当前尚未回复的系统报警以及系统报警详情，如图 4-88 所示。

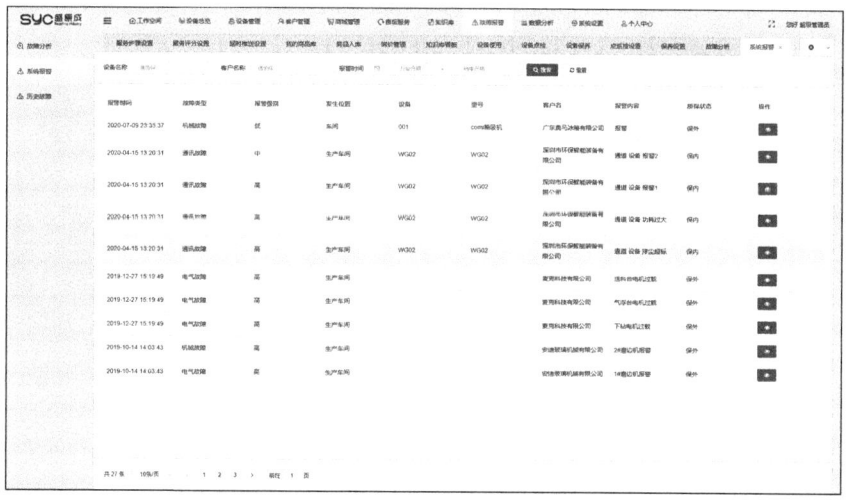

图 4-88 故障报警查询

③ 故障历史记录

该模块可查看故障历史记录以及故障历史记录详情，如图 4-89 所示。

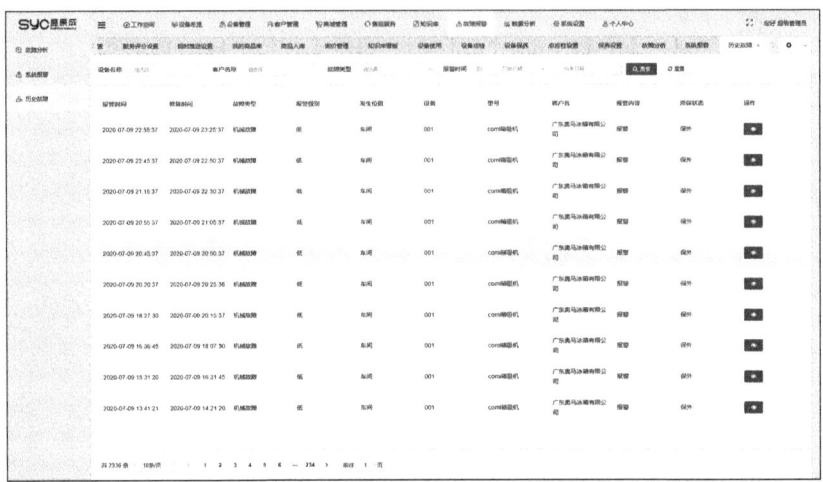

图 4-89　故障历史记录查询

（9）报表查询

① 标准报表查询

该模块可以查询故障维护统计报表、设备状态统计报表等标准报表，如图 4-90 所示。

图 4-90　标准报表查询

② 自定义报表查询

该模块可以查询用户自定义的报表，如图 4-91 所示。

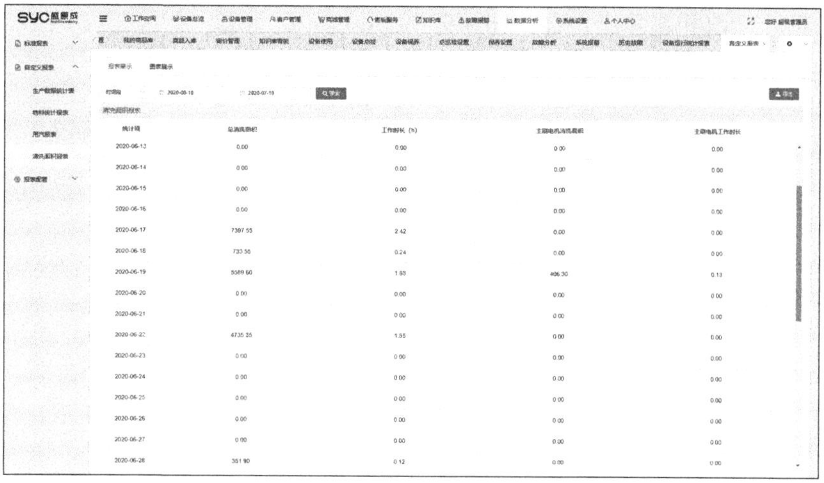

图 4-91 自定义报表查询

③ 报表配置

该模块可进行自定义报表的配置，选择要统计的数据、单位、函数和统计维度等，并可配置对应的图表，如图 4-92 所示。

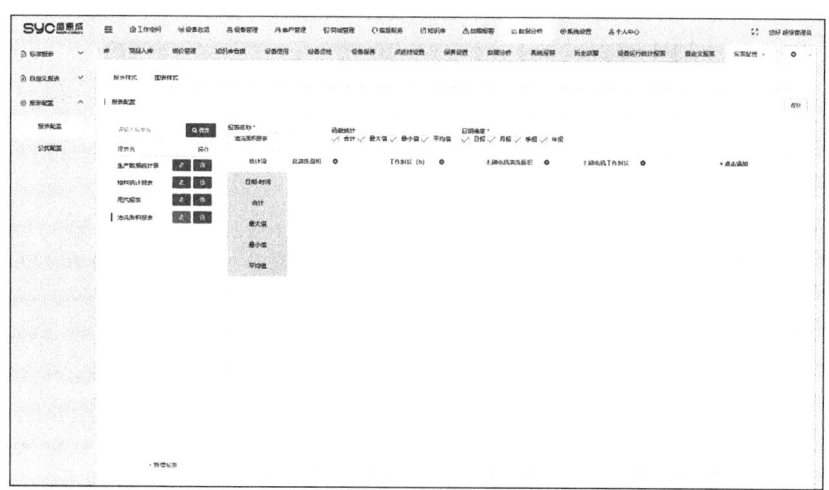

图 4-92 自定义报表配置

（10）系统设置

① 基础配置

该模块可对片区、行业、客户类型、商机类型、故障类型进行管理，完成查询、新增、修改和删除操作，如图 4-93 所示。

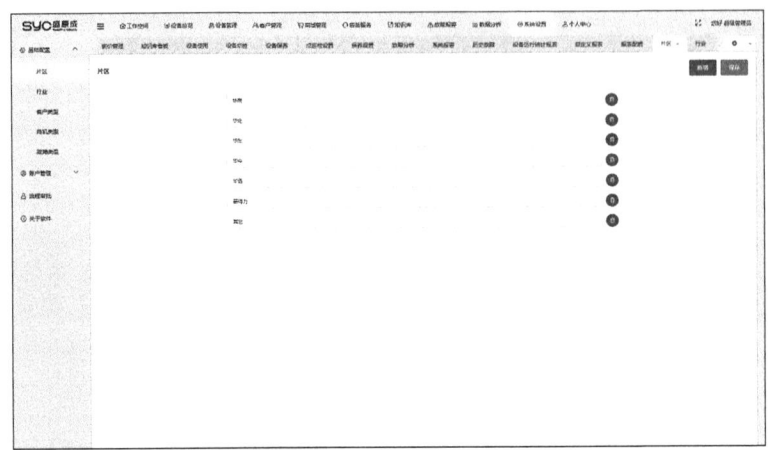

图 4-93　基础设置

② 账号管理

a. 账号基本信息

可查看当前账号的基本信息，进行密码的修改；可查看账号的权限并可提交权限申请，如图 4-94 所示。

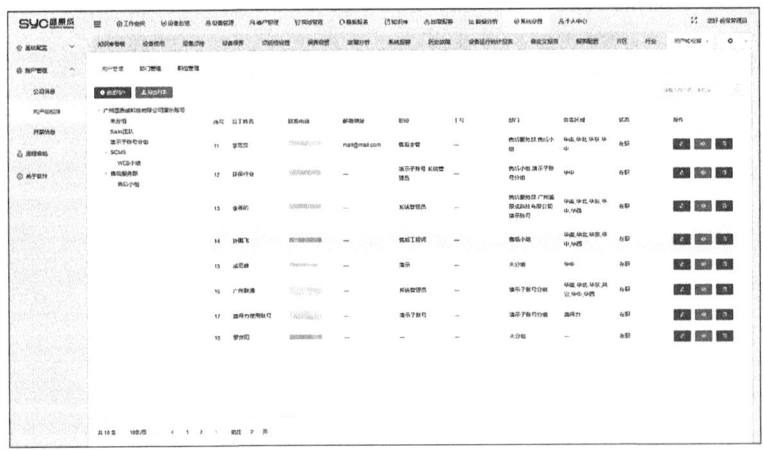

图 4-94　账号信息显示

- 可修改当前账户的密码，要求设置 8～12 位字符，至少 3 种字符。
- 可修改用户昵称、联系电话、邮箱地址等属性，管理员可修改公司相关的信息。

- 单击"申请权限"按钮,弹出窗显示当前已有权限,用户可勾选想要申请的权限,保存后完成申请,等待审批。

b. 用户管理

可查看系统用户,进行用户的新增、修改和删除操作,如图4-95所示。

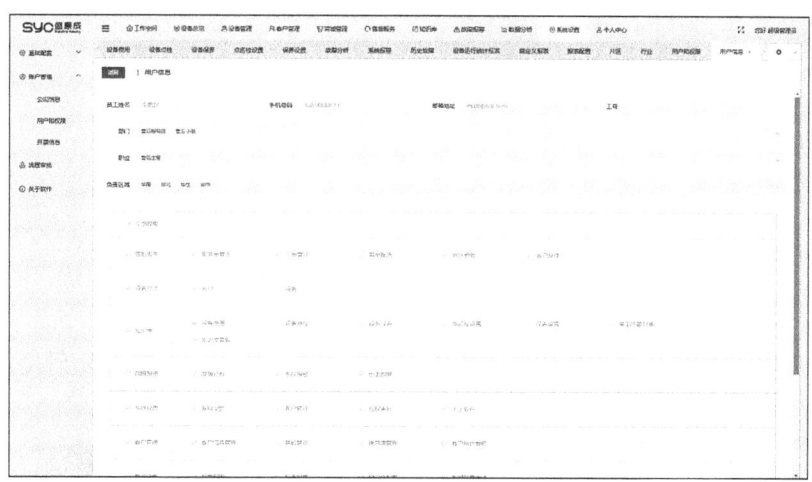

图4-95 用户信息显示

- 可输入查询条件筛选需要的用户信息。
- 点击"添加"按钮,可添加新的用户信息。
- 点击"修改"操作,可修改选中用户的用户信息。
- 点击"删除"操作,可删除选中的用户。
- 点击"权限"图标 ,可查看对应用户拥有的权限,若为管理员则可对该用户申请的权限进行审批。

c. 流程审批

可查看目前审批流程启用状态,进行流程启动和禁用,如图4-96所示。

- 可输入查询条件筛选需要的角色信息。
- 单击"添加"按钮,可添加新的角色信息并为该角色分配功能权限和数据权限。
- 单击"修改"操作,可修改选中角色信息。

图 4-96 流程审批设置

3. 给企业带来的价值

- 服务效率：从客户反馈到维修处理需要 3～7 天；现在部分问题的处理时间可压缩到 1～2 天。
- 售后成本：售后费用降低 30%，很多问题远程诊断就可以解决，正常解决一个问题需要 3～7 天，平均每天需要花费 1500 元（包含差旅人工费用）。
- 透明运维：配套物联网技术的设备，全球每时每刻都可以看到设备的运行情况。
- 远程诊断：设备异常、故障，自动提醒服务中心，同时配合视频采集，对异常问题快速诊断。
- 智能决策：针对设备的问题，系统快速提供历史问题及匹配的解决对策。
- 精准执行：通过以上的快速诊断和智能决策，让服务人员通过远程快速地修复设备的问题。
- 规范服务：规范化售后服务管理，建立设备厂家与终端用户沟通的桥梁。
- 服务转型：通过增值售后服务以及配件销售增加企业服务性收入的占比，并且售后服务从被动的服务转为主动的服务。
- 知识积累：自动建立企业服务知识库，对设备处理难题进行知识积累，降低企业换人成本。

4.3.3 机智云智能设备管理平台（GDMS）

1. 目标

机智云智能设备管理平台（GDMS）是面向智能制造企业提供的一套智能设备接入、设备管理、数据分析的平台系统。其主要功能包括：

（1）消息配置管理

通过该板块进行应用名称配置，以及App消息推送参数的配置、短信推送配置、模板内容配置、触发条件配置。通过所见即所得的方式结合内容编辑器进行推送消息的配置，方便运营和管理人员更简单地实现消息的配置。

（2）数据分析

通过图表和数据的形式来概述设备故障告警情况、设备上下线情况、用户新增情况和分布情况。

（3）产品管理

罗列该企业下绑定的所有产品，进入某个产品页面可查看产品详情，获取设备列表，进入某个设备页面可查看设备状态，以及对设备进行远程控制。

（4）设备管理

以地图的形式来展示设备的分布情况，点开地图的分布点即可查看某个区域的设备分布情况，以设备MAC地址作为设备唯一标识进行列表展示设备的激活状态，并可对激活状态、上线情况、报警情况等条件进行筛选或通过MAC地址进行精准筛选。可查看单个设备的详情，绑定用户情况和告警情况。

（5）售后管理

自动获取故障报警列表，查看当前故障和历史故障，查看故障详情，追溯故障/工单处理进度和流程。故障报警可转为相应的工单转给不同代理商/运营商对应的客服人员进行处理。故障报警可通过短信、邮件、App推送的方式推给相应的运营人员。对应的售后服务App可以创建、处理、转换相应的工单。

（6）用户管理

获取设备绑定的用户列表，并查看、查询、导出用户信息，并可查询该用户绑定的设备，及其设备详情。

（7）代理商管理

可查询、增加、删除、重新分配运营商/代理商/经销商信息和权限，并设置相应的客服人员，可以将不同代理商的设备数据隔离。

（8）系统管理

可设置角色权限，增加和删除系统用户（不同代理商仅能编辑当前权限下的角色权限和系统用户信息）。

2. 实施准备

GDMS 的用户分为技术支撑人员、企业管理员、运营商/渠道商、售后客服。

（1）技术支撑人员：来自机智云团队。

（2）企业管理员：具备设备分配权限、运营商/渠道商分配编辑权限，来自企业。

（3）运营商/渠道商：归属于企业的分销/代理团队。

（4）售后客服：来自企业或者运营商/渠道商的客服团队。

登录机智云智能设备管理平台，界面如图 4-97 所示。

图 4-97　平台登录页面

3. 实施操作

（1）注册与登录

本系统不支持注册功能，只能通过后台进行授权和预分配账号和密码。

（2）进入首页

进入平台后，界面如图 4-98 所示。

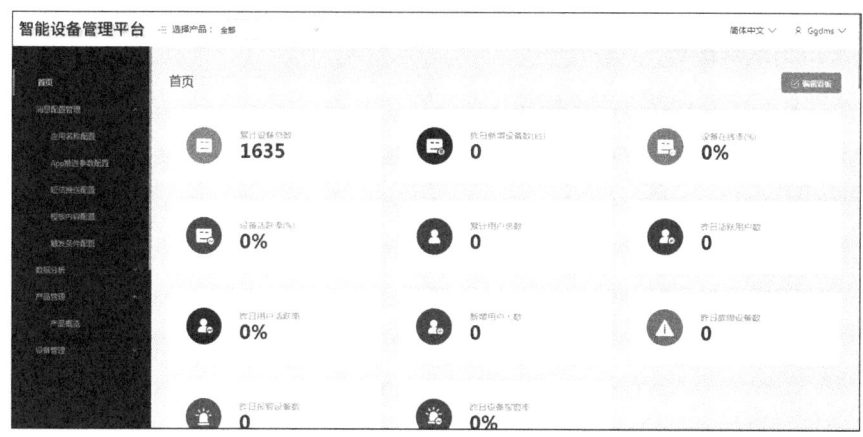

图 4-98　管理平台首页

登录之后进入首页默认数据面板，左上角"智能设备管理平台"处显示企业的 logo 和名称，旁边可以选择产品。系统语言与本地系统同源，右上角可切换系统语言。旁边显示账号的信息，并可进行个人信息设置和退出。

数据面板为默认的数据参数，包括设备的上线数量、活跃数量等。用户可以通过单击右上角的"编辑"按钮进行重新编排，具体如图 4-99 所示。

图 4-99　编辑看板

（3）消息配置管理

消息配置管理包括应用名称配置、App 推送参数配置、短信推送配置、模板内容配置、触发条件配置。

① 应用名称配置

消息界面配置如图 4-100 所示。

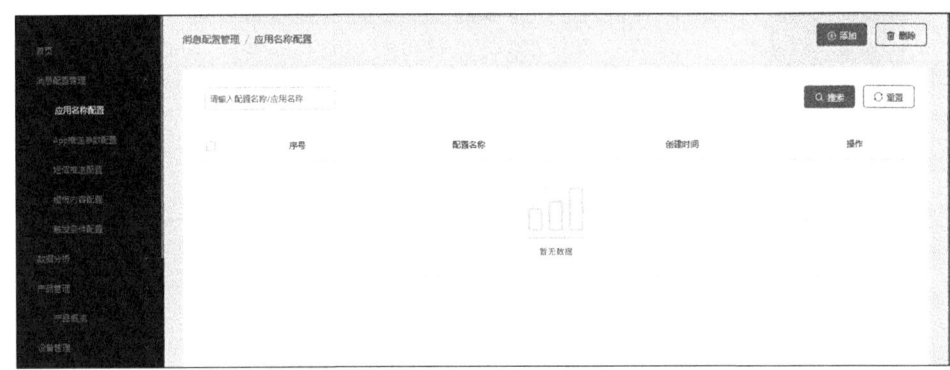

图 4-100　消息配置管理

用户可以进行查询、搜索、重置、添加、删除操作。图 4-101 为添加应用窗口，包括输入配置名称、应用名称、选择语言、绑定应用。

图 4-101　应用添加窗口

② App 推送参数配置

用户可以查询、搜索、重置、添加、删除 App 推送消息设置。图 4-102 为添加消息窗口，包括输入配置名称、推送平台（机智云平台支持极光推送）、

AppKey、PrivateKey、MasterSecret、是否查询回执结果、绑定应用这些参数和设置。

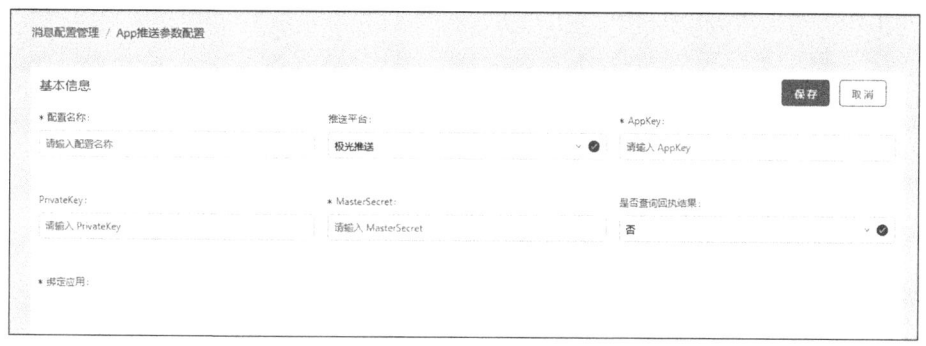

图 4-102　App 推送添加窗口

③ 短信推送配置

用户可以查询、搜索、重置、添加、删除短信推送消息设置。图 4-103 为添加消息窗口，包括输入配置名称、短信平台（机智云平台支持云片推送）、AppKey、是否查询回执结果、绑定应用这些参数和设置。

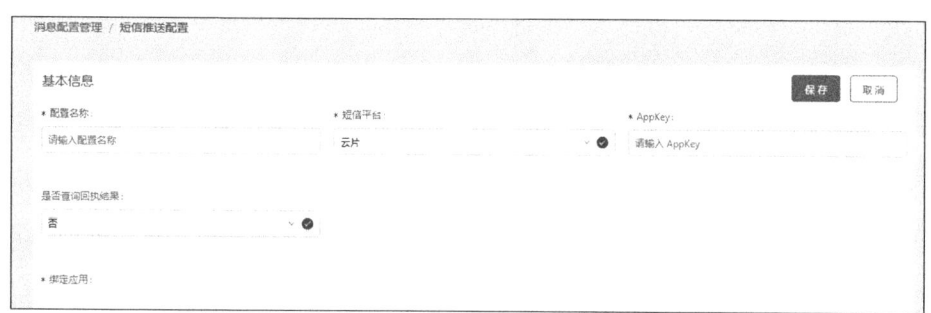

图 4-103　短信推送添加窗口

④ 模板内容配置

用户可以查询、搜索、重置、添加、删除消息模板设置。图 4-104 为添加模板窗口，包括输入模板名称，推送类型（智家内消息、短信、语音、App、微信、微信小程序、邮件），模板类型（智家内消息、设备报警通知、设备故障通知、登录验证码、场景通知、订单下单成功），配置内容，语言选择。

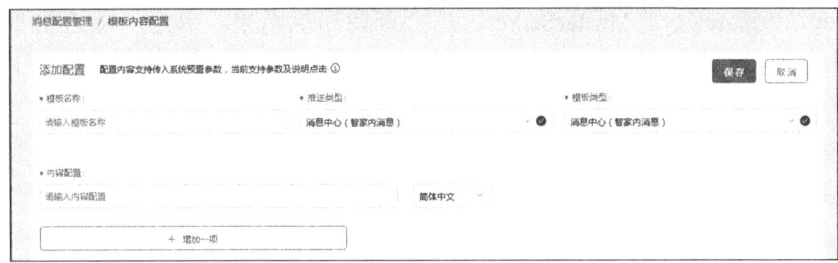

图 4-104　模板添加窗口

⑤触发条件配置

用户可以查询、搜索、重置、添加、删除触发条件配置。图 4-105 为添加窗口，包括输入模板名称，选择产品，推送类型（智家内消息、短信、语音、App、微信、微信小程序、邮件），消息类型（设备报警通知、设备故障通知、智家内消息），触发条件（简易配置、程序员配置）。

图 4-105　触发条件添加窗口

（4）数据分析

①告警分析

该功能可以展示设备故障趋势，按时间维度进行设备数、故障率、报警设备数等数据分析，通过折线图的方式进行展示。

②用户分析

该功能可以展示累计用户总数、新增用户人数、昨日活跃用户数、昨日活跃用户率，并以折线图的方式展示用户数据的趋势。客户可以查询近 7 天和近 30 天的数据。

③ 设备分析

该功能可以展示累计设备总数、设备在线率、昨日新增设备数、设备活跃率，并通过地图分布的方式进行展示，如图4-106所示。

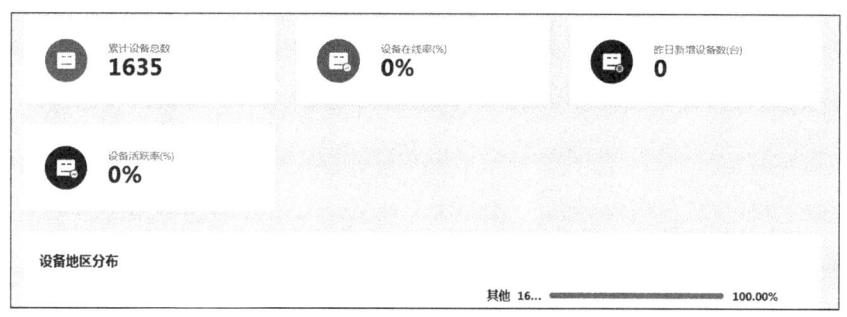

图4-106　设备分析

（5）产品管理

该板块展示了该企业下面/或者授权可见的所有的产品列表，用户可以查询、重置产品，点击某个产品可以查看该产品的详情，并获取设备的列表。可支持蓝牙、Wi-Fi、2G/4G/5G/NB-IoT等不同通信方式的产品，如图4-107所示。

图4-107　产品管理

（6）设备管理

设备管理主要有两个菜单：设备分布和设备列表。其中设备分布主要是调用高德地图来对设备进行定位展示,点击地图中的设备可以进入该设备详情页,远程控制和管理设备。通过设备列表可以查询所有的设备,以及通过运营商筛选相应的设备,进入某个设备页面进行远程控制和管理,如图4-108所示。

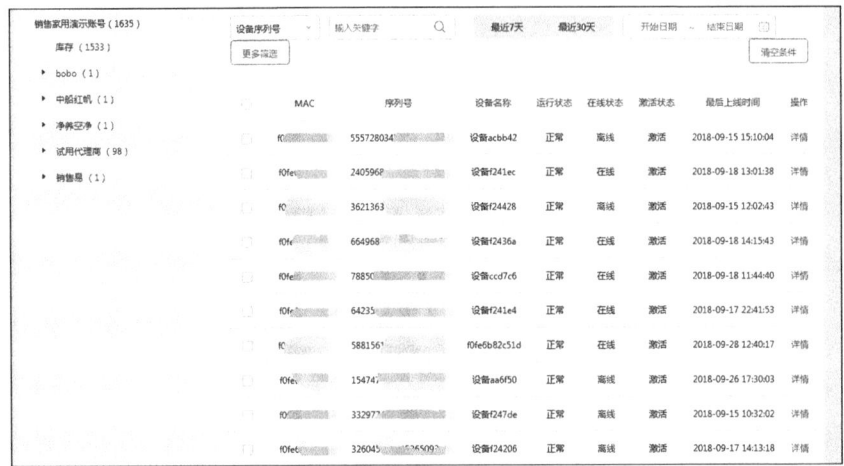

图4-108 设备管理

(7)售后管理

售后管理包括两个菜单:故障设备列表和报警设备列表。用户可以通过这个面板对故障设备和报警的设备进行查询,运营管理人员具备相应的权限可以给相应的售后客服分配工单,相应的跟踪处理状态也可以在该板块进行实时更新,如图4-109所示。

图4-109 售后管理

（8）用户管理

用户管理主要是通过列表的形式进行展示，系统使用者可以对产品的用户进行查询、按注册时间或者激活与否进行筛选，进入该用户详情页可以查看该用户的具体信息，如图 4-110 所示。

图 4-110　用户管理

进入该用户页面可查看其具体信息，包括其注册的手机号码、所在地、最后登录时间、绑定的设备，以及设备是否在线，并可以通过该页面进入设备的详情页面，对设备进行控制和管理，如图 4-111 所示。

图 4-111　用户详情

(9) 代理商列表

管理员可以通过该板块查看和管理企业代理商信息,包括执行添加和删除操作,如图4-112所示。

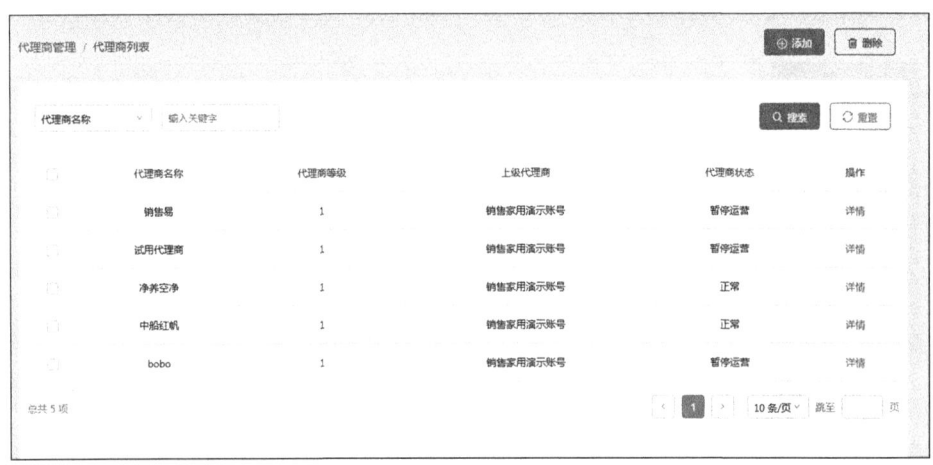

图4-112 代理商列表

(10) 系统管理

系统管理包括角色管理和系统用户管理。其中在角色管理中可以勾选相应的功能板块,赋予某个角色可查看、删除、增加等权限,如图4-113所示。

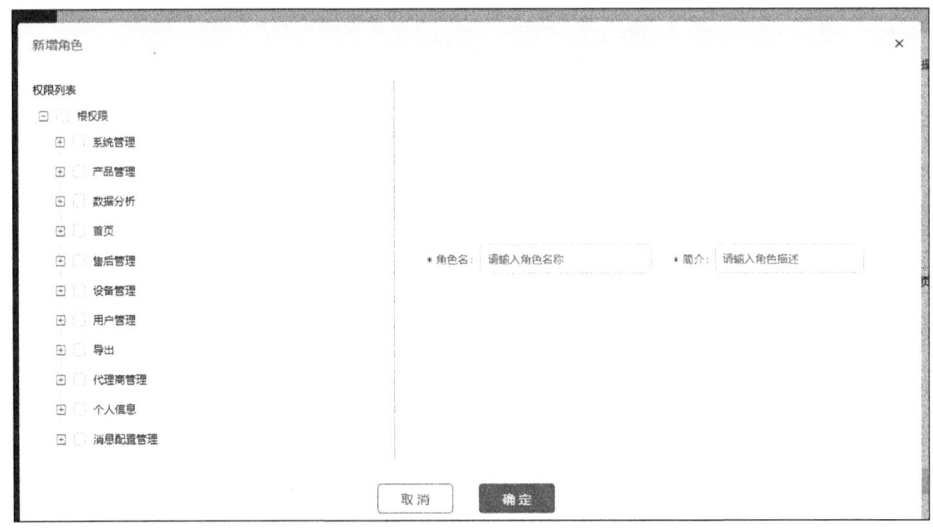

图4-113 新建角色窗口

4. 总结

本节介绍了机智云智能设备管理系统 GDMS 的相关功能和权限设置，更多功能说明请访问机智云官网了解。

4.4 智能运营

机智云应用案例

1. 目标

机智云租赁管理平台（GALS）是面向生产租赁运营管理型设备的制造企业提供的一套运营管理平台。其功能主要包括设备管理、用户管理、代理商管理、订单管理、售后管理、数据分析等，可以快速帮助系统管理员对产品进行全面的管理与控制。

2. 实施准备

GALS 的用户分为技术支撑人员、企业管理员、运营商/渠道商、售后客服。

（1）技术支撑人员：来自机智云团队。

（2）企业管理员：具备设备分配权限、运营商/渠道商分配编辑权限，来自企业；

（3）运营商/渠道商：归属于企业的分销/代理团队。

（4）售后客服：来自企业或者运营商/渠道商的客服团队。

3. 系统布局

左侧菜单栏：为方便用户查看不同功能，可在菜单栏选择所需查看的功能。

后台操作区分为搜索栏、功能栏、列表区、详细信息区，如图 4-114 所示。

- 搜索栏在功能栏上部，用户可设定多维度筛选条件，查询所需信息。
- 功能栏在列表区上部，用户可点击功能栏进行操作。

- 列表区为内容展示区，用户可点击功能按钮进行操作。
- 操作区在列表区右侧，用户可查看内容的详细信息。

个人中心位于右侧最上方，你可点击查看账号信息或退出系统。

图 4-114　查看功能

4．实施操作

操作界面如图 4-115 所示。

图 4-115　操作界面

（1）编辑看板

① 使用说明

在首页点击"编辑看板"，勾选所需的数据展示项，单击"确定"，即可在

312

首页中查看用户所选择的数据展示项。

② 数据展示

数据展示形式分为看板和图表两种类型。在数据看板中，用户可以直接点击选项，跳转至相关的详情页面，如单击"设备新增数"，跳转至"设备管理→设备列表"等。

③ 分析维度

目前数据分析维度包含用户情况、设备情况、告警增长 3 个维度，共计 23 个常用数据指标，关于每个数据指标，下面的"数据分析"模块会有详细说明。

（2）数据分析

为用户提供用户分析、设备分析、告警分析等数据展示。数据分析能在第一时间展示用户、设备、告警各个维度的统计及数据分析。

① 设备分析模块查看方法

在管理平台→数据分析→设备分析→设备增长 / 设备属性，即可查看设备数量变化，以及当前平台设备的分布情况。针对设备数量和状态变化，体现为数据简报。

- 设备总数：设备接入后台的总量，以接入设备的 Mac 地址去重为准；
- 设备新增数：统计周期内，新增的设备数；
- 设备在线率：昨日在线设备数 / 昨日设备总数 ×100%
- 设备活跃率：统计从入驻平台的时间到当前的时间内所有的设备故障数。

▶ 注意：

- 活跃设备：指的是一天之内有数据上报的设备。
- 新增设备：指的是后台通过 snoti 首次检测到设备上报的业务数据的设备。
- 在线设备：指的是后台通过 sonti 检测状态为在线状态的设备，如图 4-116 所示。

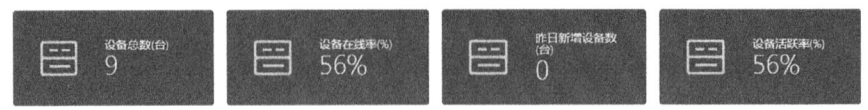

图 4-116　设备分析

设备上线趋势：默认展示最近 7 天的新增上线趋势，可点击右上方的时段按钮切换展示近 30 天的数据；横坐标代表日期，纵坐标代表设备数量；鼠标放在折点上，会显示日期和那天的新增上线数量。

注：新增上线设备处于在线状态。例如，厂商出厂 500 台新设备，然后今日上线其中 100 台新设备，次日这 100 台设备再上线就无须统计，如图 4-117 所示。

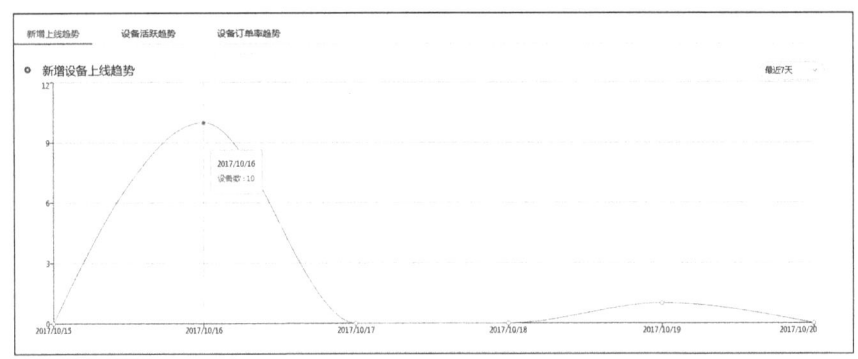

图 4-117　设备上线趋势

设备活跃趋势：默认展示最近 7 天的设备活跃趋势，可点击右上方的时段按钮切换展示近 30 天的数据；横坐标代表日期，纵坐标代表设备数量；鼠标放在折点上会显示日期和那天的活跃设备数量。

注：活跃设备数从机智云平台接口获取，如图 4-118 所示。

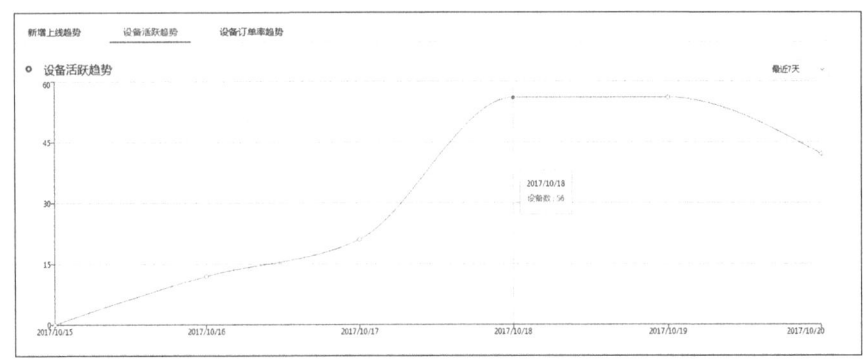

图 4-118　设备活跃趋势

② 用户分析

- 用户总数：统计用户端的用户总数；
- 用户增长率：昨日新增用户数/前日用户总数；
- 活跃用户数：统计昨日活跃用户数；
- 用户活跃率：昨日用户活跃数/昨日用户总数。

▶ 注意：

- 活跃用户：指的是一天内有控制过设备的用户。
- 新增用户：指的是新注册或新授权用户（去重），如图 4-119 所示。

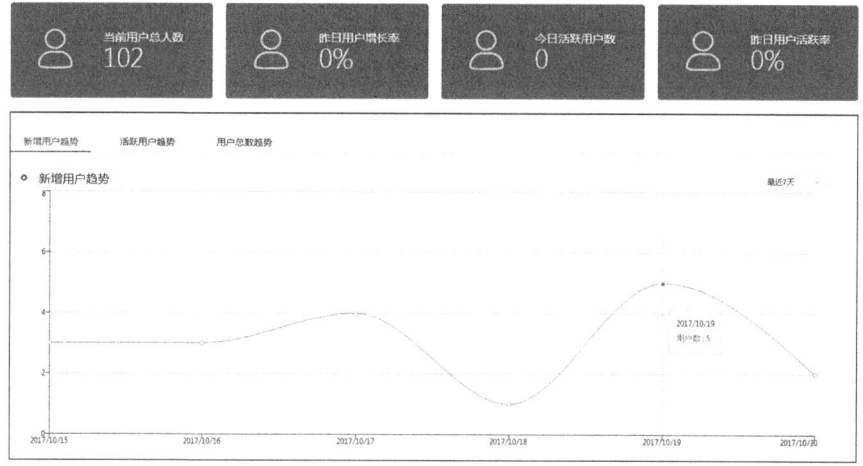

图 4-119　用户分析

③ 告警分析

- 故障设备数：统计从入驻平台的时间到昨日内所有的设备故障数；
- 设备故障率：昨日故障设备数/故障设备总数；
- 报警设备数：统计从入驻平台的时间到昨日内所有的设备报警数；
- 设备报警率：昨日报警设备数/故障设备总数，如图 4-120 所示。

（3）设备管理

为用户提供不同产品的设备列表展示，包含设备分配、设备解绑、自定义字段显示、设备导入、设备导出等功能，以及在设备详情中能查看该设备的相关信息、故障记录等功能。

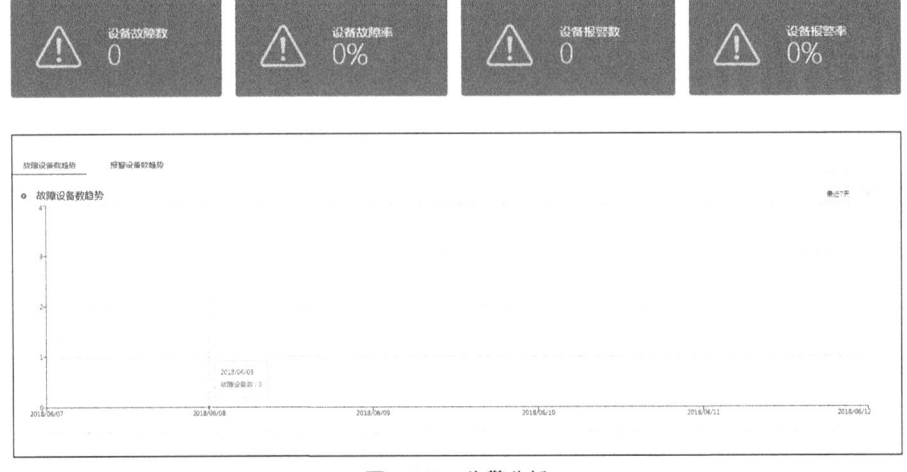

图 4-120　告警分析

① 设备列表

展示企业所有不同产品的设备，已实现新增、修改、删除、分配、解绑、自定义字段显示、导入设备等功能。列表以最后上线时间进行降序展示，如图 4-121 所示。

图 4-121　设备列表

② 分配设备

企业可将设备分配给不同的代理商，只需通过"分配"即可完成设备转移。

操作流程：选择设备，单击"分配"按钮会弹出分配页面，选择所属的代理商即可，如图 4-122 所示。

图 4-122 分配设备

▶注意：

● 可用来分配代理商的设备必须是自己的直属设备；如果设备已经分配给下级，需要先解绑才能再次分配给其他下级账号。

● 代理商列表展示的是登录用户创建的子级运营商或子级代理商，不能跨级分配。

● 当设备由上级分配给下级后，上级就不能再修改该设备的基本信息。

③ 解绑设备

企业若想解除设备与当前代理商的关系，只需通过"解绑"即可，当设备解绑后，之前的代理商将看不到该设备，企业亦可重新分配该设备给其他代理商。

操作流程：选择设备，单击"解绑"按钮，弹出解绑提示框，单击"确定"，解绑成功，如图 4-123 所示。

▶注意：

● 解绑设备只能解绑直接分配下去的设备，且必须由直属上级解绑。

● 例如，厂商分配设备给代理商 A，代理商 A 把设备分配给运营商 B，若厂商要回收设备，则必须要由代理商 A 解绑分配给 B 的设备，设备回到 A 身上，再由厂商解绑该设备。

图 4-123 解绑设备

④ 删除设备

企业若想删除无效的设备，如无效 Mac 等，只需通过"删除"操作即可。

操作流程：选择设备，单击"删除"按钮，弹出删除提示框，单击"确定"，删除成功，如图 4-124 所示。

图 4-124 删除设备

▶ 注意：

- 删除设备前，若设备已分配，必须先解绑设备再进行删除操作。

⑤ 设备导入/导出

企业/经销商通过设备导入，完成设备入库。

操作流程：单击"导入"，生成模板，填写模板资料，导入 Excel 完成，如

图 4-125 所示。

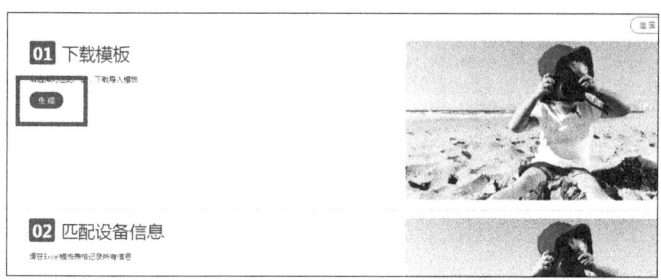

图 4-125 设备导入/导出

▶ 注意：

- 导入的文件只支持 Excel 文件。
- 厂商角色：导入文件的 Mac 不能与系统重复，不然会提示设备导入失败。
- 代理商角色：导入文件的 Mac 必须存在系统，不然会提示设备不存在；导入文件的 Mac 必须没有其他代理商导入过系统，不然会提示设备已归属其他代理商。

（4）设备详情

用户可以查看设备的相关信息，如绑定的用户信息、设备位置等。

① 基本信息

设备基本信息如图 4-126 所示。

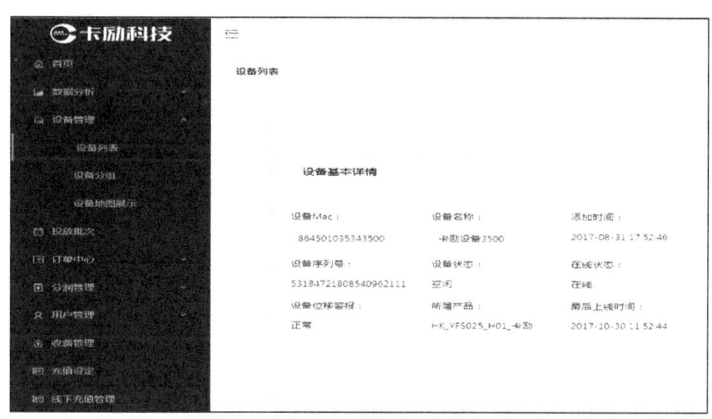

图 4-126 设备基本信息

② 已绑定用户

查看当前设备绑定的终端用户信息（管理员为首绑用户，其他用户为分享用户），如图 4-127 所示。

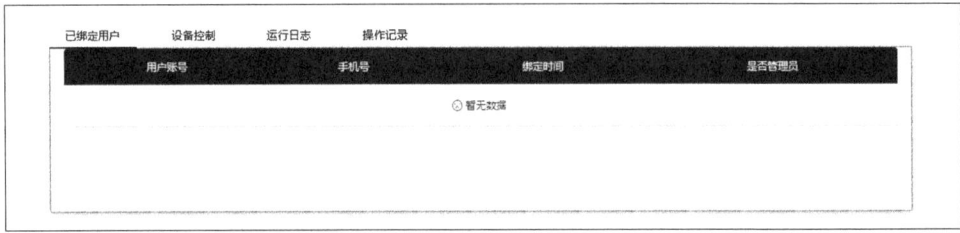

图 4-127　绑定用户

③ 设备控制

单击"设备控制"页签，然后单击"控制"，即可下发指令给设备（前提是设备状态为在线），如图 4-128 所示。

图 4-128　设备控制

④ 运行日志

运行日志如图 4-129 所示。

图 4-129　运行日志

（5）用户管理

为企业提供用户信息的管理，可执行查看用户详细信息、搜索用户等操作，如图 4-130 所示。

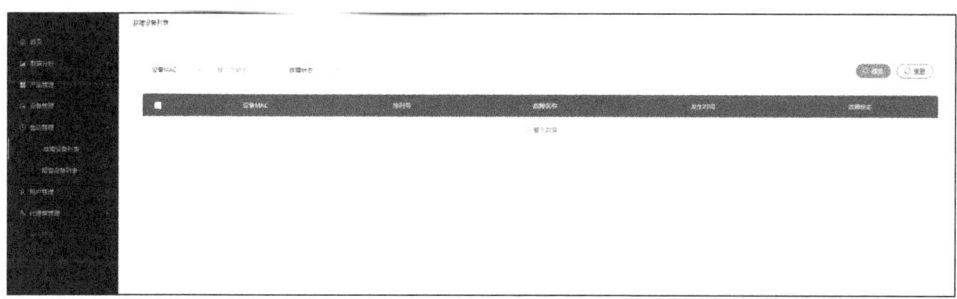

图 4-130　用户管理

（6）售后管理

① 故障列表

用户可查看当前发送故障的所有设备，以便快速前往线下维护设备，如图 4-131 所示。

图 4-131　故障列表

② 报警列表

用户可以查看所有的报警设备列表，及时安排相关人员去处理报警设备，如

图 4-132 所示。

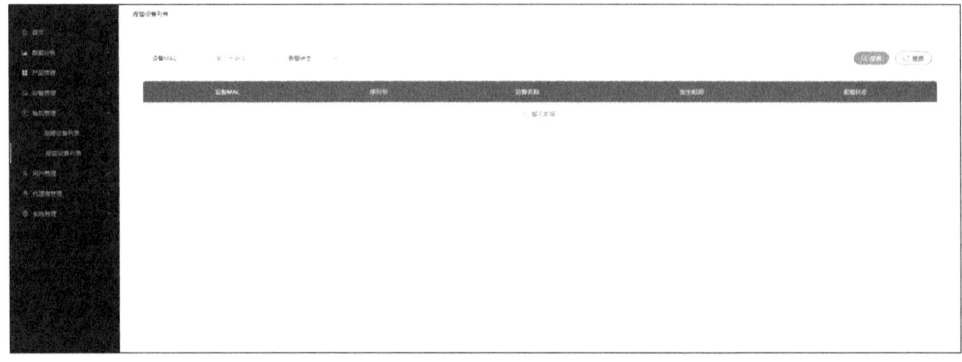

图 4-132　报警列表

（7）代理商管理

用户能查看每个代理商的基本信息、设备管理、下级代理商管理，如图 4-133 所示。

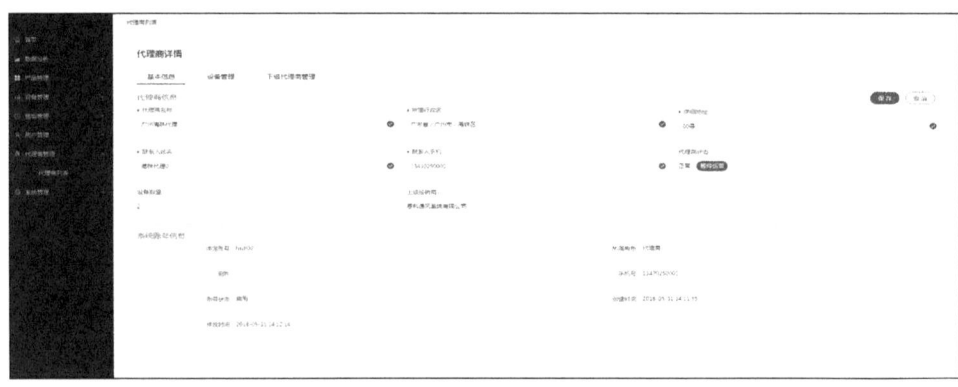

图 4-133　代理商管理

（8）意见反馈

为企业提供各个角色用户的意见反馈列表等功能，如图 4-134 所示。

（9）系统管理

为企业提供内部角色管理、账号管理，以及每个账号的信息、权限管理，保证流程化运作，如图 4-135 所示。

① 角色管理。

② 权限设置，如图 4-136 所示。

图 4-134 意见反馈

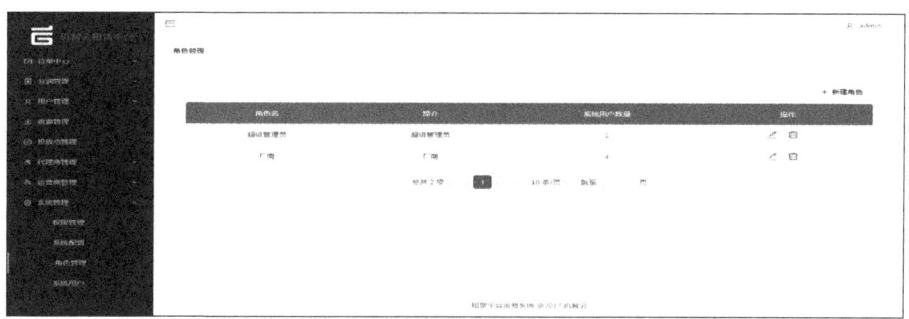

图 4-135 角色管理

图 4-136 权限设置

③ 系统用户管理，如图4-137所示。

图4-137 系统用户管理

智能制造企业提供的一套智能设备接入、设备管理、数据分析的平台系统。其主要功能如下。

机智云租赁管理平台适用于设备智能运营和管理，方便运维人员和管理者实时了解设备的运营情况。基于机智云平台远程监控与工作流驱动整个售后服务过程，支持3种场景下创建工单，可实现服务工单流转电子化；实施装备全生命周期信息化管理和售后服务关键环节信息自动归档，包括需求受理、制定方案、创建工单、派工、现场服务、客户回访、传递和记录结构化数据和非结构化数据等，并可与呼叫中心对接，实现高效维保，有效降低运维成本。还可实现对智能工业设备远程监控和远程运维；自动生成故障告警并通过邮件、短信、App、微信方式及时通知用户。

支持多维度数据统计分析，平台自动对热泵数据进行收发整理、存储和分析；可围绕用户需求，灵活配置功能模块，采用图文表形式在手机App、计算机、大屏监控等载体展现多项热泵关键数据；系统扩展性强，能够实现设备数据的可查看、可统计、可分析、可基于数据挖掘和大数据建模分析，实现故障预测、易损件更换提醒、运维方案智能推荐等功能，有效提高经营效率，如图4-138所示。

图 4-138　商用租赁管理平台

5. 总结

本节介绍了机智云智能设备租赁运营平台（GALS）的相关功能和权限设置，了解更多功能说明请访问机智云官网。

主要参考文献

[1] 界面新闻. 未来已来 | 埃森哲：为什么工业互联网"说起来容易做起来难"？[N/OL]. 今日头条, 2020.

[2] 央视网. 邬贺铨院士：消费互联网与工业互联网的差别在哪里？[N/OL]. 今日头条, 2020.

[3] 工业和信息化部人才交流中心. 工业互联网产业人才岗位能力要求 [R]: T/MIITEC 003-2020, 2020.

[4] 云 basis 掌柜. SAP 在阿里云白皮书 - 第一章 [N/OL]. 阿里云官网, 2018.

[5] 雨辰. 惊！全球互联网史上最大一次 DDoS 攻击 [N/OL]. 网易, 2014.

[6] 华龙网 - 重庆晚报. 不堆机器 阿里云拿下全球计算性价比冠军. CSDN, 2016.